認識問題、疾病的主因，
觀察事實，眼觀八方，
成為能真正獨立思考的人！

內海聰／著

內在思考的覺醒

「大多數人只希望看到他們想看的部分。」

尤利烏斯・凱撒（Gaius Iulius Caesar, BC100~BC44）[1]

1 譯註：原文爲「Fere libenter homines id quod volunt credunt.」。出自凱撒大帝的《高盧戰記》。

前言

我至今出版超過四十本書，但已經很久沒有自己寫一整本了。本書的架構則是源自二〇一六年出版的《巨悪の正体～あなたはなぜカスなのか（暫譯：巨惡的眞面目：爲什麼你會成了渣滓？）》。這本書在我寫過的書籍中屬於後期的作品，而且是在我沒什麼題材可寫時所寫的。如今在網路上能找到不少我的書籍、演講及影片等相關資訊，許多人因此認識了我，但我幾乎不曾出現在電視、新聞、雜誌或廣播等媒體面前。所以我是網路界的名人之一，不上網的人不太了解我，同時我也是醫療界最討厭的人。但這就是我，我就是這麼特立獨行。

我雖然在網路世界裡出名，但是網路世界充斥著以情報發信者自居、喜歡大放厥詞的人。而這些人頂多在電視及報章雜誌上露臉，或是躲在網路裡蠢蠢欲動，或者爲了賺錢到處開設研討會和網路沙龍。這樣的業界生態令我感到厭煩，因此最近刻意減少工作安排，只增加一些純粹醫療方面的工作。

二〇二〇年，新冠肺炎爆發。我在醫療、福利、飲食、環境、教育等其他方面的啓蒙活動也將邁入第十二個年頭，儘管我認爲資訊傳播與啓蒙發展已到了一定的程度，可是我依然抱著天眞的幻想，覺得認眞思考的人雖然不多，但是就整體人類來說應該有所增加吧？或許也能看穿新冠肺炎是怎麼一回事吧？然而，新冠肺炎之亂讓我清楚意識到這純粹是幻想，「人類就是如此有害的生物嗎？」事實卻不容我有反擊的餘地，人類竟是何等容易被洗腦、何等輕易被常識牽著走、何等裝腔作勢、何等獨善其身、何等窮凶惡極。這致命的一擊意味著我不得不中止啓蒙活動。事實告訴我，「只要人們的意識隨著資訊傳播而改變，也許就能改變社會」，這種說法與其說是幻想，更像是詐騙般的惡念。

爲什麼世界會變成這個樣子？爲什麼像人類這種猶如癌細胞或惡性病毒的無可救藥的生物會以地球主宰自居？這是有正當理由的。理由是人類也許對醫學問題感興趣、對飲食問題感興趣、對福利問題感興趣、對陰謀論和社會體系感興趣、對核能發電問題感興趣、對歷史謊言感興趣，或者對靈魂與唯心主義感興趣，但永遠也找不到答案。因爲人類不了解存在於人類精神之中的「心靈的絕對法則」，也無從掌握它。

「心靈的絕對法則」是根據虛無主義（Nihilism）思想所構成的法則。換句話說，也可以稱作空的法則。自從我在著書裡談論醫療、飲食問題乃至於靈魂論（請參考拙作《魂も死ぬ（暫譯：靈魂亦會死亡）》），也就是所謂的靈性方面的議題後，便沒有多少題材可寫了。我本來就不是很愛寫書。我只不過是一個普通人，結婚生子後，自己的想法有所改變，於是想要開始嘗試社會活動，姑且不論這念頭是出於些許善意或欲望。不過，在我心裡最重要的中心思想是虛無主義。尼采所代表的虛無主義沒有所謂的「正確」二字。既然沒有所謂的正確，爲什麼人類只爭醫療與飲食的正義卻罔顧本質呢？爲什麼這世上充斥著誤以爲自己已覺醒而以覺醒者自居的人呢？若是欠缺虛無主義的概念，絕對無法看清一切。而其中的法則根基，正是「心靈的絕對法則」。

事實上，只要理解「心靈的絕對法則」，就會明白那只不過是非常簡單基礎的道理。

本書的基本架構源自《巨悪の正体～あなたはなぜカスなのか》。我在《巨惡～》一書的序言裡寫道，如果想要讀我的書，一開始絕對不要先讀這一本。不過，本書是經過大幅修訂並將法則彙整成章，同時添加新事例的一本新書。我也改變以往帶有反論意味的寫作風格，一般讀者可放心閱讀。因此，若是想讀我的書，先讀這本書也無妨。讀者願意讀我的醫學、飲食、環境學等相關書籍，那是我的莫大榮幸；就算沒讀過，也不妨礙讀這本書。可是，有一點希望讀者明白。本書包含許多一般人難以接受的內容、心生牴觸的內容、泫然欲泣的內容、怒火中燒的內容。因爲「心靈的絕對法則」會將人的本性完全突顯出來。如果沒有做好心理準備，不建議讀這本書。

這個世界永遠存在原則與法則，精神也存在絕對的法則。一般認爲精神與心靈乃至人格是多樣的，精神並不存在所謂的法則。遺憾的是，經年累月形成的思想學與哲學沒有那麼單純。本書是一本爲了闡明眞理，讓讀者理解現代爲何墮落至此的書籍。讀者在閱讀的過程中，應該會發現自己其實有意識到法則的存在，可惜因爲被洗腦得太徹底以致於無法正視它。

一言以蔽之，本書並沒有心理書常見的虛僞的心靈信仰，也沒有騙子信口開河的花言巧語；這只是一本涵蓋日常生活隨處可觀察得到的思想學及精神學的書籍。市面上之所以沒有同類型的書，是因爲日本只會討好讀者，而指謫讀者缺失的書不會有市場。我已經可以想像得到讀者讀完本書後會出現的辯解、排斥反應與深層心理。

我很想爲家人與後世子孫寫這樣一本書。像這本書所探討的議題，有時會出現在我與家人之間的談話，但我無意只討論這些，不過是想藉著寫些嚴肅的文章把自己的價值觀留下來。寫這本書的目的不是爲了否定誰，也不是只爲了我的家人而寫。

這本書如果是一本談否定的書，對象自然涵蓋全人類，當然也包括我。但本書只是爲了讓大家了解以及傳達事實而已。令人遺憾的是，日本的政治正快速崩壞。我預估這種情況將持續惡化，到了二〇二五年，日本將不再是如今的景況。從各方面來看，我覺得日本終究會消失，所以決定寫這本書，將失落的日本留傳給後世子孫。

我總是在書本的結尾獻上對妻女的感謝，這本書若是出版，我非常希望妻子能第一個閱讀。日後女兒長大了，我也希望她能讀這本書。

目錄

第二部 心靈的絕對法則 應用篇 135

第一部

心靈的絕對法則——基礎篇

第1章 「例題」

兩位政客

在說明法則之前，我想先請各位思考一下比較基本的例子。

假設有兩位截然不同的政客。

第一位政客是這樣的。

他認爲人民是自由的，需尊重每個人的個性，並以減少不幸之人、提昇人民生活爲目標。主張廢止課稅以減輕人民的負擔，身爲政治人物應致力於提高公民的薪資。同時也主張增加可安心食用的食材，促進廉價進口；以推動國家和平以及政治上不依賴軍隊爲目標；主張美軍撤離以減輕沖繩基地負擔，並且體恤沖繩民情。廢除跨太平洋夥伴協定（TPP），廢除《特定祕密保護法》，廢除核電；充實社會福利措施，期許人人生活有保障，呼籲有困難的人積極尋求援助，提出增加一次發給的補助金額。充實兒童諮詢所[2]以防範虐兒事件，尊重及強化女性權利，懇切希望人人生活在平等的關係中。

另一位政客是這樣的。

他的目標是壯大日本，主張日本的歷史遭到扭曲，憲法只會削弱日本國力。推動的經濟措施美其名是爲人民謀福利，實際上是爲富裕階層服務的政治手段，透過增稅變本加厲壓榨貧困階層，並使用花言巧語隱藏目的，讓貧困階層渾然不覺遭到剝削。他的行爲舉止猶如獨裁者，將政治舞台當成私人場域，勾結媒體操縱情報。任憑賄賂橫行中飽私囊，卻嚴厲批判別人收取賄賂。讓銀行撒錢營造經濟好轉的假象，將人民的稅金撒向外國藉此提高自己的聲望，甚至爲了諂媚強權而濫用稅金引進無用的外國製產品。他有暴君常見的心態，對重大事故或事件不聞不問，繼續縱情聲色酒池肉林。

以上舉的例子沒有特指某個人，僅是呈現一般常見的政客樣貌罷了。至於哪一個政客比較好，則是見仁見智。倒不如說，有九九．九%的人會想要從中選擇一個。或許大多數人會選第一位政客吧。但這也說明人們一開始就沒有學習「心靈的絕對法則」。如果有學過，想必能看穿第一位政客比第二位更像個騙子，所以這兩位都沒必要選。然而，若是直接指出這一點，沒學過「心靈的絕對法則」的人也許會擺出一副博學的樣子予以反駁。「那你說選誰比較好啊？」「這兩個都有問題」「不是說第一位比較爲人民著想嗎？」「再找其他人選吧」，總之會找各種藉口。這也是沒有學過「心靈的絕對法則」的人的典型例子，渾然不覺自己受到「心靈的絕對法則」所影響。

2 譯註：即日本兒童福利設施。

問題到底出在哪裡？

首先來看第二位政客。這是根據政界所謂的右派、保守型法西斯主義政客的形象來描寫。他所主張的強大日本是國家至上主義的表徵，令人聯想到從屬於君主的階級制度。聲稱日本的歷史遭到扭曲，代表他的觀點自以爲是，也就是所謂的歷史修正主義，心態上則是傾向統治者的立場。優待富裕階層與政治私有化以及勾結媒體，全是基於利益至上主義營造經濟好轉的假象矇騙國民的行徑。撒錢給外國和諂媚強權，也是因爲骨子裡潛藏屈從於強者的奴隸根性。這種暴君身上常見的精神目的都是爲了讓自己顯得更強大。

這樣一寫，幾乎所有人都會認爲「這名政客毫無優點可言」吧。但是，只要了解「心靈的絕對法則」，就會知道事情沒有那麼單純。

接下來看第一位政客。這位反過來是根據政界所謂的左派、革新型共產主義政客的形象來描寫。接連提出的政見內容令人聯想到共產主義、社會主義及民主主義，對公民而言十分討喜。聽到他要提昇人民生活、廢止課稅、主張和平主義不依賴軍隊、廢除擺脫不了憲兵陰影的《特定祕密保護法》、充實社會福利措施並期許人人生活有保障等訴求，相信幾乎所有公民不但不會對他反感，反倒熱烈歡迎吧。但是這位政客也一樣沒那麼單純，甚至比第二位更罪孽深重。

第1章是範例說明，並不會談到法則。所以我們先別管法則，不必想太多，單純地想一想。

各人背後的政見

第二位政客十分自我本位，而且不否認自己以民族爲中心的態度。自我本位的人自然而然會排斥非我族類的人。由於現代人受制於虛假的正義感及倫理觀，所以會排斥右派那種會讓人聯想到貴族與奴隸關係的政見。這一點倒是可以理解。但是我的問題並不在這裡。話說回來，第二位政客希望日本變得強大，或是不希望？有想過官商勾結，或是沒有？有想要走向軍國主義，或是沒有？心態上傾向暴君與支配者，或者不是？大多數人都會在問到這些問題時改變他們的答案。撇開受到個人倫理觀影響所產生的自我解讀，大部分人都覺得第二位政客有過這種想法。若是質疑第二位政客的政見存在謊言與問題，對方反倒會因此惱羞成怒而理直氣壯作惡到底。換句話說，姑且不論他的政見是好或壞，這位政客倒是很坦率地忠實自己的欲望。

第一位政客又是如何呢？他確實提出許多立意良善、實現之後也許十分討喜的政見，這一點不能否認。而人的淺薄之處即在於只要有人提出不錯的意見，就會想要支持。由於現代人只顧追逐眼前利益，只要給人公平或從中獲益的觀感，幾乎來者不拒。然而，第一位政客的問題在哪裡？他有什麼企圖？反對陣營自然會針對下列問題提出質疑，他難道不是缺乏財源嗎？中國的共產主義難道不是獨裁嗎？共產主義本身難道不是僅有部分人類受益的體系嗎？撒錢政策難道不會失去自主性嗎？日本變弱的話，難道不會更容易遭其他國家侵略嗎？國家機密若是難以保全，難道不是讓其他國家從中獲益嗎？領取生活補助津貼的國民居多的話，國力難道不會衰退嗎？而這位政客不是對這些問題不予回應，就是一笑置之岔開話題。他雖然主張共產主義，但也不會建議減少國會議員的薪資。總而言之，他就是個報喜不報憂的兩面派。

這世上把滿嘴花言巧語鼓吹以錢滾錢的人稱爲騙子。騙子絕對不會說出肺腑之言或逆耳忠言。畢竟不提升自己的知名度與聲譽的話，很難培育詐騙的沃土。換個說法，這種人便是在無意間運用了一部分粗淺的「心靈的絕對法則」。他知道用哪一種餌可以引來人類這種蟲子。昔日的希特勒與毛澤東也屬於這類政客。希特勒與毛澤東會在談笑間殺人，並且指稱批判他們巧言如簧的人是滿口謊言的騙子，捏造對自己有利的歷史。

看似南轅北轍，本質上卻相同

我們再回頭來看最初的例題。前面提到，與其思考哪一位政客比較好，倒不如說，九九．九％的人會想要從中選擇一個。現在大家應該已經意識到這種想法是錯的吧。

是的，這兩位都沒必要選。選擇第一位政客的人不過是受騙子蠱惑只顧眼前利益的欲望主義者；第二位政客則是欲望的化身，連騙子都懶得當，徹頭徹尾忠於以眼前利益爲主的欲望主義，選擇這位政客的人就是冀望能在同時汲取甜頭。就理想論而言，只要不支持這兩種政客就好。既然沒有其他人選，那就自己披掛上陣當政客。那些擺出一副博學的樣子予以反駁的人不過是站在反論的立場自我陶醉，無非是一群將一切推給別人並以評論家之姿沾沾自喜、只顧眼前利益的欲望主義膽小鬼；換句話說，九九．九%的人一開始並沒有意識到，所有人類都是眼前利益至上的欲望主義者。也就是說，他們不知道「心靈的絕對法則」的基本原理。

眼前利益至上的欲望主義是人類的根本性質之一，但這種本質既對現實缺乏直觀能力，也無法正視自己的自大，更不願承認自己無法面對現實，只會顯得人類加倍可恥。而日本人乃至人類都對於自己「不願面對自己」這一點不予理會。

各位知道「爭議商機」一詞嗎？大致的意思是「故意引發爭議獲取關注藉此提高銷量的商業手段」。也可以說是一種透過煽風點火刺激人類的情緒，藉機賺錢或散播資訊獲得大眾支持的方法論。這種手段確實行之有年，反倒是另一種如出一轍的手法更有問題，也就是所謂的「正義商機」。照理說這種憑藉人類的正義之心包裹謊言、意圖賺錢獲得人氣的方法論同樣應該受到批判。然而，人類不利於己的稱為「爭議商機」，至於「正義商機」，人類在精神上則是選擇對其中包含的僞善視而不見。

爭議商機之所以能成功，原因即在於當中必定有問題。正因爲有問題，「爭議商機」與「正義商機」才能得逞。話雖如此，由於人類是一種懷著十足的自卑感而一心追求優越感的種族，所以能把不利於己的都稱爲爭議商機，並且毫不留情地捨棄。但實際上只是其中有問題而已，差別僅在於「爭議」或「正義」的名稱之別罷了。

學習「心靈的絕對法則」可說是揭露問題本質的一項作業，而這項作業也能打破日本人最愛的「找藉口」、「自我合理化」與「依賴」。本書決不是讓你尋求安慰的，而是讓你明白我們人類是比癌細胞還不如的生物，並且認清所有人類盡皆愚蠢的事實；這是一本形同在傷口上撒鹽的書。請先理解這一點再進到下一章。

內在思考的覺醒【第1章】

◉人絕不承認自己無法面對現實。
◉本書的目的是在考驗讀者正視現實的能力。

第2章　「觀察事實的絕對法則」

判斷一個人的標準只有「行為」

接下來將爲各位逐項解說法則，首先從「觀察事實的絕對法則」開始。這項法則換個說法，便是「所有人說的話全是謊言」。這項法則十分簡單，它本身就是至高無上的法則，卻也是人類最難以理解的一項法則，以致於日常生活中總是被騙。

這是心理學問的基礎，而人的心理可分爲表層心理與深層心理。一般常用冰山來比喻人的心理，表層心理是認知到「我就是我」的自我、自以爲聰明實則愚蠢的自我。深層心理是沉在水面下方的冰體部分，亦即內在的自我、自己難以理解的自我。與其說當前任何一位臨床心理學專家都無法自我認知這一切，倒不如說臨床心理學本來就是心理上最似是而非的領域，箇中含意請參閱拙作《精神科は今日も、やりたい放題（暫譯：精神科今天也一樣胡搞瞎搞）》。

言歸正傳，相較於表層心理，深層心理是更基本的、更欲望的、更本質的，也更天命的。我們日常生活中便是如此靈活運用表層心理與深層心理。

就結論而言，「行爲」乃是評判一個人的唯一標準。只有習於逃避或深層心理扭曲的人才會說「每一個人都有各自的價値」、「人類期望與和平共存是很美好的事」、「這不是你的錯，不要苛責自己」。或者反過來找一堆藉口說「我的能力不夠，所以辦不到」。

分析一個人的深層心理並無他法，唯有觀察他的所有行爲與事情結果。因爲人的話語僅是表面的醜陋面具，而人的行爲則是深層心理的體現。因此，最好藉由觀察歷史（即使是人物）來評判一個人。

死命維護「玻璃自尊」的日本人

最能代表日本人醜陋一面的話語，諸如「注意言詞」、「小心言靈[3]」、「把人當傻瓜的人實際上更蠢」等等。騙子相當重視話語，畢竟不做好表面工夫的話，就會暴露自己的本性。至於動輒把責任推給別人或其他國家，以及在網路上誹謗中傷他人，在在證明人只對謊言與八卦感興趣。而那些誹謗中傷他人的人，甚至不會在臉書或推特上顯示自己的照片與本名；他們絕對不敢表露身分。

日本人之所以產生這種行爲，是爲了維護「玻璃自尊」。對於日本人乃至於人類這個種族來說，即使某篇文章所寫的內容並不是針對特定對象，讀了也會覺得是在直接嘲弄自己。因爲大多數人多少做過虧心事，所以死不認帳並且想盡辦法蒙混搪塞。因此，許多日本人讀了文章後，想必腦海會忍不住浮現種種藉口與抱怨。

其實日本人心裡明白，自己就是個騙子。正因爲無法面對事實，才會難以忍受一針見血的內容，於是找合理的藉口掩飾自己的愚蠢。像是「不過」、「可是」、「話雖如此」等等，總之不停地說謊蒙混。

日本人不過是虛有其表，實際上是很無禮的種族。發表言論時，表明自己的身分是基本原則。但是日本人在現實生活中卻是不在臉書上顯示自己的照片、不標示在哪工作，匿名訊息氾濫成災。在推特上匿名抨擊首相的話，資訊弱勢者[4]往往會一窩蜂地附和盲從拚命轉推。也許是因爲這種感覺很爽快吧。

對於光說漂亮話以及只會匿名發文的人，建議最好要仔細觀察這個人的行爲與發文內容的可信度。

3 譯註：日本有所謂的言靈信仰，意指言語本身具有靈魂，認爲任何發言都會成眞。

4 譯註：泛指資訊量匱乏、資訊素養不足的人。

人的表層意識與深層心理

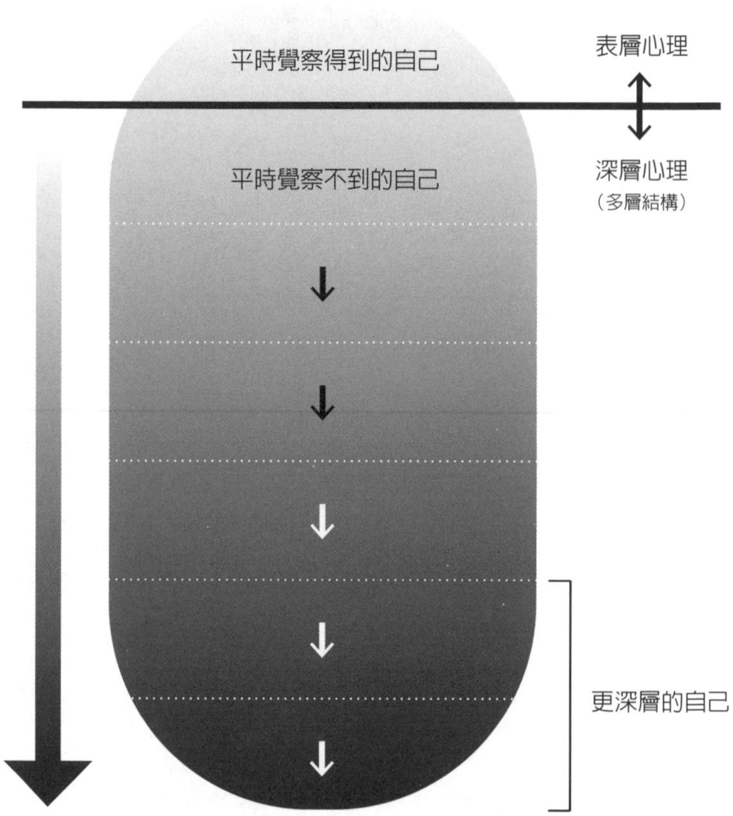

醜陋的靈性語言

其他國家的情況或許也與日本如出一轍，但日本人因為自己住在日本，便覺得沒有比日本更好的國家。然而，只要調查一下就知道，日本的天皇史、貴族史、農耕史全是由謊言堆砌而成，但是已被奴化的國民一點也不想面對現實。以愛國者自居的人聲稱日本是美好的國家，而他們的深層心理其實明白日本何等荒腔走板又不美好。可是，一旦對深層心理直認不諱，自我認同就會岌岌可危，只好繼續堅持日本是個美好的國家。

靈性提升與靈性語言同樣無甚區別。當他們使用靈性提升（Ascension）一詞時，表面上看似在祈願提升人類的層次，但是背後的深層心理卻是沉浸在唯我獨尊的優越感裡。

我想各位已經明白，主張與訴求的背後一定存在著與話語完全相反的深層心理。這就是「觀察事實的絕對法則」的主要內容。

話語根本無法成為判斷依據

這種深層心理和以此為基礎的行為，在發生問題或實際工作的時候，一旦遭遇人為變數，就會出現明顯的破綻。若是想從事諮詢行業，就得一眼看出其中的破綻。

姑且不論不願面對核電問題的日本人，從反核派面對其他問題時極為無知的一面（例如醫療與飲食方面的問題，以及後面會提到的新冠肺炎之亂），即可證明參與反核運動的人群中究竟有多少騙子。這些人不是透過反核運動汲取甜頭，就是對所有事情畏首畏尾，或是假裝反核，陶醉在自己處在正確立場的錯覺中。

我要再次重申，一個人的話語、主張等要素，不能成為判斷的依據。我對花言巧語的人一概不信任，主要是因為我能看穿他們背後的深層心理。滿嘴花言巧語的人一旦被人戳破本質，就會以齷齪言行加以反擊。當他們態度丕變的那一瞬間，對我來說有種莫名的快感，這世上似乎把這種反應稱為惱羞成怒。

若是了解深層心理如何反映在人的行為，就能以不同的角度觀察世上發生的所有事情。舉例來說，「偽善」是最能代表深層心理的詞語及行為，世上比惡更惡、更不誠實的莫過於偽善。所謂的惡，是好是壞或許還有待商榷，但換個角度來看，它無疑是最誠實的。

總而言之，偽善是一種掩蔽人類深層心理的行為，偽善必定會激起人的欲望。偽善這種行為冀望別人誤以為自己是正確的，沒有任何行為比偽善更能憑自己的主觀價值衡量善惡。後面的第十五章會提到，「心靈的絕對法則」之中，本質上並不存在善與惡；但是初步來說，偽善可說是兩面派的典型行為。

語言背後的深層心理會顯現在行為上

從深層心理的觀點來看，很明顯的，人類基本上只存在「想要支配別人」的欲望。後面的第六章會提到這項絕對法則。有些父母及老師把「發展遲緩」的病名扣在孩子頭上，便是將深層心理藏在「爲孩子好」的外殼下，但那層外殼其實是父母想要逃避責任的藉口，以及老師維護自尊心的手段。有的人將「腦袋有問題」的標籤貼在別人身上，當下的深層心理不過是卑劣地堅稱自己的信念與意見比別人更好罷了。有的人在至交或伴侶、親人生病時宣稱要治好對方，當下的深層心理便是受到僞善心理所掌控，希望別人認爲自己是好人，實際上卻不願承認本身的支配欲強烈到足以影響自己的行爲。

如此一來，就會讓人覺得「堅持主張」本身便是最幼稚的行爲。不妨仔細觀察，堅持正義的行爲或者使用「應該～」一詞以及渴望被傾聽的願望，這些都來自深層心理的哪一部分。

照理說，如果正義眞的存在，不需要特意主張也有朝一日能夠實現。然而，在歷史上，正義從未在這世間普遍實現過。在人類社會中，殺人如麻的才有資格打著正義旗號。

歸根究柢，所謂的堅持主張，就是僞裝成「替別人著想」的行爲。而僞裝成「替別人著想」，也可以說是滿足自己的深層心理的表現。

不採取行動的日本人理所當然會不幸

如今的世界似乎處在滅亡倒數的危機時刻，但人類仍是滿口正面思考謊言的騙子。那些說著「我無法容忍這世上的種種矛盾」、「我想為了孩子盡力而為」的父母就是這種人。

說點個人題外話，談到「文明毒物」[5]這個話題，免不了會引起諸多抱怨，「買什麼好呢？」「不用擔心這個，因為沒什麼好買的。」「想太多會傷身啊。」「那要去哪買比較好？」既然如此，不如成立一個能滿足購買欲的平台吧。要是我（內海聰）自己來開一間直銷的複合精品店，向大眾介紹基於自己的理論所製作的優良產品，並且透過宣傳銷售賺到一點小錢，想必也會被罵，「為了賺錢滿口謊言」、「為了賺錢故意弄得人心惶惶」、「只為沽名釣譽的爭議商機」。雖然這一點有些令人厭煩，但我還是能從中感受到身為虛無主義者的快感。

沒錯，我所做的正是沽名釣譽的行為，就當我是發財主義吧。

至於那些只會抱怨的人，如果羡慕我，乾脆自己也去開一間這種店鋪，找一些稀奇古怪的商品來販售，藉此沽名釣譽賺錢吧。反正任何人都能輕易開公司、雇人手，甚至出名到足以引發爭議，索性放手去做。就算面對庫存管理或庫存風險，或者在投資初期借款，甚至在遭受批判時全權負起責任，這些都沒什麼大不了，與其發牢騷不如勤快一點。話雖如此，但我認為只會口頭批評的人，絕對不會有所行動。

光說不練，只蒐集有利的資訊合理化自己的行為。如此對人類的本質一無所知的日本人，理所當然總是不幸。

了解以及擁有知識是無用的

日本人自己不願努力，反而對堅持不懈獲致成功的人產生嫉妒心，並對成功者的失敗或潦倒喜不自勝。如果想成為富豪，只需捨棄微不足道的名聲與體面，勇於承擔風險，不必在意是否惹人厭，都要積極採取行動。除此之外，也要仔細觀察事實，才能立刻了解對方是否在說謊，不會輕易被言語所惑。

話說回來，所謂的「吸引力法則」不過是終極的騙人理論，只是將後面會提到的「頻率的絕對法則」曲解後大肆宣傳的概念罷了。畢竟人類所面臨的問題並不止如此。這一點會在第3章說明。

現代日本人彷彿以陰謀論者與網友為代表，盡是空有知識卻無法採取行動的人。其特點是知識愈豐富，這種傾向愈強烈。他們以為在網路上發表文章，就表示有所行動。

5 譯註：意指由人類社會所製造的違反原始生物世界的物質總稱。例如含有大量食品添加物或人工甜味劑的食品。出自內海聰的著作《医者とおかんの「社会毒」研究》（暫譯：醫師與媽媽的「文明毒物」研究）。

然而，對於現代的日本以及人類的永續成長來說，了解以及擁有知識幾乎毫無價值可言。

自己蒐集的資訊量若是足夠，確實能當作判斷依據，而這些資訊可透過網路或書籍等管道蒐集。但是，我要再次重申，知識並不具備更多價值。如我一再重申，想要幫助世界或爲世界帶來正面影響，徒具知識是無用的。除非結合想法與行動，否則單憑知識毫無用處可言。

僅有自己的想法並不夠，還需要採取行動。

「你敢負責嗎？」是逃避責任的推託之詞

許多人誤以爲只要具備邏輯思考就能讓思想豐富，但這種想法實際上是斷章取義的粗淺謊言。歸根究柢，邏輯思考並沒有從根本改善這個世界，地球與世界早已疲弊不堪。我不時在其他著作中提到，我們應該效法原住民與野生動物，因爲他們是憑本能意識到眞理並付諸實行，而不是仰賴邏輯思考。

首先，人類需要在各種知識中選擇自己所需的以及更爲「法則」的。但同樣的道理，光是選擇並沒有意義。除了選擇之外，還需要不畏風險的決斷魄力，而這只能由自己來執行，因爲沒有其他人能替自己承擔決斷的後果；而且只有需要決斷的時候，才會去主動觀察事實。

然而，幾乎所有日本人在選擇時，遇到一點風險便滿不在乎且極其愚蠢地問：「你能負起責任嗎？」唯有自己才能對自身的問題負起責任。即使因為接受化療而死，那也是自己選擇的路，不管有沒有治好，都是自己選擇的；既然如此，不如坦然面對。畢竟相關資訊多不勝數。正因為決斷伴隨著自己應負的責任，才能使人真正無怨無悔地付出。可是，日本人似乎不論到哪裡都不愛為自己的行為負責。所以我決定不跟自甘陷入醫療謊言的人打交道，他們愛怎麼樣就怎麼樣吧。

引發爭議的言論背後暗藏事實

我的諸多言論似乎在各處引發爭議，其中我曾說過「身心障礙者的父母就用一輩子來反省吧」。我相信這番話肯定無法獲得世人的認同，但我至今仍不後悔說過這句話。我了解人的心裡充斥著「我沒有錯」、「我並不差」的想法，因為這也是「心靈的絕對法則」之一。我的言論正是試金石，藉此試探形形色色的人對我所說的話有何反應，對我來說，這也是我觀察人類與日本人的試金石。

若是硬要我解釋前面提到的那句話，我的意思是，不知者是不是就可以不用反省？人類受便利、欲望與金錢所驅使而不斷污染地球，並在孕育下一代之前不停破壞自己的身體，卻忘了這些行徑會禍延七代子孫。人類自身的所作所為已對兒童造成負面影響，卻一再為自己做過的一切給予合理的解釋，導致身心障礙的兒童不斷增加。即使本身沒有惡意，但自己的行爲也造就了身心障礙兒童。不，不能說沒有惡意就算了。我知道眞正爲人父母的人、那些努力讓孩子過得更好的人，終其一生都在省思自己。

在現代的日本，精神醫學與腦科學對大眾撒謊，隨便給孩子冠上病名並以藥物毒害。不怕被誤解地大膽地說一句，人類的卑劣想法就是企圖透過疫苗與有毒飲食殺害兒童。在原住民的社會或者早前的日本，根本沒有這麼多身心障礙兒童，以放射性物質爲首的劇毒正在全世界蔓延，即使事實擺在眼前，人類仍不覺得自己是造成疾病的始作俑者。這不僅是因爲遭到御用學者與媒體的洗腦，還因爲人類不願承認自己犯下的惡與罪。

許多父母以受害者之姿表示「我不知道」，但我們爲人父母者實際上不是受害者，而是加害者。如果父母眞的能自我反省，會就事論事，絕不會一再找藉口辯解「我承認我家孩子有身心障礙」、「這是他的獨特之處」。我自己同樣爲人父母，絕不會說「我父母（父母的父母）也怪我了」、「你們根本不懂身心障礙兒童父母的痛苦」這等令人汗顏的話。因爲我看穿了業界散布的「身心障礙就是獨特」的謊言，所以絕對不會說這種話。

你敢承認骨子裡的奴隸根性嗎？

在此爲各位說一件有些不可思議的事情。從宗教學的角度來看還滿有意思。爲什麼人類會產生「排斥」、「合理化」、「言行不一」、「依賴」的行爲呢？這些絕對法則會在後面提到，先說答案的話，原因是「自人類有史以來就被設定成如此」。這並不是神創造人類的膚淺故事，也與人類根據進化論進化而來的謊言無關。如果你對這不可思議的事情感興趣，那麼，究竟是「何方神聖」做了如此設定？這很難用言語來解釋。這都是後世附加的，有的人稱之爲神，也有的人說是外星人。話雖如此，沒有比宗教神祇更令人著魔的了。

自人類步入農耕以來便迅速發展的貴族制度中，支配者徹底灌輸給人民的就是奴性。所謂奴隸，其定義是「雖身而爲人，卻屬於他人的財產，不允許其擁有身爲人的名譽、權利與自由。」而這種奴隸根性即衍生出後面所提到的「排斥」、「合理化」、「言行不一」、「依賴」等行爲。爲什麼會出現農耕？人類歷史據說有七百萬年，爲什麼不維持狩獵採集的生活？爲什麼會自然而然形成農耕？爲什麼會出現所有制？爲什麼身分制度會迅速萌芽？爲什麼會出現皇室制度？爲什麼會出現宣稱能拯救奴隸的宗教？這種宗教爲什麼是引發世界大戰的原因？出現於世界各地的時代錯誤遺物以及缺少的一環究竟是什麼？爲什麼這些謎團至今依舊未解？

當然，我完全不知道答案是什麼。即使讀了許多考古學書籍，依然解不開這些謎。畢竟任何一種學說都是人類這種生物提出來的半吊子理論，而人類本身盡是一堆騙子，提出來的學說理論不值得參考也是意料之中。這就是我們不明白未知事物的原因。儘管得出如此結論，但是要我說從「心靈的絕對法則」所得到的體悟，那就是「人類從一開始就被創造出來當作奴隸」。我們無從得知究竟是誰創造了人類，也許是高等級的生物，也許是外星人；我們甚至連這些都不清楚。

話雖如此，無論是漫畫還是電影所描述的故事，我並不認爲這些是憑空創造出來的。許多人看了漫畫，或許會覺得「想像力眞豐富」，但我認爲其中有極大部分是抽取自人們深層心理的記憶。也就是說，漫畫或電影的故事只是改變了形式，自古以來有關外星人存在的記載，或者人類是由別種生物所創造的類似記載，其中必定有道理。

假設我的想像具有一定程度的眞實性。到時候，人類眞的能接受「自己被創造出來當作奴隸」嗎？恐怕九九．九九%以上的人都無法接受吧（後面會解釋原因）。我的妄想也許沒那麼離譜。正因爲人類被創造歸類於奴隸等級，才會渾身上下充滿貪婪與自卑，不斷引起紛爭，永遠無法進步，唯獨一再體現本書多次提到的愚蠢行徑。

因為無用，所以有一點價值

仔細想想，這種聽起來很不可思議的想法，或許是源自我的虛無主義思想。

在我過去的人生中，虛無主義愈發強烈，只有兩件事讓我不那麼虛無主義。一個是和我的妻子結婚，另一個則是女兒出生。我剛結婚時，一點也不想要生孩子。因爲我曾認爲，孩子是沒有存在的價值，所以也不想要。與其他人相比，我並沒有特別早意識到陰謀論之類的論述。至於後來，我在別的著作也提到過，我的人生觀因爲生了孩子而大幅改變，若是用後面會提到「魯民」[6]一詞來形容，我就是「連虛無主義者都算不上的魯民」（笑）。

如果虛無主義是一種不認同一切價值觀的思想，那麼意識到自己是個奴隸也不算太遲。就像電影《駭客任務》（The Matrix）所描述的那樣，不是根據邏輯，而是出於本能地痛澈體認到人類以及自己就是奴隸，且是被創造出來當作奴隸的。正因爲任何時代的人們對此感受深刻，當世的哲學與藝術才會存在。我身爲一名醫師，累積了各種知識；而我也是個男人，個性上始終擺脫不了理性爲主的左腦思維。即便如此，我也明白有些事情不能單憑邏輯來解釋。像我這般左腦思維的人都這麼想，閱讀本書的你，對於自己是奴隸一事應該更有想法。這就是了解「觀察事實的絕對法則」的第一步。

爲什麼人會引起紛爭？爲什麼人類不止進化、連進步都無能爲力？進步與科學發展等的退化無關。像人類這種擁有獨一無二智慧的生物，別說進化，連進步都無能爲力的理由，便是沒有意識到自己是「物種的奴隸」，也沒有意識到自己的正義實際上一點也不存在。這與超越虛無主義的思想是一樣的。當內心充斥虛無主義，接下來看到的就是在這毫無價值可言的世界裡，反倒顯得一切事物都「有些微的價值」。而從中發現的價值並不存在界限。一旦說明價值觀是有價值的，它就失去了價值。就像把「正義」或

6　譯註：「魯民」一詞沿用同作者的中譯版書籍《99%的人不知道的世界祕密》第二十二頁的譯名。二〇一五年遠流出版。

「正確」說出口，它就失去了正義的意義。正因為明白一切是沒有價值的，才能看到其中的微薄價值，進而包容一切事物。

大型宗教在這一點犯了關鍵錯誤，這也可以說是大型宗教之所以成為大型宗教的原因。如果我們能盲目地聽從別人指示而原諒某個人，那麼人類一開始就不是奴隸，而是會更加進步。宗教的教義，便是極力讓奴隸相信自己始終是奴隸，各種類型的文化都是為了讓奴隸代代延續成奴隸的工具。就這個意義來說，三大宗教的教祖，可以說是與開悟最無緣，明明什麼都不懂卻來欺騙人類。這一點也與尼采的虛無主義思想相通。而醫學、營養學、飲食學、經濟學、統計學、哲學、心理學、人類學、考古學、工程學、自然科學、法學、軍事學及其他任何一切，無一不是為了將奴隸設定為奴隸而自行編造的龐大騙局。這就是在這世上很「不可思議」的想法。

人類制度實際上就是奴隸制度

即便有人下定義，認為日本人不是奴隸、人類不是奴隸，仍是無法改變法則與事實。就社會結構而言，全體人類數千年來的所作所為都表現得像奴隸，所以除了作奴隸也別無選擇。如此簡單的結果，不正表示存在著所謂的宇宙眞理嗎？

如果宗教存在所謂的宇宙眞理，「服從於神、奉獻於神」這項教義本身就是奴隸化的最高境界，而神就是將人類想像成奴隸。然而，人類卻徹頭徹尾誤解，裝作一副對宇宙眞理融會貫通似的。想要領悟宇宙的眞理，最好要有所自覺，人類對宇宙眞理根本一無所知。

說得淺顯一點。若是明白人類整體沒有多了不起，自己只不過是比癌細胞還不如的微塵，就不會那麼在意別人所說的話。也許從此不會再特別親近與自己有關的人、不會再去想孰是孰非、不會再去想特別感謝某個人。只覺得一切都無所謂，管他從事哪一行或者應該做什麼、專業的還是業餘的。說好聽一點或許會覺得心情爽快，至少可以拋開眾多執念。

坦然面對「自己實際上是醜陋的」

人類若是學會仁慈，和平就會來臨嗎？事實與歷史證明，這種事情別說整個世界，就連狹小的社會裡也不曾實現過。因爲人類總是胡扯「仁慈」或「正義」等表面話，才會引發各種紛爭。

我在許多本著作裡提到，我目前所作所爲的目的與理由，表面上全是因爲我的孩子出生了。如果我的孩子沒有出生，即便知道這個社會是如何運作，我也不可能做出任何與改革或社會活動相關的舉動吧。但是依我來看，我這樣做的最重要因素，就是爲了滿足自身的虛無主義。

換個說法，我這麼做只是想盡量忠於自己的內心罷了，同時也是自嘲自相矛盾的自己，竟然認爲這份努力一文不值。因爲我本身就是如此矛盾，一方面貪得無厭、愛嘲笑愚弄別人，一方面又多少會做些像是在幫助別人的事情。我覺得這並不是正義感使然，應該是俠義般的世界觀所致。所以我就算口出穢言，也不想成爲騙子。唯一可以肯定的是，至少我不認爲自己是正義的。

歸根究柢，結論自始至終都很簡單明瞭。以上所談的內容或許有些偏離觀察事實的主題，但人性醜陋的原點就是因爲沒有打從心底了解「自己醜陋的一面」，也沒有面對這項事實。因此，了解「心靈的絕對法則」的第一步，便是從「觀察」人類與自己根本毫無用處這項「事實」做起。

內在思考的覺醒【第2章】

◉判斷一個人的標準只有「行爲」。
◉語言往往只是粉飾太平，背後藏著完全相反的深層心理。
◉首先承認「骨子裡的奴隸根性」，便能拋開眾多執念。

第3章 「頻率的絕對法則」

量子力學與心靈的關係

我雖是接受西方醫學訓練的正統消化內科（胃腸科）醫師，但我採用的療法，皆以東方醫學、思想學及精神學爲基礎。我投入反對精神醫學運動至今已十二年，治療過許多藥物成癮的病人。我是醫源病及藥害的專家，而這個身分，正是影響我決定治療方法及治療方向最關鍵的因素。儘管現在已有不少醫師採用替代療法，但世上沒有第二個像我一樣奇特的醫師，願意鑽研醫源病及藥害這種賺不了錢的領域，因爲要研究這種獨特的醫學領域，就無法避免討論古典醫學，以及頻率，也就是量子力學的概念。

因此，接下來我將爲各位介紹主宰人類心靈與肉體的「頻率的絕對法則」。

本書的主題是「心靈」，相信大部分的讀者，都無法想像心靈與量子力學這種科學理論有何關聯吧。事實上，在全球最先進的尖端科學研究領域裡，「心靈與量子力學密切相關」的觀念，已經是一種常識。

量子力學是一種物理學理論，各位可以將它理解爲在愛因斯坦相對論之後出現的新理論。當然，這個理論早在愛因斯坦的時代便已存在，然而愛因斯坦並不完全同意此理論；時至今日，我們或許可以說時代總算跟上了。只不過我並非物理學家，若各位想更深入了解，請自行參考量子力學的相關書籍。量子力學中最知名的，就是薛丁格方程式及狄拉克方程式，如今量子電腦已經問世，與生活息息相關的電腦、行動電話、雷射及半導體等技術的研發，也都是量子力學理論的應用，因此有人說「沒有量子力學，就沒有這個世界」。

所有物質都存在波動

在說明心靈與量子力學的關係之前，我想先簡單解釋一下量子力學的基本原理。傳統物理學認爲，我們無法同時精準觀測原子、分子、電子、基本粒子的位置與動量，並將光、電波等的「波動性」與原子等的「粒子性」視爲兩種不同的特性。然而，「粒子即波動，波動即粒子」這種看似矛盾的概念，正是量子力學的基礎。也就是說，量子力學認爲原子與電子擁有粒子的特性，同時也擁有波的特性；而光與電波等電磁波，除了擁有波的特性之外，同時也擁有粒子的特性。

採用擁有上述性質的「量子」概念，便能以數學表示量子的機率分布，理解粒子及電磁波的運動。

過去被視爲僅具有粒子性的原子，是由電子所組成的，一般認爲電子與量子類似，電子也具有像波一般的波動性。目前的量子力學主要著眼於頻率（通常以赫茲表示），認爲人、物體等所有物質發出的頻率（＝波的指標之一），乃是構成宇宙萬物的基本要素。

看到這裡，想必有許多讀者仍無法理解。簡單講，例如構成人體細胞的原子，在過去被認爲是一種「粒子」，但它其實同時也是像光一樣的「波」。換言之，以原子的角度來看，包括人類在內的所有物質，都存在著與光相同的波動。

除此之外，所謂的「熵」，是透過一個能呈現混亂程度的值，來思考萬物的概念；若著眼於物質所擁有的能量，則可分爲順時針能量與逆時針能量。這些想法皆屬於認爲「所有物質都存在波動」的量子力學，絕不是超自然的靈性概念。薛丁格主張，生物剛誕生時熵值最低，因此可以保持穩定，但在成長過程中接受各種刺激後，便會產生變化，最後往各方擴散，同時維持平衡。

量子醫學領域

採用「人體內也存在波動」這個概念的醫學領域，稱爲「量子醫學」。目前許多國家（多爲歐洲國家）的國立機構，皆在進行以量子力學爲基礎的研究開發，然而日本至今仍將量子力學視爲一種「非科學」，我們不得不說日本的科學研究落後全球三十年～四十年。量子力學及應用該理論的量子醫學，無法以傳統的研究或雙盲測試（醫學、藥學、營養學中最重視的研究方法）來驗證，或是應該說根本不需要這種統計分析。量子力學的概念，與現有的科學截然不同。

然而，想深入了解量子力學的理論，就得在大學或研究機關學習艱澀的方程式，一般人可說很難獲得量子力學的相關知識。況且我既非物理學家，也不是量子力學的專家，當然也稱不上融會貫通。因此，對於包括我在內的一般人來說，最重要的並非理解那些艱澀的細節，而是思索量子力學的基礎爲何，以及我們可以具體運用哪些量子力學的基本法則。我主要也是將它運用在治療上，總之實際活用才是重點。

當我們用這樣的觀點來思考量子力學時，了解其三大基本法則便顯得更爲重要。這些基本法則與絕對法則密切相關，說得白一點，假如你覺得目前的說明有點難懂，那麼只要留意以下三點即可，我們不懂薛丁格方程式或狄拉克方程式也無妨（因爲我們不是物理學家）。三大基本法則如下。

1. **量子基本理論：**「粒子即波動，波動即粒子」這點，只須牢記在心，重要的是爲什麼要採用這個概念。如前所述，物理學相關書籍告訴我們，只要採用量子的概念，便能以數學表示量子的機率分布，並理解粒子及電磁波的運動。我個人將其翻譯爲：若想像我們採用了同時具備兩者特徵的量子概念，便能說明各種無法以肉眼可見的實體解釋的事物。這也是對唯物論的強力反駁。

2. **相似形的絕對法則：**若討論粒子與波何者較具物理性，答案應該是波。正因如此，我們才會在中學物理課程中學習波與頻率。波與頻率具有科學上的特徵，也就是再現性，因此我們可將其稱之爲法則。世間萬物皆擁有特定的自然頻率，例如生活中常見的石英鐘錶，就是利用石英晶體的頻率來測量時間。科學已經證實，相同的頻率會呈現相同的形態，相近的頻率則會互相影響。

若將一個頻率施加於容易產生變化的物質上，此物質就會呈現該頻率的形狀。例如對水施加頻率，水就會產生波紋；對沙子施加頻率，沙子就會呈現該頻率的形狀。此現象可以輕易驗證，也可以在YouTube上找到實驗的影片。換言之，只要擁有相同的頻率，形狀就會逐漸變成相似形，這種科學上的特性，稱爲「相似形（碎形思考）理論」或「相似形的絕對法則」。

3. **抵消的絕對法則（消噪理論）**：物理學重視波，並以頻率作爲指標。相同頻率的波可以互相抵消，此概念也應用在生活中的各種技術上。將一個波的相位逆轉後，再與原本的波相疊，兩者就會抵消。此概念被應用在許多古典醫學及波動醫學的技術上，稱爲「抵消的絕對法則」或「消噪理論」。

東方醫學這類古典醫學正是量子醫學

上述三者即爲「頻率的絕對法則」的基本理論，而採用此概念並應用在醫學上的領域，就稱爲量子醫學或波動醫學。如上所述，日本在此領域的發展大幅落後全球。俄羅斯、德國等歐洲國家，皆已設立許多研究機構，由國家投入資金，延攬醫師與物理學家共同進行研究。然而，量子醫學領域在歐洲已經稱得上發展成熟了嗎？其實不然。只要學過量子醫學便能理解，事實上它只是拿古典醫學舊瓶裝新酒罷了。

重視人體各部位關聯性的東方醫學，包括阿育吠陀、藏醫、順勢療法、芳香療法、自然療法等各種古典醫學自古採用的療法，都可以稱爲量子醫學。反之，現代的量子醫學則著重於將其量化、視覺化、機械化，甚至商品化。也就是，在過去需要大量經驗與知識的古典醫學，現在已被量化，讓每個人都能運用。

生物體除了受到生化物質（蛋白質、維生素等）的影響外，也會被電能、熱能、磁能、生物光子、電子等各種能量左右。只要有電流通過，就會形成磁場，而磁場可謂人體電訊號的指標。隨著物理學的發展，現在已經可以運用量子隧道效應，透過機器將人體中微弱的磁場視覺化。科學也闡明了，生物體內除了體液、養分的循環及神經電訊號的溝通之外，器官之間乃至於細胞之間，也都有傳達能量的溝通網路。我們也知道，細胞的構造並非如密封的袋子，而是像樹枝一般貫穿細胞核與細胞膜，基質與結締組織透過一種名叫組合蛋白的物質串連，細胞膜具有讓纖毛著生的構造。

這就是所謂能量醫學領域的基礎。換言之，世人已漸漸開始認知，結締組織並非單純是膠原蛋白的集合體，而是一種在各種意義上的情報網路。我們必須思考，爲何我們會使用「細胞做出反應」這種描述。人體中傳達資訊的重要通道，正是十四經絡，亦即古典醫學所稱的脈輪。儘管細節尚未釐清，古典醫學仍根據長久累積的經驗，運用該理論至今。歷經上述過程後，如今古典醫學在歐洲、加拿大、美國、阿拉伯世界、印度等地區再度受到矚目，並獲得高度評價。

以特性而言，將量子醫學應用於文明病、慢性病、精神疾病、身心內科疾病，以及過敏、免疫相關的疾病上，成效可期。然而西方醫學（＝對症療法）也並非一無是處，在處理急診疾病或暫時性的危險狀態時，西方醫學效果較好，因此在遇到上述案例時應使用西方醫學。量子醫學的強項是治療西方醫學所無法治癒的病症，而眞正的量子醫學與古典醫學相同，可以爲每一名病人量身打造最適合的治療。然而日本的現狀是，大多古典醫學（＝東方醫學）的醫師都在討好西方醫學，若不依照西方醫學的理論體系，便不知該如何進行診療。我可以斷言，日本九九％的東方醫學醫師，都是連基礎都完全不懂的人。

碎形思考的世界

「頻率的絕對法則」之所以重要，並不只是因爲它可以應用在醫學上。我個人特別重視的理論之一，就是「相似形的絕對法則」，因爲它除了可以表示人體內發生的問題之外，也能呈現出社會整體的各種相似狀態。

接下來，我想舉幾個「相似形的絕對法則」的例子。

例如：

・地球遭到污染、海洋遭到污染、河川遭到污染，就和人體生了病，全身上下都充滿文明毒物，血液遭到污染一樣。

・在農耕時使用農藥殺蟲，傷害生命與土壤，就和對人體使用藥物，殺死腸道菌，導致醫源病一樣。

・在全日本的海岸建設核能發電廠，散發輻射，剝奪日本的製鹽產業，就和接受放射治療或輻射激效，導致人體營養不良一樣。

・在土壤中施加肥料、堆肥，使得菜園長蟲，土壤顏色變深，蔬菜腐爛，就和人長期服用維他命，攝取過多營養，導致身體失衡，看起來健康，但其實平均壽命降低一樣。

・在地球上因爲宗教、膚色、身體特徵、意識形態而歧視他人，就和在精神醫學領域，將病名取爲精神病或發展障礙一樣。

・在地球上殘殺超過食用所需數量的動物，發展寵物產業，就和統治階層無端虐殺民眾，將其視爲奴隸一樣。

・在討論政治、國家時，主張右派才正確或左派才正確，就和主張葷食才正確或素食才正確一樣。

・無論怎麼抑制，人口依然不斷增加，人類依然到處破壞自然環境，就和無論使用多少抗癌藥物，癌細胞依然不斷增加，病毒與細菌變成抗藥性菌，四處蔓延一樣。

・各國反覆進行高空核試爆，污染平流層，導致地球暴露於宇宙射線之下，就和人類遭受經皮毒或界面活性劑的摧殘，導致皮膚喪失保護作用一樣。

・地球上的水分佔比和人體相近，海洋與陸地的比例爲七：三左右，就和人體中的水分佔六五％～七〇％左右一樣。

・地球會發生地震、下雨、火山爆發，就和人會長面皰、發疹、腹瀉一樣。

碎形思考的本質

在此我想爲各位介紹，在我所學的東方醫學中，有一個比技術更重要的觀念，那就是：上醫、中醫、下醫。

下醫一般是指針對疾病思考、醫治疾病的醫師。大部分的下醫都採用對症療法，試圖改善眼前的症狀，不過也有些下醫只會根據病名來進行治療。

中醫指的是醫治病人，而非醫治疾病的醫師。他們不會拘泥於病名或症狀，而是會考慮到與一個人的生存密切相關的所有因素，如病人的個性、精神狀態、人際關係、生活起居、飲食習慣等，設法讓病人變得更好。重要的是，這樣的醫師只被定義爲中等程度，並不是什麼了不起的醫師。

所謂的上醫，已經連「醫治病人的醫師」都不是，而是讓社會變得更好、讓政治變得更好、讓地球環境變得更好的人。人類的疾病會增加，就是因爲我們的社會生病了；正是因爲環境遭到污染，才會出現各種文明病。換言之，即使醫治了人，也只是治標不治本。雖然我還沒達到最高的境界，但上醫、中醫、下醫的想法，我時刻銘記在心。

被偽量子醫學所騙的人

量子醫學是量子力學的應用，而它最大的特徵，就是利用了頻率的原理。透過頻率的觀點來思考人體，就能發現與傳統醫學截然不同的治療方法。

許多人覺得「量子醫學」這個用詞誇大不實，這是因爲在量子醫學領域中，確實有不少人在招搖撞騙。他們打著波動醫學或量子醫學的名號，利用替代療法牟利，使得該領域儼然成爲詐欺的溫床。我可以斷言，日本人之所以會如此輕易上當，是因爲大家不知道「頻率的絕對法則」。下面是一些常見的詐欺手法。

- 量子波能治癒疾病
- 這裡有愛的頻率
- 擁有愛的波動就能讓疾病消失
- 528Hz是愛的頻率
- 440Hz是惡魔的頻率
- 963Hz是與宇宙聯繫的頻率
- 這杯水是波動水

・轉錄的水沒有危險
・接受○○機的波動治療，疾病就痊癒了

這些例子全是詐騙。然而謊言一旦被拆穿，那些利用僞醫學斂財的人就會開始著急，立刻搬出愛、感謝、言靈等超自然的概念，利用更多不同手法繼續詐欺。會說出類似上述例子那種言論的人，絕對是詐欺犯，毋庸置疑。

具體而言，首先，量子醫學必須對應到每個人的體質以及身體、精神的頻率，這也是古典醫學被稱爲個人化醫學的原因。

疾病本身也各自擁有獨特的自然頻率，正因爲每種自然頻率皆不同，所以在每個人身上顯現的症狀也都不同。相反地，症狀相似或隱藏在背後的病因相似的疾病，即使病名不同，頻率往往也會相近。由於必須配合每個病人的身體狀況進行診斷，在眞正的量子醫學觀念中，西方醫學的病名只不過是無關緊要的資訊。

如前所述，量子醫學的基礎之一是「消噪理論」，根據此理論，只要對一個人的疾病或精神狀態施加相反的頻率，就能慢慢治癒它。在以化學爲基礎的醫學或藥學領域中，一般只會描述「某種物質能對某個部分起作用」，但這是極爲膚淺的理論。關於這一點，容我在後面的「綜合因素的絕對法則」詳述。量子醫學的觀點與此不同，它的基本概念就是翻轉和抵消，當然也許有人會認爲這也很膚淺就是了。重點是，所有的療法都有其特定的頻率，能否滿足抵消的條件，才是關鍵。「考慮每一個細節，最終加以翻轉」的概念，正是量子醫學被稱爲全人醫療的主因。

只要理解上述內容，便可以明白「量子波能治癒疾病」、「擁有愛的波動就能讓疾病消失」、「接受〇〇機的波動治療，疾病就痊癒了」等話術，全都是廉價的謊言與詐騙。幾乎所有宣稱可以用量子波治療疾病的不肖分子，在治療時使用的都是單一頻率或少數幾種頻率。正如同藥物對某些人有益，但對某些人可能有害，頻率也是一樣，若沒有配合病人，給予相反的頻率，就會變得有害。生病的原因有無數種，與之對應的頻率也有無數種，聲稱「〇〇機可以治百病」當然很輕鬆，但那些只是工具，只是修正的手段之一，倘若誤判了原因或選擇了錯誤的頻率，很可能產生反效果。

至於「愛的波動」，則連定義都莫衷一是。開口閉口都是「愛」的詐欺犯，其實滿腦子只想著賺錢，因此他的言詞裡絲毫沒有愛的頻率。嘴上罵對方「去死啦！白痴！」的小混混，內心深處說不定藏著比任何人都關心對方、重視對方的頻率。

與頻率有關的生意大多是惡質新興宗教

然而，認爲可以靠「頻率」大賺一筆的不肖之徒，都只奉行對症療法，想法與西方醫學研究者及藥廠無異，因此他們只會設法透過單一頻率或輕鬆的工具斂財。只要知道「頻率的絕對法則」的三個原則，就能明白528Hz對某個人而言是好的頻率，但對另一個人而言卻可能是極爲負面的頻率。聲稱「440Hz是惡魔的頻率」的人，不但對「頻率的絕對法則」三原則一無所知，更如同後述的「善惡不存的絕對法則」一般，只不過是陶醉在自以爲正義的心理中，無法理解其實他自己才是最壞的惡魔。拿963Hz來胡扯的人也是一樣，到了這種地步，直接稱呼他們爲惡劣的新興宗教也不爲過。

這種人會專挑對自己有利的資訊，利用波動水等產品，試圖從資訊弱勢者身上榨取金錢。這也是一種巧妙的詐欺，水的確可以轉錄資訊，在物理學上也已經被證實。過去有很多著名的研究遭受打壓與駁斥，近年以呂克・蒙塔尼耶（Luc Montagnier）博士的「水能記得DNA資訊」的相關研究最具代表性。

然而隨意大量製作的波動水究竟有沒有意義、有沒有效果，跟上述研究完全是不同層次的事情。如前所述，世間萬物都有頻率，且會影響周邊的事物，例如電磁波、電能就是其中一例。就算眞的製作出波動水，這杯水也會被環境中的各種電磁波及電能所影響，因此在眞正的量子醫學領域，我們在儲藏時一定會特別注意遮蔽電磁波或電（大多會使用鋁箔）。然而九九%的波動水卻連這種單純的概念都視若無睹，還四處販售。

更進一步談，聲稱轉錄過的水沒有危險，也是天大的謊言。這也牽涉我對順勢療法安全論的否定態度，我在某些治療上會使用順勢療法，深知其效果及其可畏之處，然而對「頻率的絕對法則」三原則渾然不知的人們，卻會欺騙大眾「只要沒有物質，就很安全」、「只有資訊被轉錄，所以很安全」。事實上資訊轉錄並沒有那麼簡單。假如資訊和頻率會對人體產生作用，就必然伴隨著危險。換言之，謊稱它毫無危險，本質上就和西方醫學研究者及藥廠所撒的漫天大謊無異，而替代療法倡議者也只是在宣揚自以爲是的正義。他們毫無自覺自己的所作所爲其實跟西方醫學研究者一樣，因此非常棘手。

我已經厭倦這樣的業界環境。他們大多數的人連基礎理論都沒有學過，就去操作我平常使用的量子醫學測量儀器，甚至還有人利用這些儀器，替網路上那些昂貴的營養補充品背書，這正好驗證他們把一切都當作工具。我盼望本書的讀者能努力了解現代科學的問題，同時也請謹記，把頻率當成一門賺錢生意的人，絕對是詐騙。

盲信西方醫學令人傷腦筋，盲信所謂的替代療法也一樣。利用頻率、波動斂財的世界，就是詐騙分子恣意妄爲的世界，即使被視爲怪力亂神、被瞧不起，也是罪有應得。想避免遭到詐騙，唯一的方法就是去認識「頻率的絕對法則」的三原則。

最重要的是，我們必須認清，無論是頻率、波動，或是運用兩者的醫學，皆不是什麼神蹟。

內在思考的覺醒【第3章】

◉所有物質都存在波動，將這些波動加以應用的，就是量子醫學。

◉東方醫學等所有古典醫學皆爲量子醫學。

◉僞量子醫學氾濫，它們多半是詐騙。

第4章　「心理創傷與兩難困境的絕對法則」

定義「心靈」與「精神」

我在使用「內海式」精神分析法為病患治療時，會先說明「觀察事實的絕對法則」與「頻率的絕對法則」的內容，並根據這項大前提，著手分析深層心理。接下來所要介紹的許多「心靈的絕對法則」，既是人類精神的絕對眞理，也是「內海式」精神分析法不可或缺的關鍵。

首先要說明的是「心理創傷與兩難困境的絕對法則」。因為對於人類心靈與行為影響至深的，就是隱藏在深層心理的心理創傷與兩難困境。

在談及心理創傷與兩難困境之前，必須先確切定義心靈與精神。心靈是什麼？精神是什麼？諸位讀者能說明以上兩者的定義嗎？

舉例來說，查閱國語辭典與廣辭苑對於「精神」一詞的解釋，它指的是相對於物質或肉體（身體）而言，人類進行理解、思考、反省等行為的心理能力。「精神」也與「心靈」同義，但是心靈是主觀的、情緒性的，僅止於個人內在的層面，「精神」則是由知性與理性支撐的高階心理作用，具有超越個人的意義，形成普遍化的「民族精神」或「時代精神」等等，也可解釋爲近似「連接」的意思。此外，從語意的成立過程來看，不論東方或西方，心靈明顯與心臟的跳動息息相關，因此，心靈的概念就是在身體裡佔一席之地。就像戀愛時心臟會怦怦跳一樣，自古以來的解釋便是心靈不在大腦而是在心臟。

「精神」在廣義上與心靈和靈魂同義，意指非物質的活動。人的精神既可以解釋爲感覺、理解、想像、欲望、價値評估等能力的核心，也可以解釋爲這些心理功能本身。其原因在於它具有「隨時間變化的同時也保持自我認同」、「不遵循物理法則」等特性，有時也主張它具有實質性與不朽性。在哲學中，「精神」通常是指有關眞理認知、道德、藝術的高階心理能力、理性。有時甚至會提升爲極其個人的世界原則。

由上述內容初步可知，心靈與精神並不是物體，不是有形且可標識的；大腦不等於心靈，各種會影響心靈的物質（營養、腸道菌群、荷爾蒙、電信號、經絡等能量）也不是心靈本身。

此外，「心靈的絕對法則」也不存在輪迴轉生論或者肉體與靈魂一對一對應（靈魂裝在肉體容器裡）的概念。正如拙作《魂も死ぬ（暫譯：靈魂亦會死亡）》所提到的，這並不是心靈、精神、靈魂皆不存在的唯物論解釋，但我也不可能採用輪迴轉生如此粗淺的理論。上述內容並不在本書的討論範圍，有興趣的讀者請參閱拙作《魂も死ぬ》。

唯物論（英語：Materialism，德語：Materialismus）這種思維方式認爲物質是意識與精神、心靈等的基礎，強調物質的重要性。與它相反的思維方式是唯心論（Idealism），認爲精神才是根源，物質則是由精神活動衍生而來。「心靈的絕對法則」並沒有採用這兩種思維方式，諸位只需知道兩者都是偏頗錯誤的即可。

影響內心最深的是「記憶」

由此可知，「心靈」雖然具有各種無形的能力，且會受到肉體的各種影響，但仍可以視爲個別獨立的系統。由於心靈的組成是無形的，很難將它解釋清楚，不過，它除了受到原本的性格、父母的基因所影響之外，也會受到記憶的深刻影響。我認爲在所有要素中，對心靈影響最深刻的是記憶，不記得的事情也是記憶的一種，與軟體的數據資料同義。

以各位擁有的個人電腦來比喻人類的精神，應該比較容易理解。各位的電腦一開始都是原始新機狀態，後來隨著各自安裝的軟體種類而有所不同，例如Windows、Mac或附加元件等等。就像嬰兒剛出生時的行爲模式也是有限的，能做到的事情並不多。

不過，當各位開始使用電腦製作各種資料、搜尋各種資訊時，所有電腦就會搖身一變成一部專屬的客製化電腦。世上不會有一台電腦和自己擁有的一模一樣。這是因爲每個人後來輸入的資料內容皆不同，以人體來說，相當於記憶、經驗與教育。話雖如此，經驗與教育終究是記憶的產物，所以最具影響力的還是記憶。

前面提到，應該有不少人在閱讀本書的同時，仍是認為人的內心並沒有絕對法則。畢竟每個人輸入的資料各不相同，難免有人認為不可能存在所謂的法則。

然而，「心靈的絕對法則」並不是用來顯示輸入資訊的差異。這就好比鍵盤所顯示的配置。鍵盤的配置雖然是全世界相通，但仍需要學習如何使用。還有所謂的機器語言，也是屬於「心靈的絕對法則」的範疇，不會因為輸入不同的資訊，便不再遵循機器語言的規則或規定。就像電腦有螢幕、有鍵盤，這件事本身就是一項普遍法則。即使電腦未來在型態上有所改變，「輸入」這種行為也不會消失，使用的軟體也會像PowerPoint一樣，有一定的規則可循。「心靈的絕對法則」就是讓你了解系統是如何運作的。

記憶會在無意識間逐漸形成深層心理

我們貯存記憶形成心靈，但心靈並不是扁平的單層結構。自古以來即有的心理學理論也表明了這一點。心理學理論提到好幾種模式，其中最廣為人知也是我最常用的，便是前面已提到的用浮在水面上的冰山比喻我們的精神。

請容我再次重申，我們的心理可分為表層心理與深層心理，而深層心理是最龐大且根深蒂固的分層結構。因為人只能自覺到表層心理，所以才稱為表層。顧名思義，表層心理指的是自己膚淺表面的心理、合乎常理的心理、愛好面子的心理、目光短淺的心理，以及自命不凡的愚蠢心理。相反的，深層心理指的是自覺不到的心理，即便是專家也頂多了解深層心理的表面，因爲沒有人能徹底了解自己的深層心理。這種心理是深邃的心理、本質的心理、生存欲望的心理、根源的心理；以及包含天命之意、非善非惡的各種心理。

深層心理也是一種根本需求，不過，它是由記憶所形成的多層結構，亦即潛意識。因此，即便人類有共通的深層心理，但絕大部分深層心理是當事者獨有的。記性愈強，執著也愈深，對深層心理的影響也愈大。精神方面的研究常提到，這種影響在童年時期最爲強烈。以現代的年齡來說，便是零歲到五歲，也就是上小學之前的這段記憶最重要。當然，上了小學以後的記憶對深層心理的影響也相當強烈。然而，以兒童的記憶能力來說，年紀愈小，記憶能力愈活躍；而這份記憶會隨著成長假裝忘記，封存在深層心理中。

心理創傷會封閉在深層心理

我們必須學習何謂心理創傷，因爲它會在童年時期對我們造成深刻的影響，並且在我們長大成人之後持續發揮強大作用，進而影響心靈與行爲。大多數人應該都聽過心理創傷一詞。它的定義是指遭受嚴重精神打擊或恐懼所引起的內心創傷。直譯便是精神上的外傷或心理上的外傷。

接下來將說明一般大眾不太理解的，有關心理創傷的幾個重要事項。

首先，不少人將心理創傷解釋爲一種難以忘懷的傷痕，但是在人類的心理中，最容易封存且遺忘在深層心理的就是心理創傷。事實上，大多數情況是確實留下了心理創傷，只不過想不起來而已，這一點在內海式精神結構分析（請參照第20章），以及實際應付精神方面的問題時可觀察得到。再者，大多數人認爲心理創傷的本質是遭受突如其來的重大打擊，因此，最重要的是能否理解實際上並非如此。需要具備一些前提與條件，才有可能使人留下強烈的心理創傷。

一般人常誤解，人一旦有了心理創傷，就會想要迴避與創傷相同的體驗，事實上並非如此，人反而會刻意趨近與創傷類似的體驗。這一點或可參考「頻率的絕對法則」。此外，還有一個常見的誤解，認爲心理創傷是無法處理及消除的。如果眞有辦法，肯定是採用如同洗腦或者機器處置一樣極爲危險的方式。

然而，面對並克服心理創傷並非不可能之事。名副其實的精神療法，應該是正視心理創傷的一項工作，而不是施以催眠抹去記憶的騙人手法。

從這一點來看，眞正的精神療法與傾聽或治療無關，而是一件非常艱辛的工作。話雖如此，願意面對的人，最後都能改善各種問題。

兩難困境是內心表裡摻雜的情緒

與心理創傷同樣屬於深層心理的還有兩難困境，也是我們必須學習的重要事項。兩難困境在定義上是指夾在兩個對立事物之間而左右爲難的狀態。雖然處在左右爲難的狀態，但這也是人類心理上的尷尬特性，對所有事情總是陷入兩難的處境。就像陰與陽。在理解這種兩難困境時，可以帶入表層心理與深層心理的觀點來解釋，但是不必花太多心思揣測表面與內在的心理。最容易理解的比喻就是「嘴上說討厭，其實很喜歡」，或者「嘴上說喜歡，其實很討厭」。

假設有人討厭自己的父親。而這股厭惡情緒是從嘴裡說出來的，所以是表面上的心理反應。但是背後必然存在討厭父親的理由。舉例來說，或許有不少人遭到父母一再否定而失去自信，或者父母除了自己更偏愛其他兄弟姊妹。如果是因爲這樣而討厭父親，背後潛藏的感情基礎則是「希望以自己爲優先」、「我也想要多一點讚美」，也就是是喜歡父親的反面心理。這一點在本質上與愛情故事沒有太大區別，同樣會因爲被拋棄或遭到背叛而從喜歡變成怨恨。

由此可知，人的內心一定有表面與內在，而這就是「心理創傷與兩難困境的絕對法則」。重點在於發生問題的時候，釐清心理創傷與兩難困境是何時形成以及源自何處。在多數情況下，心理創傷比較容易理解，卻很難找出兩難困境源自何時何地。

兩難困境是不流露於表面的潛藏情緒所引起的，所以當事者不太可能意識到。因此，從專業角度來看，傾聽當事者的陳述或訴苦實際上毫無意義可言。這代表臨床心理學、心理諮商等沒有任何用處，也顯示精神分析與心理諮商是截然不同的。

萬人皆渴望獲得肯定

想要了解心理，還有一點不能忘記。那就是認同需求。認同需求的定義是「希望得到別人的認同，認爲自己的存在是有價值」，而這類需求也稱爲「尊嚴需求」或「自尊需求」。這也是存在於所有人內心的絕對法則，即使堅稱「我沒有那種需求」，專家仍是可以一眼看穿。不論是宣揚愛與感謝的人，或是反過來像憤世嫉俗的隱士一般的人，他們只不過是表面上裝做沒有認同需求而已。

每個人的認同需求幾乎都是在童年時期形成，並且與心理創傷息息相關，因此，0～5歲也是表達認同需求的重要時期。

認同需求也近似於表層心理與深層心理的關係，有自己意識到的部分以及意識不到的部分。沒有意識到的部分自然是根深蒂固，甚至可以說，一切行爲都是來自基本的認同需求。後面所提到的「全人類皆早熟童年的絕對法則」與認同需求，說不定只是用不同的說法描述同一件事而已。

因此，讀者應該知道的是，不論是認同需求或兩難困境，人都有一種規律，會展現出惡劣的一面。換句不同的說法，便是想要滿足更爲基本的認同需求。

內在思考的覺醒

【第4章】

◉我們的心理可分爲表層心理與深層心理，而人只能自覺到表層心理。

◉童年時期遭受的精神打擊或恐懼會形成心理創傷並且封存在深層心理。

◉兩難困境指的是表面與內在表裡不一的心理。因爲是潛藏情緒所引起的，所以當事者不太可能意識到。

◉心理創傷與認同需求息息相關。

第5章　「轉錄的絕對法則」

人會一再重蹈童年的心理模式

「轉錄的絕對法則」是一般人較不熟悉的法則。這麼說來，似乎是如此。它是一種日常生活中完全不會意識到、且會一再重複的麻煩法則。它與「心理創傷與兩難困境的絕對法則」也有關。

轉錄原本是指將文章、圖畫等摹寫（複製）至他處，也可用投影一詞來代替。換句話說，這項法則說明我們的精神總是被複製或投影，至於被複製的內容，便是童年時期形成的強烈心理模式，被複製到現在的行爲當中。

舉例說明應該比較容易理解。例如自己的父母關係與自己的夫妻關係相似都是有原因的。

假設你的父親是溫順內斂的男性，母親是活潑奔放的女性。如果你的丈夫是溫順內斂的，自己則是活潑奔放的話，你們夫妻倆便是轉錄了自己父母的類型，而且是不自覺地複製了父母的類型。儘管偶爾會看到有人刻意複製這種類型，但是大多數人都沒有意識到自己正在複製。當然，這種行爲是受到深層心理所影響，所以自己渾然不覺。

有的人成長在家中有兩名小孩的四口之家，長大結婚後也生了兩個孩子。觀察之後發現，這個人與結婚對象都是來自家中有兩名小孩的家庭。其中當然也有的是獨生子女或者有三名手足，但是形成自我相似的碎形（Fractal）家庭關係的還不少。若是用機率來計算，解出來的結果會相當低，但是「心靈的絕對法則」的基本概念，則是認爲這並非偶然。

即使三方家庭結構多少有些偏差，重點在於它仍是有意義的。舉例來說，自己與自己父母都是家有三名小孩的五口之家，另一半的家族人數則是家有兩名小孩的四口之家，那就有理由沿襲原生家庭、生下三名小孩組成五口之家了。這一點與遺傳無關，而是要好好思考其中的因素。

戀愛與「轉錄的絕對法則」的關係

轉錄行爲除了上述以外多不勝數，所以沒必要一一記住。爲了加深讀者的印象，以下列舉幾個簡單的例子。假設自己的父親是酒鬼或者酒品極差，自己長大後交男朋友也選了酒品差的人；就算不是全然相同，也大多會故意選擇愛欠債、愛賭博或吃軟飯的人。這同樣是一種轉錄行爲。一般來說，既然自己的父母是那樣的人，長大成人後，應該不會再重蹈覆轍。遺憾的是，「心靈的絕對法則」沒有那麼單純。

有的人彷彿劈腿慣犯，沒辦法正常與人好好談戀愛，每一次都會劈腿。最常見的例子是女性擄獲年長男性並且一再劈腿，在這種情況下，女方通常也只會選擇年長的男性。這麼做的原因有可能是迎合男性想出軌的需求（想與年輕女性發生性關係），當然，女方也有可能是故意選擇這種戀愛方式，又或者自己並沒有意識到。無論是哪一種情況，做出這種選擇的最主要原因，通常是把男方當作父親的替身，因爲與父親之間有問題，才會基於認同需求尋找這樣的對象；其次則是當作哥哥的替身。不管怎麼說，實際上並不是女方選擇了對方，而是受到童年時期的深層心理所影響。

此外，有的案例是父母的婚姻與自己的婚姻都是女方的年紀大於男方。父母離婚，自己也夫妻感情不睦，甚至鬧到快離婚的案例更是層出不窮。父母與子女罹患同系列疾病的案例也不少，但是一般都會將這種情況歸因於遺傳。然而，「心靈的絕對法則」會考慮得更精細入微。舉例來說，父母若是罹患肺癌、子女罹患大腸癌的話，西方醫學會將這種案例歸類於癌症家族史，而肺與大腸在東方醫學中屬於同系列，所以東方醫學會思考爲什麼會有肺病家族史。如果父母罹患心臟病、子女罹患小腸癌的話，西方醫學認爲心血管疾病家族史與癌症家族史是不同的，但是東方醫學則認爲兩者屬於同系列。如果母親罹患卵巢癌、女兒罹患子宮肌瘤的話，即使有一方不是癌症，最好也視爲同系列疾病。

因爲上述案例也是一種轉錄行爲。

人會轉錄想要拒絕的事物

有關轉錄行爲的案例不勝枚舉，重要的是從表層心理與深層心理這兩方面掌握箇中原因。由於絕大多數原因是源自深層心理，當事者則是渾然不覺，但是偶爾也有當事者有所自覺的案例。例如想找像父親那樣的人，或者因爲父母關係良好、自己也想依循父母的腳步，這樣的決定自然是受到表層心理所影響。

這倒是無妨，但是人會在此時表現出奇特的行爲模式。也就是在進行轉錄行爲時，往往表現得比自己的父母或祖父母更糟糕，這便是受到絕對法則所影響，轉錄自己想要拒絕的事物。

一般人都期許自己能效法別人的長處，並以別人的短處自我警惕。然而，可以說實際上沒有人眞的付諸實行。這也證明期許僅僅是期許，並不會付諸實行；至於爲什麼會如此？就得按照「心靈的絕對法則」去思考。想要了解這一點，除了探討深層心理之外，從認同需求的觀點來看會更容易理解。希望得到別人認同的認同需求是否在童年時期獲得滿足，將會影響日後的心理發展。認同需求在童年時期得不到滿足，對日後的影響自然深遠，但是人在沒有獲得滿足的當下，會先假意放棄，實則封存在心裡。不過，這只是假裝的。儘管假裝放棄了沒有獲得滿足的認同需求，但是在深層心理不僅沒有放棄，反而成了一種需求，於是在潛意識裡轉錄了自己想要拒絕的事物＝被封存的認同需求，也就是真正想要的事物。爲了掩飾這一點，才戴上了「心靈的面具」。

一再上演的虐待也是轉錄行為

直覺敏銳的讀者讀到這裡，或許會感到似曾相識。沒錯，這與虐待的結構相似。換句話說，便是著名的那句話：「受虐兒長大後會再變成施虐者。」讀者看得出來這是同一種模式嗎？兒時遭到虐待或體罰的人往往以爲，「等我長大後，絕對不會成爲施虐者，也絕不會建立一個不美滿的家庭。」令人遺憾的是，不是每個由受虐兒所建立的家庭都如此美滿。如眾所周知的，他們會再次成爲施虐者。想要探討其中原因，就必須了解「轉錄的絕對法則」。換個說法，想要避免重蹈施虐覆轍，最重要的便是意識到自己的轉錄行爲。

虐待的模式有許多種類。我的診所主要負責診治藥物戒斷，所以有不少想要戒斷精神科藥物的病患。我在診所見過上萬個病例，有罹患精神科疾病的人，也有帶孩子來看精神科的父母，但其中有非常多案例顯示當事者渾然不覺自己正在虐待孩子。因爲這種虐待模式大多不同於一般拳打腳踢的暴力行徑。

此外，自己在兒時遭到體罰的人，就算讀了本書的內容也很難接受，這一點正是「轉錄的絕對法則」的重點。因爲他們雖然曾經遭到虐待，卻不認爲自己在虐待孩子。然而，若是沒有接受適當的心理治療，便無法意識到究竟是什麼影響了自己的行爲，進而做出疑似虐待的舉動。

選擇與糟糕父親同類型男人的理由

假設有一個由典型的毒親[7]與早熟童年（請參照第7章「全人類皆早熟童年的絕對法則」）組成的家庭，父親是酒鬼且父母感情失和。早熟童年是長女，為了保護母親而成長為典型的撫慰者（擔任撫慰角色的孩子）。由於她從小在這樣的家庭裡長大，因而產生「我不想結婚」、「我不想成家」的念頭。然而，事情沒那麼簡單。儘管她有這種想法，但是自幼對父母的認同需求已根深蒂固，所以會在潛意識裡尋找與父親類似的男性。雖然她自認為尋找的對象「與父親不一樣」，可是從第三者的角度來看，總覺得她找的對象與父親相似。例如外表看似純良滴酒不沾的人，背地裡卻是嗜賭成性負債累累的依附型麻煩人物。乍看之下或許不一樣，但本質上她還是與父親那一類的男性交往並結婚。

這只是一個案例，不過，由糟糕的父親帶大的女性，最後大多會選擇與父親相似的糟糕類型，例如依附型或支配型的男人。而她卻誤以為自己「選了不同於酒鬼父親的好男人」。

7　譯註：指在孩子成長過程中，對孩子的身心靈、價值觀等方面造成負面影響的家長。

當然，這樣的夫妻關係不會長久，終究會分道揚鑣，但是關鍵在於他們堅持生孩子。他們即使表面上說不想建立家庭，也會因爲童年時期的認同需求而渴望成家，最後與人組成家庭。在這種情況下，若是離婚成了單親媽媽，往往會帶自己的孩子去看精神科，而這樣的孩子也常會繭居在家。此外，孩子也會出現異位性皮膚炎等各種疾病。這些自然是父母一手造成的，然而，當事者卻認爲「我雖然離婚了，但我依然愛我的孩子」、「我用自己的方式疼愛孩子」，絲毫不覺得問題出在自己身上。

與無意識暴力不同類型的虐待

這一點也是「轉錄的絕對法則」最令人難以接受的部分。從結果來看，這個家庭是由酒鬼渣男與依附著他的妻子所組成，而他們擔任撫慰角色的孩子長大後原本不想成家，卻莫名選擇了外表看似純良的賭徒，重蹈父母的覆轍成了一對糟糕夫妻。最後離了婚，自己的兒子同樣成長爲一名早熟童年。帶自己的孩子看精神科、使孩子繭居在家不願出門，依然聲稱自己是愛孩子。他們複製了父母的情況，受到潛藏深層心理的認同需求所影響，一再上演言行不一的行爲，卻將這一切怪罪父母，堅稱「我和父母不一樣」，渾然不覺自己也讓孩子經歷了如出一轍的遭遇。這實際上是透過轉錄行爲虐待自己的孩子，當事者自然沒有意識到這一點。如前面所提到的，這種行爲稱爲疑似虐待或隱性虐待。遺憾的是，這是由於「反動的絕對法則」發揮作用所致，當事者自己也不會承認。詳細內容將在第8章說明。

一般說到虐待，通常會想到對人拳打腳踢的情景。不過，毆打肉體的虐待案例實際上並不多，那只不過是新聞媒體大肆渲染所造成的印象。只論體罰的話，老一輩的人比較多。至於現代，重點在於所有人都巧妙地承襲了變相的虐待方式，只要戴上面具就判若兩人，假裝自己是受害者，實際上卻是加害者。

從一般對於虐待的定義來看，經常被打的孩子長大成人後，也會重蹈覆轍虐待自己的孩子。但是在現代，拳打腳踢的虐待行爲大多轉變成另一種形式。

典型的虐待案例中，從小被打到大的人當了父母後，通常會因爲忍不住打了自己的孩子而哭泣。因爲他們根本不知道自己爲什麼會這麼做。就算難得有所自覺，也只會歸咎於自己的成長環境。然而，拳打腳踢的虐待行爲相對來說較容易有所自覺，反倒是爲了掩飾自身罪行而改以其他行爲施行虐待的情況佔絕大多數且難以自覺。

當孩子出現了問題，閱讀本書的你卻覺得「我不一樣」的話，最好要有所自覺，自己肯定就是以這種模式虐待孩子。轉錄有許多不同的模式，在父母有問題的環境下長大的人，沒辦法擺脫這種陰影。

一再上演「轉錄的絕對法則」所造成的問題行為

此外，即使本身的家庭並沒有一般所說的父母虐待小孩的情況，同樣也適用「轉錄的絕對法則」。有的人有樣學樣跟父母一樣戴上面具過活；有的人從事的職業則是與父母的工作相仿。其中也有人適用相反的模式。例如前面所提到的例子，父親是溫順內斂型、母親是活潑奔放型；但是有的人不會照樣複製父母的類型，構築的夫妻關係反而是丈夫活潑奔放，妻子則是溫順內斂。乍看之下並沒有複製父母的類型，實際上卻深受父母的影響。畢竟溫順內斂的人可以和溫順內斂的人結婚，活潑奔放的人也可以和活潑奔放的人結婚。但不知爲何卻構築了這樣的夫妻關係。而這一切都是有原因的。

前面提到「轉錄的絕對法則」是一般人較不熟悉的法則，即便是在分析深層心理或者觀察一個人爲什麼會做出某種行爲，都無法迴避這種法則。人在遭遇失敗、不順遂、有煩惱或痛苦時幾乎都會找人商量，然而，就算有人願意聽自己訴苦，也不太可能就此解決煩惱。因爲不先了解背後因素，便無法解決問題。由於「轉錄的絕對法則」是我們日常生活中一再上演卻渾然不覺的麻煩法則，若是不以冷靜的第三者角度解釋箇中原因，就會一再重蹈覆轍。

內在思考的覺醒
【第5章】

◉童年時期形成的強烈心理模式，會被複製到現在的行爲當中。
◉人會轉錄想要拒絕的事物。
◉問題行爲的背後有所謂的轉錄法則，當事者卻渾然不覺。

第6章 「支配欲的絕對法則」

人類歷史是一部支配欲歷史

前面提到了我的推論，認為人類骨子裡就是奴隸，並且有可能是被創造出來當成奴隸的，而奴隸又被設定來仿效貴族，在奴隸制度中進一步支配他人。就算不必說得如此拗口，人類的歷史或家族的歷史也不過是一部講述如何讓人對自己言聽計從的支配欲歷史。這就是「支配欲的絕對法則」。

探索人類的精神與思考的法則時，發現有許多人都有錯誤的認知，以為能在心理學領域找到這種法則。令人遺憾的是，心理學並不是研究心靈的學問。同樣的，精神醫學也不是研究精神方面的學問，更不是研究思想的學問。詳細內容請參閱我的第一本暢銷書《精神科は今日も、やりたい放題（暫譯：精神科今天也一樣胡搞瞎搞）》以及《大笑い！精神医学（暫譯：大爆笑！精神醫學）》。

心理學並不是用來闡明心靈的學問，它僅是用來思考如何讓貴族支配奴隸、如何將人分門別類的學問。這世上沒有所謂的「探索心靈」或「研究何謂精神」，也不存在任何解決方法。正是因爲「人比寵物還不如，只能給予懲戒」的想法，才發展出心理學與精神醫學。

精神醫學是一門支配人的學問

精神醫學、心理學及腦科學是一堆沒有科學依據的謊言大雜燴。因爲這些學問犯了基本錯誤，作爲前提假設的依據本身就是錯的，以致於不論研究內容爲何，從中推導出的所有理論全是謊話連篇。

舉個例子，有關憂鬱症的「單胺假說（Monoamine Hypothesis）」相當出名，這項假說指出血清素等神經傳導物質分泌不足會引發憂鬱症。遺憾的是，相信單胺假說以及從中衍生的腦科學的日本人絡繹不絕。然而，假說一詞顧名思義，「單胺假說」純粹是一個未經證實的謊言。話雖如此，實際上並不僅限於單胺假說而已。如今幾乎所有人都相信「精神受制於物質」這種謊言。最主要的原因是科學的思維方式與學問已深入精神領域。

就某部分來說，科學確實可以證實一些事情。但是現有的科學（特別是精神醫學）只存在妄下結論的謊言、僞造的數據與單一的觀點，甚至稱不上是眞正的科學，這一點也是不爭的事實。可以說這是美國以及掌控這世界的統治者們將這種僞科學大肆吹噓成心靈科學，並以此教育民眾的結果。若是能將人類導向唯物論的思維方式，對超富裕階層而言會有多重好處。這與歷史上的王公貴族及宗教人士所做的如出一轍。

人的心靈與智能（＝思考）和物質上的東西一樣，總有法則可循。但是心理學從來不會告訴我們這些。此外，心理學裡根本不追究原因，只憑結果與症狀加以分類。不願探討原因這一點，與現代醫學所面臨的問題完全相同。

奴隸還想奴役比自己更低等的人

強逼人類停止思考以便支配世界。如前面所提到的，奴隸一方面希望以奴隸的身分被人支配，一方面又企圖讓自己在更狹隘的世界裡成為一群奴隸的支配者。這一點無疑是碎形（Fractal）。

上司愚弄下屬之餘又諂媚自己的上級，家庭裡養出了毒親與早熟童年。這一切都是潛意識裡的支配欲作祟所致。

支配欲是人類的基本需求之一，但是道德並不是人類的基本需求。道德與愛在歷史上通常是透過教育灌輸習得的。即便是在原住民的聚落也是如此。就連法律、經書典籍以及「人在做，天在看」等觀念，在在表達了「若是不盯緊一點，人就只會做壞事」。

其中最具代表性的便是儒家思想中的孝親觀念。這種觀念盛行於亞洲，日本也保留至今。這樣的觀念也助長了「生恩大過天」的風氣，做子女的只能居於父母之下，並且無條件地感激對方。儒家之所以發展至此，是因為它興起於需要建立秩序的戰國時代。

當然，爲人父母的長輩若是能夠體現原住民的思想，爲子女及後世的七代子孫著想，優先考量子女並給予尊重，子女也必定會尊敬父母。

但是，儒家思想的可怕之處在於以盲目的教誨當擋箭牌，鼓勵推行奴隸體制，就算父母再怎麼不好、背地裡藏著多少心思，子女都必須罔顧自己的意願，爲了隱瞞父母的惡行而不擇手段。

除此之外，還有類似「子女選擇父母而出生」這種支配欲表露無遺的教誨。沒有比這更有利於父母、更有助於滿足父母自尊心以及隱藏毒親面貌的理論了。僞善的父母們無法忍受自己的作爲遭人指責是毒親，於是在潛意識裡試圖誘導子女以便操縱。那些主張「子女選擇父母而出生」並以此教導下一代的人也絕對不會面對現實。

我不知道診治過多少受虐的孩子、遭到漠視的孩子、父母離異的孩子、家庭不睦的孩子、被勒索金錢的孩子、疾病纏身的孩子、沉淪藥物的孩子，但是他們的父母根本不去傾聽孩子內心的吶喊。

應該有人告訴這些孩子，你生來就是受虐的，而且即使受虐也必須感謝父母。其中最過分的是前面提到的疑似虐待。聲稱自己「沒有虐待孩子」的父母都有疑似虐待之實。長期觀察施虐的父母，會發現無一例外。他們始終隱藏自己的醜陋面具與深層心理，並且爲了滿足支配欲而不斷追尋對自己有利的想法。孩子有時會對父母說「是我選擇了你們」這樣的話，但是作父母的一點也不懂孩子說這句話的心情。「胎內記憶」一詞廣爲人知，父母卻沒有意識到孩子背後的心理。孩子潛意識裡認爲這麼做「會讓父母開心」、「可以改善家裡的氣氛」。人類的父母沒有能力去思考孩子應該將天性發揮在哪裡。

時下戀愛全憑一股支配欲

歷史上的一切就是這樣欺瞞造假而來。之所以認爲人會隨環境而改變，就是因爲對「心靈的絕對法則」一無所知。所有歷史就是一部支配與被支配的歷史，一切歷史就是不斷重蹈弒親殺子的覆轍，爲什麼不肯面對如此現實呢？

再者，我覺得日本人自私的支配欲，包括毒親增加在內，近幾年來有變本加厲的趨勢。

接下來談一點切身的話題。是有關男女關係的。聽戰前的人們說，當年軍國主義思潮蔓延之際，即便是同胞手足，男女也不能相偕同行。但是翻閱文獻，發現更早以前，也就是明治時代以前的日本對性較爲寬容。男男女女既可在節慶活動上相遇結緣，就連男尊女卑的祭祀場合，男性也會彷彿動物展現魅力似的藉此展現力量吸引女性。男性深夜私會女性也是稀鬆平常，是爲自己尋覓良伴的必要活動。

一般認爲日本自古以來即對戀愛諸多設限，但是據說明治時代以前對此相當寬容，也存在花街柳巷。從生物學的特性來看，這一點或許無可厚非。即便用道德壓抑三大欲望中的性欲，鑒於人類的本性，根本壓抑不住。明治時代前的日本對性即是如此寬容。

這也許比現代樣版主義的戀愛關係或夫妻關係來得好。時下談戀愛，男女雙方並不是一開始就建立起信賴關係。更何況，現代人比從前人更在乎各自的支配欲。跟蹤狂可以說是支配欲作祟所造成，便是執意將對方據爲己有而使眼界變得極其狹窄。

這些戀愛問題有可能受到教育方式與飲食的影響，也可以說是自由與民主主義以及法治主義盛行所致。自由可以因個人方便而任意解讀，也能因爲民主主義與法治主義導致講理重義這些罕見但不可或缺的因素遭到漠視，膚淺的社會公共意見卻因爲受到重視而變得權威。典型的例子就像離婚訴訟，由於僅著重場面話與光鮮亮麗的外表，使得滿口謊言的一方反而打贏官司。

從前的男人一旦被甩，多少會基於自尊而放手。因爲羞恥心讓他們在意別人的目光，所以毫不留戀。這種道德觀念自然也是後來強加的，與人的本性無關，根本欲望早已深植於人的內心深處，這種心理結構自古至今未曾改變。儘管存在心照不宣的前提，若是不用道德壓抑內心深處最根本的支配欲，人只會一味沾染惡習，卻也無可否認現代日本人的道德觀念實在太寬鬆。當然，以前是以前，暴力的、重男輕女的部分確實強烈，也有許多不守道義以及可怕的一面，所以我不會對此讚美。

關於談戀愛與夫妻關係，很多人都知道在交往之前要放下身段，但自從開始交往，產生將對方視爲自己的所有物的念頭後，男女雙方便態度丕變。這就是恐懼與支配欲所帶來的結果。害怕自己爲了滿足欲望而被嫌棄、害怕自己因爲失敗而受傷，於是只顧打著如意算盤擺低姿態，一切無非是演戲而已。就算不認爲自己「在演戲」，實際上也是在表演。正因爲當初笨拙的態度是演出來的，一旦支配欲得到滿足，就會顯露出根本欲望以及世間所說的「本性」。換句話說，愛的存在，不過是建立在支配欲的基礎上。這不僅僅是男女做與不做的問題，也適用於金錢、身分、立場、名譽、體面及其他所有事情上。

支配欲橫行霸道的時代

原住民社會的女性地位似乎比較高。當然，這是因爲女性的存在對於延續民族十分重要，但是原住民社會裡的一夫多妻制也不少。男性在照顧多名女性的同時也必須滿足她們的需求，這意味著有實力的人負責照顧女性，而他們自有一套愛護女性的哲學。所以女性也要按照規矩爲這樣的男性盡心盡力，但其中也少不了「支配欲的絕對法則」的作用。原住民社會與現代社會同樣存在強者與弱者，利用這兩者的心態也如出一轍。然而，不可否認的是原住民社會比現代社會更有人性，更能讓人感受到「情」。現代社會甚至連這一點也不願好好實踐。

總而言之，支配需要權勢，這也算是憑弱肉強食的精神炫耀自身的實力，可是大多數現代人連這一點都做不到。我們如今可能處在連金錢、身分、名譽、體面、權勢都沒有的時代，只剩支配欲橫行於世。

如果本身不具權勢，還可藉由付出愛意來強化支配欲。儘管如此，有的人卻沒有付出半點愛意給對方，光說一些永遠愛你的老掉牙謊言，正是如此才會失敗。在男女關係方面，這一點就像社會上的騙子一樣，只要我們是人，就只能建立在支配與被支配的關係上。既然所有人都偏離了愛的定義，爲什麼還能說出如此可恥的話？我對此由衷感到佩服。

人道主義正是支配欲的表徵

換句話說，我的意思是自古至今，戀愛、男女關係、風月情事、重男輕女、習俗問題、貴族奴隸制度、皇室制度、宗教與商業等所有一切，全是建立在支配欲的基礎上。無論是現在或者過去，僅是改變了形式而已。這是人的本性，也是絕對的法則。若是將它套用在戀愛以外的各種事物上，便成了所謂的性惡論。我是典型的性惡論者，但是據說絕大多數日本人不是性惡論者，而是性善論者。所以才會落入粗淺的騙局。

性善論或性惡論的說法或許有些荒謬。如前面所提到的，沒有所謂的善與惡，區別僅在於繼續當一名披著僞善外皮的騙子，或是任憑本能與本心驅使繼續爲欲望而活。

性善論主張人性本善，因爲遭受社會上種種欲望的洗禮，才會被洗腦走向惡途。性惡論主張人性本惡，因爲人性是惡的，所以要加以支配與控制才能維護社會，若是不透過法律、道德、規則予以約束，甚至連社會都難以構築。重點也許不在於選擇哪一個，但是看過現實情況後，我只能選擇後者。

人們通常認爲支配就像暴君或法西斯主義那樣剝奪人民在社會上的自由。這的確是一種支配，但是最具支配性也最棘手並且佔最大多數的，則是將正義與道德強加於人的支配。最典型的例子便是人道主義，它只不過是隱藏了「只要對自己（人類）有利，一切都好」的醜陋思想罷了。

確實沒有比我們生活的世界更具奴性、支配力更爲牢固的了。在戰國時期彼此互相殘殺的時代反而更能保證人民的自由。如今的時代，人民全都在同一種思想的規範下，被迫履行扮演機器人的義務。無論是警察打著正義的名號鎮壓人民、媒體這類騙子強行灌輸自以爲是的觀點、新冠肺炎之亂，或者徒勞無功地強制配戴口罩，都是支配欲作祟的結果。

我們人類是如此渴望製造奴隸。與其說人類想要的是從前白人與黑人的古老奴隸關係，倒不如說是計畫在日常生活中製造奴隸。因爲這就是人類這種生物的本性。

內在思考的覺醒【第6章】

◉支配欲是人類的根本欲望，奴隸渴望奴役比自己更低等的人。
◉人道主義是在正義與道德的僞裝下實現支配欲。

第7章　「全人類皆早熟童年的絕對法則」

造就早熟童年的毒親

早熟童年（Adult Children）是心理學早就提及的基礎知識，但是心理學領域完全沒有提到這項法則。換句話說，是我給這項絕對法則命名的。不過，想要了解這項法則，首先要回到基本層面，先爲各位解釋造就早熟童年的元兇，也就是毒親、毒爺、毒婆[8]以及早熟童年究竟是什麼。

在我的著作與演講中，常提到魯民一詞以及「毒親」、「毒爺」與「毒婆」。尤其是在我專攻的精神醫學與心理學領域裡，精神科醫師與毒親的自我辯解實在冷血無情。更可怕的是，不光只有毒親、毒爺、毒婆，甚至還有「毒家人」與「毒友人」。若是不明白這就是人的本性，不僅無法在這世上生存，還會遭受欺騙，難以享有豐富多采的人生。

不可思議的是，一個家庭裡對於毒親、毒爺與毒婆了解得愈多，實際上家族間的關係愈融洽。不過，這表示所有家族成員都要了解何謂毒親、毒爺與毒婆。如果家庭中只有幾個人了解，其他人不承認自己有毒親的特性，往往會形成極其惡劣的家庭環境。

既然如此，「毒親」究竟是什麼？

在談論毒親時，首先必須定義「毒」這個字。這裡提到的毒，可概分爲兩種意思。一種是文明毒物（關於文明毒物，請參閱我以前的著作）或泛指所有西藥，從各方面來說，除了緊急狀況以外，平時帶孩子去看醫師的父母都是將自己的行爲合理化的毒親。另一種毒則是指精神上的毒。毒親、毒爺、毒婆企圖支配及控制孩子。他們還很狡猾，將這些行爲做得不引人注目。

當孩子發生問題時，毒親典型的辯解如下：

「我不知道怎麼處理才好。」

「我以爲交給專家就能放心了。」

「我們很難對抗權威人士與專家。」

「因爲我以前也被家暴過，所以我也沒辦法。」

「我以爲這樣對孩子好。」等等。

那些毒親滿不在乎地撒謊說「我的孩子是最寶貴的」，但是他們始終在找藉口。不管孩子出了什麼問題，他們從不否認自己的行爲，裝作一副疼愛小孩的樣子。然而，他們絕不會爲了幫助孩子而正視本質問題，也絕不會從本質上探討。因爲這樣太麻煩了。

---

8 毒親、毒爺、毒婆指對孩子成長有害的父母、爺爺奶奶、外公外婆。

接下來為各位介紹毒親典型的行為。

・毒親幾乎都會讓孩子服用以精神科藥物為代表的危險藥物，自己卻從來不吃。他們真正的心態是「我沒有錯，錯的是孩子」（但是父母確實錯了）。

・毒親一定會堅稱「我的教育方式並不差」，他們真正的心態是「我的管教方式不可能有錯」（但是父母的管教方式確實有問題）。

・毒親一定會搶在孩子面前先說自己的意見，他們真正的心態是「孩子沒辦法好好表達自己的意見，只能由我來說了」（就是因為父母先說了，孩子才無法表達意見）。

・毒親最後一定會試圖拿權威人士當擋箭牌，合理化自己的行為，他們真正的心態是「我們與權威人士都做一樣的事，所以我們的作為絕對正確，不容否定，就算孩子死了也無所謂」（但是權威人士與父母確實錯了）。

・毒親一定會把發展遲緩的病名扣在自己的孩子頭上，他們真正的心態是「我不承認自己的教育方式不好，也不承認給孩子打疫苗不好，所以只要扣上發展遲緩的病名，我就能脫罪了」（但是疾病確實是父母製造出來的）。

即便撇開上述典型的毒親不談，但是歸根究柢，我們所有人都是毒親。

我們造就了給孩子服用藥物的社會，建造了販售充滿文明毒物食材的社會，滿不在乎地提供孩子充斥毒性卻毫無營養的營養午餐，強迫孩子接受足以摧毀所有天賦的制式化教育，讓孩子遭受輻射，並將國家打造成好戰國家。當然，某些家長讀過我的著作，也許會努力不讓孩子接觸文明毒物。然而，這種「只要自己的孩子好就好」的家長同樣離不開毒親的範疇。因爲他們只顧逃避眼前的問題。

毒親一手造成的早熟童年是什麼？

接下來探討什麼是早熟童年。

若是用一句話來形容早熟童年，那就是「從童年時期便一直在家庭與社會中扮演虛僞的自己」。這也是心理學與精神學領域中常見的名詞。早熟童年一詞源起於美國酗酒者（酒精成癮病患）的治療現場。起初是因爲那些成長過程中因父母酗酒而顯得沉靜內斂的人，近乎自我毀滅式的爲他人犧牲奉獻而受到矚目，因此有了「早熟童年」一詞。但是後來被解釋爲不僅僅是來自酗酒的父母。

關於早熟童年的解釋，一開始僅限於在父母施虐的環境下長大成人的人，其後將定義擴大到在家庭功能不全的環境下長大成人的人。近年來有關早熟童年的定義，則是認爲自己在童年時期因爲與父母之間的關係而遭受某種心理創傷的成年人。

既然如此，所謂家庭功能不全，究竟是指什麼樣的家庭？

對孩子而言如同「安全基地」，孩子可以在其中充分發展自己的「自我」。這便是現有的心理學對於家庭功能健全的定義。這一點若是被打破，家族以有形或無形的方式入侵及支配自我認同的領域，孩子就會成爲一個在乎他人眼光的人，並產生特殊的行爲模式。如前面所提到的，就算沒有遭受父母明顯的虐待或暴力，孩子的願望＝自尊需求也會在童年時期變得強烈。簡單來說，健全的家庭功能之一，是父母傾注真正意義上的愛情與教育給孩子；另一項功能是讓孩子感受到父母的用心，進而努力學習並懂得感謝父母；還有一項功能便是等孩子將來爲人父母，也與父母做同樣的事情並延續香火。原有的家庭功能陷入失衡的狀態，即稱爲家庭功能不全。遺憾的是，能維持家庭功能健全的，僅有印地安人等原住民。

至於造就家庭功能不全的父母以及爺爺奶奶、外公外婆等人，正是所謂的「毒親」、「毒爺」與「毒婆」。

身爲早熟童年研究者的克勞蒂亞．布萊克（Claudia A．Black），將早熟童年的行爲模式分類如下。她認爲，孩子會在家庭功能不全的環境中扮演下列心理角色。

【英雄】

如果孩子在某方面很優秀，父母就會殷切期盼他更出色，孩子也會加倍努力，讓自己的才華更出眾。恕我以從前的漫畫爲例，這樣的孩子就像《巨人之星》[9]的星飛雄馬一樣。然而，我不認爲孩子的內心深處想要拚搏至此。

【替罪羔羊（Scapegoat）】

與英雄相反的是這一類型的孩子。他承受著整個家庭的負面情緒，讓所有家族成員產生「要是沒有這孩子，一切都會風平浪靜」的幻想，從而避免家庭眞的瓦解。他會在不知不覺間養成招來家族批評的行爲，所以我在這裡使用承受與犧牲品等詞語來形容。家裡有人生病是這孩子害的、家裡有人做壞事是這孩子害的、家裡出了問題也是這孩子害的。儘管這孩子的角色定位如此，但他內心深處並不想當一個犧牲品。由於替罪羔羊的含意很廣，所以不能說所有早熟童年都是屬於替罪羔羊型。

【迷失者（Lost One）】

這類孩子的角色是「不存在的孩子」。如字面所說的，安安靜靜得像是「被遺忘的孩子」。當家人想要一起做些什麼，這孩子一開始雖然參與其中，卻在不知不覺間不見人影。即便他不在，也沒有人注意到。這樣的孩子爲了避免自己受傷害，會想要逃離家庭裡的人際關係。到了國中生的年紀，他會更加精進自己的「不存在之道」。當這項技術隨著長大成人愈發精湛，他就會認定自己毫無存在感、獨來獨往、沒有同理心是很正常且必然的事。迷失者的重點是將憤世嫉俗的一面裝作若無其事的樣子，看起來大多像是漫畫裡性格扭曲的主角。他實際上很希望有同伴或朋友，卻又因爲廉價的自尊心作祟而無法表現出來。

2 譯註：《巨人の星》，連載於一九六六年～一九七一年的棒球漫畫。

【撫慰者（Placater）】

這類孩子的角色是撫慰。撫慰的對象通常是母親，家庭背景大多是父母感情失和且重男輕女，孩子會記得父親責罵母親的情景，並將它封存在記憶裡。這樣的孩子會安慰總是悶悶不樂唉聲嘆氣的母親。當然也有父母立場對調的例子，明明很討厭，卻往往因爲同理心而轉爲喜歡。一般來說，這樣的孩子以老么居多，但是根據我的觀察，除了老么以外，也有長子與長女扮演撫慰的角色。這類孩子通常溫柔且敏感，但是這僅是表面上的，他們實際上很希望有人撫慰自己，也希望獲得父母誇獎。

【小丑】

這類孩子的角色是小丑。當父母開始爭吵、家庭氣氛一觸即發時，這樣的孩子會突然問些蠢問題，甚至開始唱歌跳舞。他是出於孩童的天眞善良而想緩和氣氛，但是在毒親的眼裡，卻因爲無法理解孩子的行爲而以爲他又蠢又笨或當成寵物一般。小丑也可視爲一種典型的替罪羔羊。他的心裡十分寂寞，總是希望家人能和睦相處。

【使能者（Enabler）】

這類孩子的角色是支持者與照顧者。他們爲了照顧別人忙得團團轉。這裡的別人指的不是自己，通常是照顧家裡的其他人。一般來說，扮演這種角色的以長子與長女居多，由於父母失和無法妥善照顧孩子，使他們覺得自己必須替父母照顧其他孩子。通常他們會代替母親照顧年幼的弟弟妹妹，並且充當父親的角色。當長女不把自己當女人，而是讓自己負起長子的責任時，往往會被視爲使能者。有時也會與依賴的父母之間產生情感上的亂倫。

【小護士（Little Nurse）】

相較於使能者與撫慰者的角色是支撐及撫慰家人，小護士則是把任何人的事都當成自己的事一樣盡心盡力，包括家人以及沒有血緣關係的外人。然而，這不代表他眞的想要替別人解決事情，由於他自己通常不會意識到這一點，所以常陷入解決不了問題的相互依賴關係（Codependency）。這大多是因爲潛意識裡受到童年時期未能滿足自尊需求或者希望得到讚美的需求所致。有不少人想活用自己的痛苦經歷成爲治療師或諮商師，但是這樣的人無法從根本解決問題。這是培訓專業人員的基本原則，可是最近愈來愈不重視這一點。

【孤獨的（Lonely）】

照字面直譯是孤獨者，也就是自行封閉在自己的殼裡，完全不讓別人靠近。這類孩子感覺與迷失者很像，不過，孤獨者在現實生活中獨處的時間本來就很長，迷失者雖然在群體中多少有一點存在感，給人的感覺卻是會在不知不覺間不見人影。由於他的心靈戴上了好幾層面具，別人自然會覺得他是個非常難搞的人。

【王子】

說是王子，卻不是那麼正面的意思。這類孩子爲了回應周遭的期望，很容易失去自我，成爲八面玲瓏的人。這樣的孩子有點接近英雄，但是相較於英雄在現實生活中還算積極主動，王子則是默默回應周遭的期望，因此，若是有人要求他在幕後出力，通常也難以拒絕。

其他還有各式各樣的類型，但是扮演的角色大致如上。這些角色很少以單一形式出現。即便是典型的早熟童年，也大多是混合使能者的要素與撫慰者的要素，可以說許多要素都兼具替罪羔羊的要素。所有早熟童年本身皆是系出同源，將它分門別類的意義僅在於更容易了解態度上的差異。

被早熟童年的陰影支配自己的一生

這些行爲是從小養成的，但是孩子「不經意的話語」與「行爲舉止」，是受到深層心理的影響所形成的心理模式，大多數時候幾乎連自己都不知道自己在做什麼、也不清楚自己是什麼樣的人。

早熟童年就這樣將自己的根本需求擺在一邊，把別人的需求當成自己的，並且爲此而活，從此再也感受不到自己的情緒。

因此，早熟童年特性的形成過程，是從「心靈的絕對法則」解讀人際關係時最重要的基礎。

舉例來說，假設有人在五十歲時罹患胃癌，我們就能從他童年時期以來的心理形成過程找到患病的原因。

假設這個人因爲家庭問題與人際關係，在童年時期成爲使能者類型的孩子，並在不知不覺間受到影響長大成人，他的早熟童年的形象絕不會在青春期就結束。從自己的人生到選擇新伴侶乃至於工作，所有一切都會受到影響。他卻誤以爲是憑自己的意願做出選擇，沒有意識到自己的早熟童年形象正支配著自身的行爲。他會產生錯覺，認爲自己是獨立自主地與人交往、工作，並且自行選擇。

然而，在他的內心深處卻相當排斥扮演使能者的自己。畢竟每個人都希望自己活得更加自由坦然。可是，由於在此之前根本沒有意識到，所以想要改變已根深蒂固、洗腦甚深的自己並不容易。當自己再也扮演不了使能者，就有可能爲了逃避現實而吃容易影響胃的甜食，而胃容易受到同理心以及依賴感所影響，所以可能會與某個人建立互相舔舐傷口的相互依賴關係或者扭曲的關係。詳細內容會在第13章「元素循環的絕對法則」爲各位說明，而這些情緒與胃癌的形成息息相關。因此，想治好胃癌的話，除了飲食療法之外，還必須重新檢視根本思想與深層心理。

診斷疾病時，若是以這種方式分析早熟童年的特性，也有助於查明病因。

全人類皆無法自我規範

截至目前爲止說明了毒親與早熟童年，問題在於上述定義僅限於家庭失和的階段，因此，是否可以認爲「心靈的絕對法則」並不僅止於此。而「心靈的絕對法則」中的「全人類皆早熟童年的絕對法則」，泰半內容雖然如前面所提到的，但是也適用於不屬於典型家庭失和情況的所有人類。不妨將它視爲內海思想學的「心靈的絕對法則」以及後面會提到的「依賴心理學」的基礎。

依賴心理學的基本前提認爲，我們的心理模式幾乎在0～5歲左右便已成形。它會深深烙印在自己當前的行爲模式裡，不過，自己想不起來也很難解釋爲什麼會這樣。

然而，各位讀者應該都知道兒童的能力吧。兒童能憑優異的記憶力與應變能力，在短期間內掌握成年人花了好幾年也學不會的技能或語言。這是與生俱來的生存能力，只不過是人類長大成人後低估了這項能力而已。不過，這項能力對整體人類來說也有可能產生負面影響。因爲這項能力與0～5歲期間的體驗及情感，形塑了會影響一個人一生行爲模式的「全人類皆早熟童年的絕對法則」。

人類的這種心理形成機制實際上非常麻煩。若說這種心理形成機制十分麻煩，即表示全人類都很麻煩。

你有時候是不是不明白自己爲什麼會如此行動？爲什麼會有這般想法？像這種情

況，便是你已受到「全人類皆早熟童年的絕對法則」所影響。它已深烙在你的深層心理，使你受制於無法掌控的行爲模式。

此外，人生在世最好能將本人自己當作最重要的出發點，若是將第二重要的出發點放在夫妻、情侶、親子家族等社會要素上，未必是好事。如果本身無親無故，與寥寥數人建立良好友誼倒是無妨，但是長久下來不一定能對人的心理產生正面影響。

由於所有人際關係都受到「全人類皆早熟童年的絕對法則」所影響，可想而知它有多麻煩。

有非常多政治活動家、諮商師、治療師與陰謀論者，在自己以及自身家庭有問題的情況下，仍是因爲渴望獲得別人的認可而參與社會問題。想要打造美好社會，最切身也最重要的並不是呼籲大家不要吃劣質食物，也不是要大家多吃優良食品；不是透過資訊啓蒙社會大眾，更不是改變政治。最重要的是改善最小單位的家庭關係，也就是親子與夫妻之間的關係，讓彼此的溝通更充實。連自己的家人或伴侶都無法好好溝通，又如何能解決各種問題呢？

這些人連與家人的關係都無法改善，他們沒有意識到自己並不是眞心爲了政治、爲了傾訴心中煩惱、爲了治療人們、爲了呼籲改變社會體系而展開行動，只不過是被「全人類皆早熟童年的絕對法則」所左右。因此，他們繼續對外裝作好人、做些虛有其表的事、裝作致力於社會改革，同時形成相互依賴關係，一再重複徒勞無功的工作。幾乎所有人都是如此，這也是我們必須省思的一點。

如何說服身邊的家人？

有的人致力於實踐預防醫學、食育治療、傾訴心聲、爲改變社會而投身公民運動，卻在說服身邊的家人時慘遭滑鐵盧。這種自相矛盾的行爲既是「全人類皆早熟童年的絕對法則」所造成的結果，也是自尊需求作祟所致。不了解這一點的人，他與家人之間往往會起衝突。孩子出生通常會成爲導火線，因爲會考慮到文明毒物的問題，所以最先意識到的大多是妻子。丈夫則是擺著臭架子拒絕接受。連自己的伴侶都無法說服的人，可想而知爲了改革所做的一切自然不會順利。

如果眞的想要說服家人，最需要的並不是知識，而是溝通與對話。進一步說，便是建立信賴關係，說得更深入一點，就是讓他們了解「心靈的絕對法則」。

在前面所提到的例子中，丈夫比妻子更相信常識與醫師，所以雙方關係已惡化到不如離婚的地步（雖然我不建議這麼做）。在這樣的家庭裡，家人不可能變得健康，也不可能改變飲食就能預防疾病，更別說爲了改變社會而採取的行動能有所成效了。如果丈夫與妻子都沒有意識到被自己的早熟童年形象所擺佈，雙方根本難以溝通交流。爲什麼無法與身邊的家人建立信賴關係呢？最好從自己0～5歲時與父母間的親子關係來探討箇中原因。

此外，釐清原因後，雖然有許多方法可以活化雙方的溝通，但最基本也最重要的肯定是「坦誠相對」吧？多花一些時間相處也很重要吧？透過日常瑣事穩固家人間的信賴關係一樣很重要。然而，有時候光靠這些還不足以和家人、夫妻以及祖父母建立良好的關係。就某方面來說，對待他們需要動用一點「懷柔」手段。雖然是一點小技巧，但是需要「老婆如何讓丈夫逃不出手掌心」的感覺或是「如何讓祖父母龍心大悅」的想法，同時也需要「如何利用周遭的反向權威（我或其他人）」的行動與演技。

若是對照「全人類皆早熟童年的絕對法則」來說，我們必須考慮到對方與自己各是哪一種早熟童年要素比較強烈，進而規劃因應之道。令人遺憾的是，直接表達自己的意見只會引起反感，因此，不論是誇大其詞也好、說謊也好，先讓對方「在心裡埋下懷疑的種子」比說眞話更重要。最重要的是把一味堅持正義的眞實論者當成孩子看待。這時候只要想像一下對方內心深處的心理狀態，就能大幅改變溝通方式，並且變得更好。

只要自己還將自身的論點僞裝成正義，只要自己依然沒有意識到自身的早熟童年形象，願意傾聽自己說話的人就會急遽減少。任何有關社會問題的論點都不可能完全正義，再者，想讓所有人都聽到自己的論點，這種想法本身就是錯誤的。即使有人想做點什麼，與其說給聽了也無動於衷的人，不如與「心中有疑惑但找不到答案的人」、「生病之後覺得哪裡不對勁的人」、「被捲入社會黑暗面的人」、「對社會心生不滿的年輕人」交流，反應自然更熱烈。許多日本人只懂得隨波逐流，所以與你意見相同的人愈多，原本漠不關心的人也會態度丕變（笑）。根據我的經驗，我非常清楚想對所有人傳達訊息往往是白費功夫，不要忘記他們本身也有隱藏起來的早熟童年形象。

話雖如此，一般人似乎都做不到這一點。無論如何都以自己的論點爲優先、以自己的想法爲優先、以自己的欲望爲優先。歸根究柢，是因爲他們受到心理創傷所影響，擺脫不了兩難困境纏身，沒有意識到自己受制於「早熟童年的絕對法則」。

◎十二道提問確認你的行為認真程度

如果你眞的想要「聲明」自己的論點，請回答下列問題。

出家人或只想隨波逐流的人自然不需要作答確認。對於那些正在或願意爲他人、爲日本、爲人類工作的人來說，下列問題非常有助於確認自己面對事情的認眞程度。換句話說，如果態度夠認眞，家人也會對你改觀。這在我的「內海式」講座也是相當重要的項目。

接下來請回答下列問題。

1你每天會給身邊的人帶來什麼樣的影響？
2你每天會樹立多少敵人？
3你每天都百分之百誠實地對待自己嗎？
4如果認爲這世間是不合理的，你每天是否爲此做了些什麼？
5比如說，每天和政客打交道？

6比如說，每天和媒體打交道？
7比如說，每天和有錢人打交道？
8你每天會在除了網路以外的地方發文嗎？
9你每天都會與政府對抗或談判嗎？
10你每天除了工作以外，會在團體裡或私底下做些什麼嗎？
11關於這世界的不合理之處，你每天了解多少？
12你能說自己眞的不依賴任何事物嗎？

諸如此類不勝枚舉，然而，究竟有多少人能認眞回答所有問題？

實際去做這些事情，只會爲自己招來更多敵人與污衊。但是，如果眞心想要擺脫魯民與毒親、想要有所改變的話，不如立刻付諸實行。即使這麼做是錯的，也總比停留在魯民階段毫無作爲來得好。不妨將本書當成透過學習各項絕對法則幫助付諸實行的書。

舉例來說，有許多人在網路嚷嚷著日本不正常、聲稱日本應該這麼做。但是有不少人在提出意見後遭到批評與污衊而灰心喪氣，埋怨自己爲什麼非得說那樣的話、爲什麼人們都不了解眞相。這樣的人便是在行爲上離成功最遠的人。

我認爲毒親才是深受自己的早熟童年形象所左右的人。因爲沒有人理解自己的意見隨即開口抱怨的人，與沒有意識到自己是毒親或者假裝自己不是毒親卻屈服於深層心理的人沒兩樣。簡單來說，這些人的言行不是爲了正義或人民，他們只不過是爲了滿足自尊需求，希望獲得周遭的肯定，並且想要有人認同自己的正義謊言罷了。

遍地毒親與早熟童年的世界

現實生活中充斥著毒親以及深受自己的早熟童年形象所影響的人。舉例來說，有許多毒親看了我的網頁，便來要求「幫我開疫苗接種證明書」或是「幫我寫牛奶過敏診斷書」等等。但是，觀察他們的動機以及學到的內容，看得出來大部分人所展現的毒親模樣，與接種過疫苗的毒親如出一轍。他們在我的書裡讀到疫苗的壞處有多大，也透過我的書了解到粗淺的陰謀論，於是誤以為自己得以脫離毒親的行列，也認為自己對社會有所貢獻。

他們想要為孩子取得疫苗接種證明書或牛奶過敏診斷書的理由五花八門：

想讓孩子上幼兒園。

想讓孩子去校外教學。

想與周遭的家長和睦相處。

因為父母要去工作。

不想接受老師的指導。

不想被公衛護理人員教訓。

看了上述理由即可得知，一切都只是父母爲了面子著想而已。

然而，他們沒有意識到自己爲了面子而謊稱「我的所做的一切都是爲了孩子」、「我是爲了孩子著想」。從眾多例子來看，父母終究在意的是自己的面子與無謂的自尊，被這種毒親養大的孩子則是讓社會又多了一名扭曲的早熟童年。

荒謬的是，他們根本無意思考所謂的「眞心保護孩子」、「爲社會付出行動」、「爲人類付出行動」究竟是什麼。就像魯民面對疾病的態度一樣，永遠只顧解決眼前的問題，治標不治本。

讓世上不再有早熟童年的因應之道

既然如此，何謂保護孩子？並不是找醫師開疫苗接種證明書，也不是說此暴露深層心理謊言的僞善話語。若是認爲疫苗對孩子沒好處，需要做的就是不要讓孩子去念強制要求接種疫苗的學校、帶孩子去家族旅行而不是校外教學、與不理解的教師或公衛護理人員抗爭，並且徹底習得知識以便據理力爭。歸根究柢，便是讓疫苗從這世上消失，儘管極有可能招來周遭大人的白眼，也要堅持傳遞想要表達的訊息。然而，我已看過太多毒親爲自己的無能爲力睜眼說瞎話地找藉口。

飼養寵物的飼主身上也能看到同樣的傾向。「寵物無論如何都要接種疫苗（因爲法律如此規定）」，他們便是用這樣的謊言表示關心自家的寵物。但是，眞心把寵物當家人的人，會承擔任何風險做該做的事。也就是不管怎樣都不會給寵物打疫苗。因爲這與法律規定無關，而是他們比起法律更重視家人。我就認識好幾位這樣的人。

上述有些脫離「早熟童年的絕對法則」主題了，不過，隨著近年來強制接種疫苗成了議論焦點，驟然多了不少想盡辦法讓自己規避接種疫苗的人。因爲他們是直接詢問我如何規避，簡直就是極致的毒親表現。那些人只爲自己方便，認爲自家的孩子不接種疫苗也行，他們只顧將眼前的欲望炒作成硬性規定，卻絲毫不懂得反省自己。所謂的硬性規定，並不是只圖自身方便。能夠意識到自己缺乏危機意識，才是脫離毒親行列的第一步。

不論是社會活動或政治活動、提供建議、治療他人，首先要意識到自己有哪些毒親表現，以及了解自己受到哪一種早熟童年形象所影響。再者，這時候有兩大選擇。一個是先了解自己的早熟童年形象，並將它貫徹到底。另一個想法則是認清影響自己的早熟童年形象，了解那不是自己的根本欲望之後，進而找出自己的根本欲望，並且採取行動。其實在病情好轉的時候也是如此，這一點倒是有趣。而這就是所謂的碎形思考。

你是否想過，正因爲人類對這兩種選擇都不感興趣，所以日本與世界的處境才會如此不倫不類？

內在思考的覺醒
【第7章】

◉從童年時期便一直在家庭等社會要素中扮演虛偽的自己，就是所謂的早熟童年。

◉只要自己好就行的毒親養出早熟童年。

◉即使長大成人，言行舉止也會在潛意識中遵循早熟童年形象。

第8章 「反動的絕對法則」

反動正是心靈的防毒軟體

前面我已經爲各位介紹了許多法則，其中「心理創傷」與「支配欲」的法則，相信即使是完全沒有相關知識的人，也應該還算容易理解。我想這是因爲，雖然我的觀點和一般人不太一樣，不過心理創傷、支配欲這些詞彙，各位至少都聽過，所以比較容易想像。

相較之下，大多數的人對於「轉錄」及「全人類皆早熟童年」等概念都缺乏自覺，或是從來沒聽過這些字眼，因此可能不太容易掌握。在我看來，人的一生中，可謂方方面面都深受它們的影響，但許多人卻沒有意識到自己被它們支配。

如上所述，在基本篇裡介紹的「法則」，有些較容易理解，有些較難以理解，不過對各位來說最簡單易懂的法則，我想應該會是「反動的絕對法則」吧。

「反動的絕對法則」意義正如字面所述，人類的心理總是以反動爲前提，喜歡提出反對意見，不願面對事實，更會築起一道牆把自己封閉起來，拒絕承認自己的錯誤，這是每個人都親身體驗過的絕對法則。包括惱羞成怒，或是被人罵笨，便回嗆「罵笨的人才是眞笨」的愚蠢行徑，以及廉價的自尊心，全都屬於「反動的絕對法則」。如同我多次提到的，人類心理的原點之一，就是不願面對現實，因爲人類的自尊、感情和欲望，讓我們不願意正視它。

這些要素宛如人類天生內建的防毒軟體，當我們遇上會破壞「相信自我的資料」的病毒，這個機制就會封鎖病毒，保護資料不被破壞。換句話說，「反動的絕對法則」，其實就是一種人類爲了保護脆弱的自我而與生俱來的機制。「封鎖（Block）」是業界慣用的說法，爲了守護自己心中無聊的堅持或自以爲是的正義，這個防禦機制會不斷地進行封鎖，因此我們也可以說「封鎖」正是「反動的絕對法則」的同義詞。

只要身爲人類，就絕對逃不過「反動的絕對法則」，包括我在內的每一個人類，都不可能例外。假如各位看到這裡，心中出現「我才不是這樣呢」的想法，那就表示「反動的絕對法則」已經在運作了。

人類和程式一樣，是一種長期接受無數資訊輸入的存在，只是對人類來說，這些資訊會成爲記憶，影響一個人的人格形成。假設有個人接收了某個事實資訊，然而該資訊與他的記憶或認知不同，那麼該事實與自己深信不疑的記憶落差愈大，爲了保護自己的心靈、防止自我瓦解，人就愈會拒絕相信事實，以保護自己爲優先，這就是人類的原始設定。

日本人喜歡空泛的療癒

「反動的絕對法則」是人類內心的基本運作機制，如前所述，沒有人能夠避免。即使有意識地訓練自己，以爲自己已經克服了，最根本的部分仍然沒有改變。

我第一次強烈意識到自己的愚蠢，是在我的孩子出生時，以及311大地震前後。我在之前的許多著作裡也曾提到，自從意識到「反動」之後，我便不再抗拒承認自己的愚蠢。由於我眞的很笨，每當有人罵我笨，我就會坦率地回答：「眞的，我總是爲自己的愚蠢傷透腦筋。」畢竟事實的確如此，沒有辦法。說到底，阻礙自己認清事實的，其實是自己的玻璃心，人總是爲了滿足自己脆弱的自尊心而欺瞞自我，而這個原則就叫做「反動的絕對法則」。

人們喜歡使用各種漂亮的話術，來保護自我。「沒有比較不傷人的說法嗎？」也是一個典型的謊言，背後隱藏著自尊受損的反動。

然而，人如果有必要受傷，就應該受傷。

舉個淺顯的例子，日本的文明毒物，包括：添加物世界第一、農藥世界第一、放射線世界第一、電磁波世界第一、CT數量世界第一、患病率世界第一、畸形或身心障礙發病率世界第一（或是世界第二），醫療與社會福利系統皆未確實發揮功能。問題是日本人卻無法理解現實，還沒發現這全都是自作自受。在這個狀況下，日本人一旦正視現實，勢必會受傷，而人在受傷之後，其實才會下定決心採取行動。然而，日本人卻只喜歡安穩的生活及空泛的療癒，一旦遭到犀利的批評，就會用「沒有比較不傷人的說法嗎？」來轉移話題，封鎖一切，防止脆弱的自我受損。因爲人們不願意承認「因爲我很沒用，無法承受脆弱的自我受到傷害」。

當然，這種心態的背後，就是難以面對現實的「反動的絕對法則」。

守護廉價自尊心的言詞

「高高在上」或「你有多了不起？」等言詞，也是反動的表現。

當你認爲對方「高高在上」的時候，其實就已經下意識地有所自覺，跟對方相比，自己的力量是多麼微小、自己是多麼一無是處、自己心中廉價的自尊心被踐踏得多麼粉碎。

儘管如此，他們仍希望「獲得比對方高的地位（或與對方站在同等的立場）」，這是一種自私的想法，而且往往會在喜歡不勞而獲的人身上看見。他們認爲，只要指稱對方「高高在上」，自己的想法就可以被接受。

自己沒有努力，又不願面對現實，以爲能隱藏自己頭腦不好的事實。那些以爲「美麗的言詞等於美麗的靈魂」的人，靈魂有多污穢，其實其他人一眼就能看透。正因如此，當他們一被戳破，就會立刻跳起來。

喜歡說「那你自己呢?」的人也一樣。被點出問題的明明是自己，他們卻無視於自己的問題，反而岔開話題，問對方如何，這實在大可不必。這當然是小孩幼稚的回嘴方式，但事實上許多大人也很常用。這種時候應該誠實面對自己的問題，至於對方的問題，可以另外找時間來談，然而「反動的絕對法則」卻不允許這種事發生。「那你自己呢?」這句話裡，其實綜合了「我講的才有道理」、「不能讓自己的醜態暴露」、「不能讓對方講贏自己」等各種微弱的自尊心。「你自己又怎樣?」、「你有什麼資格說我?」當然也都是同義詞。

「我都用俯瞰的角度觀察事情」之類的說法，也是維護自尊的巧妙說詞。事實上，眞的懂得俯瞰的人，絕對不會說出「我都用俯瞰的角度觀察」這種話，會說出這些話的人們，只不過是想表達「我跟你們不一樣，我看的是事情的全貌，我比你們懂」罷了。這種情況的背後當然也是「反動的絕對法則」在作祟，不過會說出「我都用俯瞰的角度觀察事情」的人，應該也是爲了隱瞞自己受到「反動的絕對法則」的影響，而懂得更巧妙地運用雙重話術的人吧。他們知道「那你自己呢?」或「你以爲自己有多了不起?」聽起來很廉價，相較之下，「我都用俯瞰的角度觀察事情」就顯得高尚多了。

有些人會說些所謂的漂亮話，來隱藏自我以及自己的不作爲與無知，不過我認爲兩者仍有差異。例如前首相福田康夫的名言「我跟你不一樣」，相信一般人都能理解，然而日本人的特徵，就是會被聽起來比較高尚的日語所欺騙。只要學會「反動的絕對法則」，相信就絕對不會使用這種言詞了，因爲我們知道，其實所有的人類都無法客觀地俯瞰事物，自己當然也不可能做得到。

正因爲根本沒有做到「俯瞰」，所以才會說出「我都用俯瞰的角度觀察事情」這種話。而常把「我都用俯瞰的角度觀察事情」掛在嘴上的人們，內心深處其實藏著最醜陋的部分，但他們故意將那個部分隱藏起來，並且絕對不會發現自己正在對自己和旁人撒謊。自稱「覺醒者」（也就是網路上常見的，找到一些反體制的資訊之後，便自認已經覺醒）的人，絕大部分都有這樣的特徵，這也證明了那些人完全不值得信賴。

誘發半吊子自我肯定感的言詞會使人墮落

有句名言是「爲了讓自己什麼都不做，日本人什麼都肯做」，這就是利用「反動的絶對法則」來保護自己而產生的現象。於是，爲了隱藏「什麼都不做的自己」內在的空洞和深重的罪孽，日本人開始呼籲「用字遣詞要漂亮」。

到最後，嘴上說著「不可以輕視別人」的日本人，顧慮的根本不是別人，而是自己。因爲無法接受自己被當作一個沒用的人，所以從頭到尾都在設法蒙蔽，爲了達到這個目的，他們無所不用其極。

倡議「不可以否定自己」的人，也是喜歡講中聽的話，但事實上卻是世界上最脆弱的一種人。「不要負面思考」也一樣。人唯有在勇敢面對自己的錯誤和一直以來隱瞞的缺點之後，才有可能重生。

然而，人可以仰賴的，只有自己一直以來相信的粗淺經驗，因此無法否定自己以及自己的經驗。其實我們只要檢視自己至今的成果，若發現問題，就自我反省，否定過去的自己，徹底根除自己的問題和錯誤的想法即可，但遺憾的是，對人類來說，那是極爲困難的。那些半吊子的自我肯定明明會爲人帶來不幸，但當事人卻以爲那會爲他們帶來幸福，導致最根本的問題永遠無法解決。

世上流傳的那些讓人們以爲能拯救自己的言詞，包括誘發自我肯定感的論述、令人銘感五內的學說、帶給人們影響的名言佳句等等，其實追根究柢，幾乎都是心理學家、諮商師、治療師、教主、偉人的言論。那些甜美的言論讓全人類墮落，使地球陷入這個情況，而人類絕對無法察覺。

解決問題的第一步是意識到「反動的絕對法則」

前面已經提到，人類的內心天生就內建了反動的模式，因此最重要的，就是不要刻意壓抑「反動的絕對法則」。因爲就算壓抑，也不可能打破這個絕對法則。

首先，我們必須認知反動是發生在自己以及全人類身上的普遍現象。正如同無論我們怎麼試圖壓抑、怎麼試圖消滅，宇宙的眞理都不可能消失一樣，反動也是不可能消除的。一旦反動消失，就等於失去了感情，如此一來我們就不再是人類，甚至連生物都不是了。

因此我們不是要消除反動，而是要探究其原因。如此一來，我們才能掌握自己最根本的問題在哪裡。我們不是要拋開反動，而是要學會怎麼把反動轉往其他方向，或是客觀地認知自己處於反動狀態之中，這才是改善或解決問題的第一步。

世界上有些人無論遇到多麼痛苦的事情，也能堅強地活下來。那不是因爲他們幸運，也不是因爲他們封閉了自己的感情，而是因爲他們知道如何將眼前遭遇的不幸或問題變得有意義。「反動的絕對法則」並非沒有在他們的身上起作用，只是他們在不自覺的狀況下，學會了接受它的方法。

同樣地，我們若想讓人生變得有意義，除了知道人心的原始設定，更必須了解人內心深處的機制是如何運作的，而了解「反動的絕對法則」就是第一步。站在旁觀者的角度檢視自己，乍聽之下似乎並不容易，但只要掌握原理，其實相當簡單。而且「充分理解」與「一無所知」，可謂有著天壤之別。

了解「反動的絕對法則」，時時刻刻意識到它，即使今天沒有改變，或許明天想法就會出現變化。就算沒有立刻看見成果，內心產生變化或自我理解的機率也會大幅提升才對。倘若永遠不去意識它，將會一輩子帶著問題，認爲「老子絕對不可能有錯」。

深層心理會啟動防毒軟體

相信不少人不認同「心靈與一切行爲有關」的說法。從這個角度來說，認知到「深層心理會啓動防毒軟體」，並更進一步理解深層心理，才是掌握眞正的自我，對自己的問題有所自覺的第一步。然而光只是認知到這一點，仍然稱不上自覺。眞正的自覺，是誠實面對深層心理中「其實我在說謊」的這個事實、展開行動，並正視被廉價自尊心牽著鼻子走的自己。

然而，所有的人類卻都會謊稱「不，我沒有說謊」。

在此介紹幾個經常可在自稱「社會運動者」的人身上看見的例子。他們表面上彷彿蒐集了許多資料，並展現出一副已洞悉當前危機的模樣，假裝有所自覺，事實上他們渾然不知自己只是在「假裝」。最好的證明，就是大多數的時候，他們根本沒有爲自己或這個社會帶來任何有意義的結果。儘管當事人也隱約察覺自己並沒有留下什麼成果，但在「反動的絕對法則」的作用下，他們會故意視若無睹。

倘若這些人能眞正做到解除封鎖，必定會採取一些行動，至少也會辭去原本的工作。當一個人眞正體悟自己原來只是在「吹噓自己一直爲了守護社會而努力」，理應會羞愧到連請假都做不到才對。只要察覺眞正重要的是自覺、行動與成果，就會明白唯有當自己不再虛假，日本才有可能變好。然而，以網路使用者爲核心的日本人，至今仍沉醉在僅是嘴上說說的正義當中。

這與各種反體制的社會運動也有共通之處，在社會運動者當中，我們幾乎找不到一個坦然接受自己在現狀其實完全沒有成就的人。我們經常面臨失敗，幾乎沒有資格針對任何事情置喙。「重要的是過程」、「按部就班慢慢來」等說詞，在本質上是毫無必要的。網路上充斥各種社會問題的報導，然而這個社會之所以沒有一絲改變，是因為我們的心根本沒有想要改變，是因為我們尚未察覺自己的深層心理。

為了改變這種心理，我們必須不斷更新資料，透過輸入新的資料，慢慢淘汰沉溺於執著、強迫，以及口頭上的正義當中的自己，孕育一個充滿好奇心與積極態度的自己。

要達成這個目標的門檻很高，就算我們窮極一生都在努力建構全新的自己，隨時意識到自己心中的反動，落實行動，也只能算是站在起跑點而已。現今人類需要的是清楚自覺：一心認為「只要站上起跑點，就能改變人類和社會」，其實也是一種自以為是、一種廉價的自尊心，背後是「反動的絕對法則」在作祟。倘若欠缺這種自覺，人類可能只會一步步走向滅亡。

內在思考的覺醒

【第8章】

◉反動是為了保護脆弱自我的防毒軟體。

◉被反動束縛的人，會被半吊子的自我肯定感欺騙。

◉反動不會消失。將反動轉往其他方向，才是改善或解決問題的第一步。

第9章　「精製與依賴的絕對法則」

不可以直接給予人類需要的東西

本章將逐步說明依賴的概念。想要明白依賴，最大的前提，就是必須先理解「精製的絕對法則」。

「精製」這個詞彙乍聽之下似乎與心靈毫不相關，但各位只要繼續讀下去，應該就能理解。不過簡單扼要地說，這個法則的概念就是「不可以直接給予人類需要的東西」。爲什麼不能給予人類所需的東西呢？相信一般人都會提出這個疑問。想理解這一點，就要先認識我的專門領域——藥物、藥害的世界。接下來我會慢慢舉例說明。

過去我撰寫了許多與精神科相關的書籍，告訴世人精神科是一個多麼瘋狂的世界，精神科醫師有多麼崇拜惡魔，精神藥物就如同麻醉藥物、興奮劑，精神科的病名都是胡謅。這些觀點我已經在其他的書裡詳細說明，在此就不贅述。

在這裡，我想請各位留意的是麻醉藥物、興奮劑與精神藥物的藥理作用。只要理解麻醉藥物與覺醒劑的製作方法及概念，便能理解「精製的絕對法則」。其實麻醉藥物與覺醒劑的理論，就是「直接給予」的理論。麻醉藥物的成分並非一般人想像中那種不知名的毒素，而是生物體內的荷爾蒙、神經傳導物質，以及直接影響上述兩者的精製物質，藥理學的主要概念，就是對生物體施予高於其體內原有含量的物質，使生物體產生錯亂。而科學家一直以來都在欺騙社會大眾，說那些都是生物體內原有的物質，所以很安全。

例如血清素、多巴胺等神經傳導物質，各位只要搜尋一下就能知道，經過精製並混入麻醉藥物、覺醒劑或精神藥物的物質，全都是原本就存在於人體中的物質，或是血清素、多巴胺以及直接影響它們的物質。精神醫學與腦科學的基本理論，就是主張這些神經傳導物質原本就存在於人體，因此就算給予人體過多的量，也不用擔心。當然，只要看看藥物成癮的病人，就能知道這絕對是謊言。

回到「不可以直接給予人類需要的東西」，這句話想要表達的是：人體內的血清素與多巴胺，是一種人類存活下去不可或缺的神經傳導物質，然而假如將它們加以精製，再以錠劑或注射等方式投入人體，人類就會產生錯亂。順帶一提，散播「只要攝取GABA[10]就能安心」、「催產素是傳達愛的物質」等謊言的人，也都是詐騙分子之流。

10 譯註：全名是Gamma-aminobutyric acid〔γ-胺基丁酸〕，一種抑制神經傳導的胺基酸。

精製過的形式會使人產生戒斷症狀

接下來，我們必須思考爲什麼會這樣。之所以會出現這種情形，一個原因是該物質的量，另一個原因就是該物質經過精製。當人體吸收的神經傳導物質的濃度與量，皆遠遠超過我們日常所需或平時透過飲食吸收的分量，人體就會無法承受那些過剩的供給，產生錯亂，甚至出現藥物成癮的現象。此外，精製的過程會使物質變得銳利，人體接受這些物質，就好比用尖刺直接刺進人體，導致人體一轉眼就呈現無法負荷的狀態。

無論採用何種觀點，人體宛如一部精密機器，就算是必須的物質，若以精製過的型態給予，或給予的量超過需求，人體就會無法適應。而爲了適應這種過剩狀態，身體就會產生變化（一般稱爲自我調節）。若想把藥物從已經產生變化的身體驅除，就會出現戒斷症狀。會出現這種現象，正是因爲我們把人體所需的物質加以精製的緣故。

精製的問題，並不只是興奮劑或精神藥物的問題，還包括所有的醫藥品，以及我們每天吃的食品。

例如，醣類是人體能量的來源，也是三大營養素之一，如今世上經過最多精製的物質，就是醣類。醣類是人類必要的營養素，但只要直接給予人類精製過的物質，人體就會出問題，因此砂糖、糖漿等會讓身體產生混亂。較具代表性的例子包括砂糖、人工甜味劑、味精（麩胺酸鈉）、農藥、精神藥物、醫療麻醉藥物、醫療用大麻、荷爾蒙劑等，另外還包括一部分植物油或精油。

一切都與麻醉藥物成分是相同的道理。麻醉藥物、興奮劑與精神藥物都不是奇怪的有毒物質，而是人體的荷爾蒙、神經傳導物質的精製物質，或是對神經傳導物質直接產生影響的物質。這些神經傳導物質及荷爾蒙，都是人體不可或缺的荷爾蒙，但經過精製再直接給予人體，就會導致人狂亂。糖分是大腦和肌肉所需的物質，但人類卻會對糖分上癮。這是因爲在古代及野生動物的世界，並沒有砂糖的存在，生物的身體構造並不適合直接攝取砂糖。碳水化合物不等於砂糖，也不等於精緻糖。過量攝取當然是問題，不過最大的問題還是在於直接攝取。

這就是「精製的原則」，只要學過藥理學，就知道人工甜味劑、味精和農藥，其實都屬於相同範疇。

各位明白這一點之後，接下來我將說明「依賴的絕對法則」。我會透過碎形思考的觀點，運用「精製的絕對法則」來思考「人類的心有哪些與生俱來的設定」，進行探討。

愛給得太多會使人狂亂

舉例來說，一般人都覺得愛對人而言是必要的，然而若是給得過多，便會使人狂亂。療癒在現代可謂最必要的東西，然而若是給得過多，一樣會使人狂亂。愛和療癒都必須以間接而非直接的方式給予，否則人類會吃不消，如此一來法則便成立了。

愛和療癒都是經過精製的東西，具有人類最渴望的物質性精神作用，正如麻醉藥物或興奮劑一般，攝取時或許能得到快感，但在後面等著的卻是地獄，這一點相信本書的讀者應該都能理解。

換個角度來說，對人而言，其實愛才是毒，療癒更是最可怕的劇毒。所有的偉人、名人長期宣揚愛、宣揚療癒、宣揚相互理解的結果，就是人類不停墮落、地球遭到破壞。若光以精製來說明上述現象，或許可以說，物質的精製品毀滅了人類的肉體，而精神的精製品，也就是愛與療癒，則毀滅了人的心靈。愛與療癒，是接收愈多就愈令人困擾的東西，也是愈直接給予，就愈令人狂亂的東西。假如沒有認清這就是人類爲世界帶來的後果，就絕對無法悟透這個法則。

愛與療癒會讓人產生依賴性

當然，也有相反的例子。最淺顯易懂的就是人體的肌肉。

相信每個人都有肌肉痠痛的經驗吧。其實肌肉痠痛並非只是讓肌肉變得強壯而已，站在醫學的角度，重量訓練其實是一種破壞肌肉的行爲，也就是試圖將肌纖維切斷。在這種狀況下，人類是否會衰退，再也不進步呢？答案是否定的。事實上人體被設計成：只要破壞肌肉，便能促進更強壯的肌肉生長。

各位可能也知道，其實精神也有類似的機制。比起在成長過程中受到過度呵護的人，在生命中遇到愈多逆境的人，精神就愈強勁。在二次大戰前出生的人，就是典型的例子。

無論是肉體或精神，倘若只因爲需要就無條件地給予，便會使人狂亂。這個法則，我們稱之爲「依賴的絕對法則」。

「精製的絕對法則」指的雖是物質，但我們知道，在討論心靈的時候，它也是與人類密不可分的重要問題。愛與療癒這些精神上的「精製品」會令人產生依賴性，換句話說，就是「人類的心靈以依賴爲前提」。說得更簡單一點，就是人類這種愚蠢的生物無法承受失去它們。

如上所述，若不理解「依賴的絕對法則」，就無法理解人類的內心。我在後面也會提到，讓人在精神上產生依賴性的，不只是愛和療癒，精神上的「精製品」還有很多，全人類早已是依賴的俘虜。

我將研究此現象的領域命名爲「依賴心理學」，並在課堂上這麼教導學生。很遺憾，「心理學」這個名詞已經存在許久，卻從來沒人提出「依賴心理學」。由此可知，就連心理學，也是一種助長人的依賴心、爲了控制人類而存在、自以爲正義的僞學問。

舉凡麻醉藥物、興奮劑、添加物、化學調味料，都會令人產生依賴性，而能對精神產生作用的所有事物，也都會造成依賴性。先別說砂糖、甜味劑、酒精、咖啡、垃圾食物了，世上眞的有人對宗教、正義、社會運動、金錢、名譽、異性等毫不依賴嗎？聲稱

「我沒有依賴任何事物」或「不要依賴比較好」的人，其實只是對自己的依賴性毫無自覺的極度依賴者。愈是語帶輕佻地說自己沒有依賴任何事物，其實就愈是處於深陷「反動的絕對法則」及「依賴的絕對法則」的狀態。

人永遠無法擺脫依賴性

對於「人類是群居動物」這個說法，只要是學過人類學的人，應該都不會持否定意見。另外，根據宗教的觀點，人類也是唯一擁有無限欲望的生物。換句話說，也就是永遠都會受控於「支配欲的絕對法則」。

這種無限的欲望恐怕從農耕時代就深植於人類的心底，但是不知爲何，在原住民的時代，人類似乎並沒有無限的欲望。原住民擁有強烈的崇拜自然信仰，沒有所有權的概念，身分地位的差異也不大，可謂處於一個較難產生無限欲望的環境，同時他們也在不自覺的狀況下進行人口調節。

從這一點看來，人類作爲一種生物，確實是退化了，而這個現象與前述的「精製的絕對法則」有著密切的關係。我知道有「某種存在」，在遠古時代就設定了人類的本質，我甚至認爲該「存在」藉由給予人類精製物質，讓人類產生「依賴的絕對法則」。正如我在第2章所述，根據我的幻想，把人類塑造成奴隸的「某種存在」，對人類拋出許多誘餌，使人類的進步僅止於某種程度，讓人類墮落。這個想法比較偏向超自然或宗教，各位可以當作我只是爲了圖方便才這麼比喻。

然而我希望各位能仔細思考，事實上任何人都無法擺脫「依賴的絕對法則」。人類對於某種物質的依賴，或是對於交往對象、夫妻、親子關係、工作、名譽、金錢等的依賴，都是碎形。即使是在社會上獲得高度評價的人，也都沉迷於某種事物，換個說法，其實就是在實踐「極度的依賴」。

依賴症背後隱藏的心願是「希望有人了解我」

「依賴」的背後，除了「依附」之外，也帶有「尋求關注」的意義。具備專業知識的人、自詡爲專家的人、試圖傳遞正確資訊的人、主張某些事情應當如何的人、因爲自己很懂某個領域而得意洋洋的人，全是對名爲正義的「精製品」極度依賴的患者，然而他們卻對自己的依賴性渾然不覺。

看著那些不斷追尋愛與療癒的人，各位應該就能明白，不管再怎麼美化，依賴症的背後都隱藏著「希望有人了解（自己）」的心願。

就像孩子在幼兒時期會不斷呼喚父母親一樣，人們認爲自己的意見是應該被傾聽的、應該被實現的。他們無法理解，認爲「我的主張具有正當性」的這種心態，正是最典型的依賴症狀，而且依賴者絕對無法體會「對方的心究竟在傾訴什麼」。相信現在各位應該可以明白，一心只顧自己、只求自己的欲望被滿足就好，就是依賴症的表現。

當有依賴症的人（＝伸手牌＝魯民）被別人透過語言或文字指出這一點時，往往會做出劇烈的反應。另外，當有人對他們提出疑問時，他們常見的行爲模式是拒絕正面回答，並用類似的問題反問對方。這種態度在藥物成癮者身上很常見，而採取這種行動的人，根本不會意識到自己早已是無可救藥的毒蟲。然而，這正是人類內心深處的機制（此時是「反動的絕對法則」與「依賴的絕對法則」同時運作），人類永遠都會遵循這個機制。

類似的例子是，假如一個人無法理解上述初步的依賴症理論，那麼當他被人瞧不起、被人否定，或是無法獲得自己想要的答案時，便會質問對方「你想逃避對吧？」不但更嚴重地誤解，還自以爲是受害者。相信各位都遇過讓人覺得「根本不想對他浪費唇舌」的人，然而愈是這種人，通常就愈喜歡糾纏不休。這些人最大的特色，就是他們深信自己是有邏輯的。我們之所以會覺得「不想浪費唇舌」，是因爲我們可以預料到，一旦戳破對方的僞邏輯，對方恐怕就會惱羞成怒，甚至懷恨在心。

只要了解「依賴的絕對法則」，便能立刻從對方的言談或文字，看出對方其實是爲了尋求關注，而將自己的言行正當化。如前所述，這種在心理上保護自己的行爲，專業術語稱之爲「封鎖」，依賴者絲毫無法察覺自己的深層心理。

我的工作，就是點醒這些對自己的依賴症狀毫無自覺的人，讓他們產生病識感，這正是治療疾病的首要之務。

沒有任何人能獨立自主

相較於依賴，獨立自主則是一種對執著的解放。獨立自主含有類似頓悟的要素，因此第一步就是努力正視自己的深層心理。這時，各位往往會產生一個疑問：「世上眞的有獨立自主的人嗎？」這個疑問很合理，因爲假如全人類都逃不過「依賴的絕對法則」，那就表示即使是被譽爲偉人的人，應該也對某種事物有所依賴。根據這個邏輯，世上理應沒有任何人能獨立自主才對。

然而，爲什麼某種類型的人，會被世人讚譽得像偉人一樣呢？最主要的原因，當然是因爲某些歷史遭到扭曲，成者爲王，敗者爲寇。不過我們現在暫時不談這個因素。那些人之所以被稱爲偉人，並不是因爲他們獨立自主，而是因爲他們依賴的對象與一般人不同。

「依賴」其實是用詞的問題，它同時也帶有「偏執」的概念。被譽爲偉人的人們，無論其個性如何，共通點是皆極爲專注於某件事物上，持續追求夢想，堅定不移、貫徹始終，並且偏執。儘管我用了偏執這個字眼，但它其實不見得是壞事，假如少了偏執，便無法獲得一般人認定的成功，因爲一旦將偏執與行動結合，便能成爲所有事物進步的原動力。

換言之，所謂的偉人，就是憑著那股具有依賴性的偏執，試圖成就一些對全人類、社會乃至於地球有意義的事情。他們並非懷有異才的「異人」，而是重度依賴的「依人」，所以才會出現「在全人類都無法逃避依賴的狀況下，依賴心最強的人，便備受大多數人的尊崇」這種諷刺的現象。

換個方式說，消除依賴並不等於獨立自主。就算試圖消除依賴，也沒有意義，因爲頑固、偏執正是人類的本質。能夠明白「與其設法消除它，還不如把這份能量轉往其他更有意義的方向」，才算是眞正理解「依賴的絕對法則」。

依賴具有惡性循環的特性

一般而言，「依賴的絕對法則」具有循環的特性，這或許可說是呈現出了人類生存的軌跡。儘管每個人的起點不同，但原則上都會依照下列階段不斷循環。

①從束縛或偏執開始產生依賴性的階段。
②察覺自己依賴性逐漸增強而感到不安及憂鬱，轉而依賴其他事物的階段。
③因爲無法接受現狀而意志消沉，提不起勁的階段。
④對憂鬱產生反動，遷怒於其他事物的階段。
⑤在精神波浪起伏中變得更消沉的階段。
⑥藉由宗教逃避，更依賴其他事物的階段。

⑦繼續逃避，受害者情結更強烈、更明顯的階段。

無論是國家、組織或個人，都適用「反動的絕對法則」及「依賴的絕對法則」。國家本來就是一種「團體性的個體」，會產生反動，試圖排除所有否定自己的資訊或感情。現在似乎仍有人認爲「國家的存在是爲了幫助國民」，然而國家就像會對孩子施虐的父母一樣，永遠只想到自己，而且絕對不會承認自己的錯誤。

正因如此，就算召開道歉記者會或修法，國家也永遠不可能承認錯誤。非但如此，他們即使身爲國家或組織，也認爲自己並非加害者，而是受害者，絲毫不覺得有問題的現狀是自己造成的。這種心態套用在身爲個人的民眾身上也一樣。名爲國家的個體是由名爲民眾的細胞所組成的，因此不斷惡性循環的人類，當然不可能變得幸福。

若加入「碎形思考的絕對法則」更進一步思考，不論是個人、社會、公司、國家或宗教團體，都是重度的依賴，爲了滿足依賴心而不斷更換型態，力求存續。這並不是原本清廉的事物變得腐敗，而是萬物自始就是扭曲的。人類的愛也一樣，爲什麼人們一邊高呼著愛，一邊卻又互相憎恨、互相掠奪、互相咒罵、互相爭權奪利，高舉正義的大旗侵略對方呢？那是因爲人類深受支配欲所控制，同時又是自私的重度依賴者，才會招致這樣的結果。

內在思考的覺醒
【第9章】

◉不可以直接給予人類需要的東西。
◉依賴症背後藏著「希望有人了解自己」的心願。愛與療癒也是一樣。
◉依賴同時也是頑固和偏執，無法消除，重要的是將此能量轉向何處。

第10章　「受害者情結的絕對法則」

受害者情結是最根源的深層心理之一

本章是「心靈的絕對法則」基本篇的最後一章，而最適合基本篇結尾的絕對法則，正是「受害者情結的絕對法則」。讀到這裡，我們已經認識了許多心靈法則，當我們討論到反動或依賴的機制時，可以發現「反動的絕對法則」或「依賴的絕對法則」，與「受害者情結的絕對法則」是成對的。換言之，也就是反動、依賴與受害者情結及由該情節衍生的正當化互為表裡，這便是另一個法則。

我不知道人類這種生物是怎麼誕生的，但人類只要身為人類一天，最根本的深層心理之一，就是「自己非得是受害者不可」的心態。人類在本質上沒有辦法違抗這個現象。

請實際觀察看看，在各位的身邊，有多少人成天自認為是受害者呢？不，在那之前，請觀察一下自己是否也有受害者情結？請容我再次重申，這是我們無可避免的，因為受害者情結是人類為了提升、保護自己的立場，而存在於根源的想法。

受害者情結與正視現實的能力互爲表裡，且兩者呈反比。換句話說，只要有「反動的絕對原則」，就一定會出現受害者情結，而受害者情結與自以爲是（＝正視現實能力的匱乏）也互爲表裡。

陰謀論源自受害者情結

假如受害者情結是最根源的心態，那麼依此邏輯，神創造的人類便不是神的化身，而是一種連現實都無法直視，只會互相爭奪，靈魂打從一開始就污穢的存在。

「我沒有錯、我應該被救贖」這種根源的想法，就是權利意識，是反動，也是一種依賴心，然而我們也可以說這個想法被大型宗教利用了。因爲新冠肺炎疫情而再度流行的陰謀論，也可說是人類這種生物創造出來的受害者情結。

陰謀論之所以成立，正是因爲人們將所有問題推到富豪、跨國企業與貴族身上，而自己則必須踩在受害者的位置上，爲此甚至可以忘記自己的行爲始終支持著「他們」，也忘了一旦自己的立場改變，態度就立刻跟著改變，開始對「他們」阿諛奉承。

當然，只要愼選資訊，剖析論陰謀論對理解社會有極大的幫助，另外陰謀論中也不乏事實案例，因此我並不會全盤否定。然而當中也有許多不實的謠言，而更嚴重的問題，是提出統治結構相關陰謀論的人們，都懷有受害者情結。

因此，陰謀論的概念就是對於民眾本身也有問題這件事絕口不提，徹頭徹尾扮演受害者的角色。若想將陰謀論的相關知識運用在自己的人生或社會運動上，在調查陰謀論之前，就必須先學習「受害者情結的絕對法則」。

「謊言」與「正當化」的背後就是防衛機制

爲了持續扮演受害者，人類必定會採取同樣的行動，這也是一種「絕對法則」。正如我一再反覆強調的，那些最應該被稱爲「法則」的行爲，就是所謂的「正當化」、「藉口」、「謊言」。人類的心理總是以正當化與謊言爲前提，這也是任何人都無可避免的，無論一個人看起來多麼正直，都無法蒙混過去。對生物而言最重要的事情，就是保護自己，謊言和正當化在本質上就是爲了保護自己的行動，反過來說，也就是人心最深層的防衛機制。

只要自己繼續坐穩受害者的寶座，就能保有在心理上比對方優越的立場，一旦發生什麼問題，即使與自己沒有直接相關，也可以把責任推到對方身上，也就是能夠在身爲奴隸的狀態下，假裝自己是貴族。這就是「受害者情結的絕對法則」運作的目的之一，不但與「支配欲的絕對法則」相關，也和「依賴的絕對法則」相關。簡單講，所有的絕對法則都和受害者情結息息相關。

人不會意識到自己正在說謊

容我重申，對人類而言最重要的一件事，就是察覺「人類不會意識到自己總是在撒謊」。所有的人幾乎每天都在說謊，卻沒發現自己在說謊。這一點與量子力學有關，因爲假如你眞的沒有說謊，那麼你散發出的強烈頻率，應該早就讓那件事實現了才對。

以病人爲例，應該最清楚易懂。我在指導病人時經常告訴他們：「假如你是眞心想痊癒，那早就痊癒了」，但是至今沒有一位病人或病人家屬理解這番話的含義。我認爲他們捨棄現代西方醫學，選擇替代療法，提出問題，渴望得到解答，都是爲了治癒疾病所做的努力。但遺憾的是，那些其實都是謊言，他們只是抱著受害者情結（＝認爲「我是受害者，所以你治好我是理所當然的」）的人，而病人口中的「請醫師指導我」這句話本身，就是替自己正當化的工具。

他們只是單純把依賴的對象從西方醫學換成替代療法罷了。如果眞心想治療，應該會善加利用他們學到的知識，採取各種行動才對。例如自己找出病根，設法解決，並且捨棄自己原有的價值觀，眞誠地省思到底是什麼樣的生活型態，導致了這個疾病。然而，他們卻只是不斷重複提出相同的問題，根本沒有改變想法、採取行動。

就算指出他們在說謊，他們當然也不知道原因，而且會對此勃然大怒，再次顯現出自己確實在說謊。如果對方的反應是惱羞成怒，或許還比較容易理解，事實上，當對方平心靜氣、沉默不語時，其實才更是在說謊。

各位是否能正視「醜陋的受害者情結」這種人類天生的心理機制呢？

認爲自己眞心以實相告的人，其實也是在說謊。僞裝往往是多重的，就算自認據實以告，那些言詞中仍然缺乏深層心理的觀點。因此，即使誠實地吐露了表層的心理、自以爲是的想法或記憶，依舊無法察覺導致自己生病的眞正原因。這也是「站穩受害者立場」的意圖在潛意識裡運作的結果。在醫學上，我們將這種心理狀態稱爲「疾病獲益（gains from illness）」，然而一般人似乎不知道「透過生病可以得到好處」的概念。

當然，我並沒有愚蠢到認爲被宣告罹癌並可能死亡的病人，表層心理是希望自己罹癌的。

人類的表層心理確實會有「不想死」、「不想生病」的念頭，然而從「疾病獲益」的角度來思考，便可發現事實上是「心中隱藏的恨意轉化爲疾病」、「過去強烈的欲望轉化爲疾病」、「透過生病來逃避某些事物」、「透過生病來化解內心深處的罪惡感」。或許我們可以說，依賴與受害者情結互爲表裡，所有的疾病都是依賴與受害者情結所導致的。

人類之所以生病是因為地球受到污染

假如各位多多少少理解了這一點，相信就能明白我們並不是受害者，而是加害者吧。同時我們也會明白，自己其實不斷重複做出理所當然會導致生病的事情，因此愈面對現實，就愈無法以受害者自居。然而，假如一個人無意間發現主張「生病是一種不幸」、「生病是偶然的」、「我一直努力面對疾病」，其實對自己比較有利，他便能長期站在受害者的立場，享受宛如貴族般的權利。

愈是沒有盡義務而只想享受權利的人，就愈喜歡聲稱自己是受害者。人類永遠希望自己是受害者。

若將目前爲止的論述加以統整，並說得挑釁一點，那便是：

「人類不值得被治癒，也不值得被愛；人類只會說謊和反對；人類的身心都極度充滿依賴性；不管人類多善於言詞，滿腦子也都是謊言；人類是一種永遠抱著受害者情結，同時又最擅長掩飾這件事的生物。」

社會上充斥著追求眞相，進而主張那就是眞相的終極騙徒，這就是地球的現狀。這個充滿謊言的現代社會與人類內心最根源的機制，其實是互爲表裡的，我們必須面對這一點。

一切問題的原因都在自己身上

在這樣的世界裡，我們究竟該如何自處呢？我雖然不相信靈性或宗教，不過許多宗教提出的「人來到世間是在修行」這個想法本身，或許沒有錯。假如眞是如此，能否在世間完成修行的判斷依據，應該就是能否承認自己心中必然存在的依賴心及反動，找出自己眞正的核心價值，確立自我，並在心中設定遠大目標吧。

這不是有沒有錢、有沒有朋友、有沒有名譽等等的問題，只要擁有屬於自己的核心價值，就不會一直受到旁人的影響，也不會被別人的價值觀牽著走。不用勉強扭曲自我，被受害者情結束縛的狀況也會減少。正因爲對於「自己正是這個世界的加害者」、「人類是地球的終極加害者」有所自覺，才能更寬容地對待他人，反過來說，人類也才能夠和平共處。

「依賴」的相反是「獨立自主」，我在進行治療的時候，首要之務就是讓病人「擺脫依賴」。我在前面已經說明了，要達到獨立自主非常困難，或許世上根本沒有人能徹底做到獨立自主。無論是組織或個人，無論是否爲藥物成癮者，大家都是依賴症患者；時至今日，「社會」、「國家」、「人類」也都罹患了重度的依賴症，沒有例外。而最大的問題，就是大家根本連嘗試獨立自主的意願都沒有。

想要盡可能地擺脫依賴症，確立自己的核心價值，第一步就是面對現實。

不知道是否因爲受到眼界狹隘的島國心態或共存心態的影響，日本人具有某種自虐的民族性，因此與其勉強自己否定自虐史觀，不如帶著自虐史觀對世界做出貢獻，因爲在某種意義上，自虐史觀有助於我們產生「自己是加害者」的自覺。當自虐的觀點成爲核心價值，行動就會隨之而生；行動是唯一能用來判斷核心價值是否確立的指標。確立眞正核心價值的關鍵，在於「對於自己的差勁有多少自覺」，如此一來，相信各位應該就能多少感受到，那些否定自虐史觀，一味地擺出受害者姿態，高呼「日本最棒」的網路右派分子，是多麼惱人。

不管是肉體上的疾病、精神上的疾病、生活型態，甚或社會問題，全都源自於我們的心靈。只要觀察那些大肆宣揚自己生病的人，以及現代的伸手牌、魯民，就能明白幾乎所有無可救藥的人，都會有相同的反應，都會不斷重複相同的行為模式。

察覺法則的存在，認知到自己就是所有問題的始作俑者，並主動進行修正的人，才有可能變好。反之，自始至終聲稱自己是受害者，把一切責任都推給別人，不斷逃避、不斷替自己正當化的人，不論是身上的疾病或身處的環境，都絕對不會好轉。

唯有擺脫受害者情結才有可能痊癒

正如我再三強調的，人類天生就被設定為後者，而且上述行動宛如程式一般，100%會自動執行，無論再怎麼自以為洞悉一切，都不可能例外。如果有人讀到這裡時，心中浮現「我才不是這樣」的念頭，就表示該程式已經在運作了。

如前所述，「受害者情結的絕對法則」與所有的法則息息相關。一個人受控於「受害者情結的絕對法則」，就代表他深受「心靈的絕對法則」所束縛。他們經常把「不過」、「但是」、「可是」掛在嘴邊，從頭到尾堅持「我沒有錯，錯的是○○」，同時喜歡說「你有證據嗎？」。他們依賴御用學者、醫師或組織高層提供的資訊，聽信讒言，不去面對眞正的問題。

等到走投無路了，他們就會逐漸陷入「隱瞞」、「逃避」、「低調」、「僞裝」，但現今的哲學絕對不會告訴他們這是怎麼一回事。

根據我的專業，不論是心理疾病或是生理疾病，之所以無法痊癒，一定是「不想把病治好的人」與「不想好的人」的共業。行醫多年，我深切體認到：嘴上說著「我想痊癒」的人，往往根本沒有採取任何有助於痊癒的行動。讓自己一直處於壓力之中，某方面來說也是當事人自己的選擇。持續謊稱「我想痊癒」的人，不會承認自己的責任，而是不斷把責任推到別人身上。

坐視家庭失和，絲毫不打算修復的人亦然。

放著職場人際關係繼續惡化的人亦然。

對糧食問題視若無睹的人亦然。

嘴上說要做，卻自己不動手，只想坐享其成的人亦然。

不自己設法解決，只會一直發問的人亦然。

一心以爲政府會幫助自己的人亦然。

不去了解藥物及醫療體系背後有什麼問題的人亦然。

意識到自己造成不便的根本原因

接下來我將爲「心靈的絕對法則」基本篇做個總結。想改善人的心理狀態，基本上有兩個方法，在某種意義上，或許可說是後述的「陰」與「陽」觀念。

概念很簡單，第一個方法，就是將過去的心理創傷做個了結，重新建立自我的核心價值。若用業界用語來表達，或許可以稱爲「佛洛伊德、榮格型（古典型）」吧。

另一個方法是，不用解決心理創傷，而是直接設定一個更大的目標，放眼未來，展開行動。以業界用語來說，或許可以稱之爲「阿德勒型（近代型）」吧。

然而，沒有正視受影響最深的過去，就無法設定目標。面對心理創傷，剖析深層心理，是筆者的手法中不可或缺的步驟。

無論如何，只要人類身爲人類，若不解決精神層面的問題，我們就無法展開行動。許多人都誤會了，其實來自社會的壓迫並不是精神狀態惡化的原因，不管是社會壓迫或對自己而言的種種不便，都是自己一手造成的，我們必須意識到自己心中最根本的原因。即使受到同樣的社會壓迫（儘管大多數的日本人似乎都覺得自己受到的壓迫最嚴重），結果也不盡相同。過去有許多人試圖反抗專制王朝的統治，當時的社會壓迫比現在還要嚴重，然而那些反抗者都罹患了精神疾病嗎？當然沒有。被壓迫掩埋的人滿腦子都是藉口和受害者情結，而起身抵抗壓迫、內心充實的人，其實早在不知不覺間理解了

「心靈的絕對法則」，並且加以實踐。

也許有人會說：難道不能拋開過去，又展望未來嗎？我所採用的精神分析法，一定要在剖析過去經驗或心理創傷的同時，訂定未來的計畫或遠大的目標才行。此時必須注意的是，就像飲食療法不一定適用於每個人一樣，精神療法或正視內心的方法，也不一定適用於每一個人。

就我個人的觀察，拘泥於處理過去的人，往往不會順利，而原因可能是太過於執著、懊悔，以及希望受到認可。許多人以爲諮商師處理過去的方法，就是傾聽病人過去的種種回憶或心理創傷，請注意，這其實和處理或剖析毫無關聯。

此外，設定較大的目標固然是好事，但一直拘泥在這一點，就證明了這個人滿腦子只想著怎麼包裝自己。

只要目標夠大，即使想法與他人稍有不同也無妨。而心中只有小目標的人，則難以接受自己與他人的差異，一心只想逼對方接受自己那枝微末節的堅持。從這個角度來看，這種人等於根本沒有面對自己的心理創傷或兩難困境，同時經常在半途偏離目標。目標確實是愈大愈好，只要設定的目標夠大，即使失敗了，也能記取教訓，應用在下一次的挑戰；然而若目標太小，即使只是遇到一個小挫折，當事人也會覺得是極爲重大的失敗，並且無法從中學習。

綜上所述，這其實一點都不難，只需要兩者都試試看，根據自己的狀況，思考該以何者爲優先即可。

不善提出意見會引發問題

現代日本人所欠缺的另一種關鍵能力，雖然不是思考，但或許可說是與思考差不多的能力，那就是前述的溝通能力。缺乏溝通能力會引發各種問題，前面我已經說明了正視現實與產生自覺的重要性，而溝通正是表達自覺或想法的工具，我們或許可以將兩者的關係視爲陰和陽。

人們罹患精神疾病的原因之一，就是缺乏表達能力。事實上，溝通能力明明可以藉由訓練而大幅提升，但我們卻被名爲科學的謊言洗腦，以爲那是遺傳的問題。讓人們留下這種印象的，可說是精神醫學及臨床心理學。這個事實對日本人而言似乎仍難以接受，不少人的反應一如預料（＝反動）。

例如近年流行的「溝通障礙」一詞，一般人都認爲那是天生的個性，是一件無可奈何的事情，但很遺憾，事實與此相距甚遠。

日本文化固然有好的一面，但基本上可能是受到島國心態的影響，日本人不但不善於溝通，更有過度察言觀色的文化。島國、封閉、自以爲受害者的心態，與這種察言觀色的文化密切相關。在陸地國家例如歐美等的理性主義或侵略主義等非島國文化中，人們需要的是爲了生存而勇於表達意見及溝通的能力，容易變成喜歡掌控一切的加害者。陸地國家的想法與日本的想法，也跟「陰」和「陽」的概念相近。爲了提升日本的國力，日本人必須同時具備溝通能力以及正面意義的察言觀色能力，然而現狀卻是兩者皆已喪失。

了解「受害者情結的絕對法則」就會明白自己是加害者

到最後，無論我們怎麼思考，都會愈想就發現愈多必須改正的地方。

想讓人類至少像樣一點，不要再當對地球傷害最大的害蟲，唯一的方法就是打從心底認清自己的愚蠢，意識到自己的問題全部肇因於自己，承認自己的溝通表達能力是多麼貧乏，並且開始鍛鍊溝通能力。擁有上述自覺，才是改善自己的第一步。這固然諷刺，但在所有領域都是共通的。

如上所述，藥物成癮者若沒有大澈大悟，承認「自己是毒蟲、是笨蛋」，就不可能成功戒毒；讓孩子變成藥罐子的父母，無論用什麼當作藉口，若沒有自覺「自己是殘害孩子的父母、是最差勁的人類」，孩子的疾病便絕對無法痊癒。

接下來我會在「心靈的絕對法則」應用篇仔細說明，這種現象不只會在個人身上看見，就算延伸到整個社會也適用。以社會或政治來說，假如全體民眾沒有察覺「我們是最差勁的人民」，日本的政治情況就不會好轉。再放大到更高的層次，假如全體人類沒有認知到「人類是寄生在地球的低劣物種」，地球的環境就不會痊癒。

有個諷刺的故事是這樣的。

有一天，神答應實現一個地球上最多生物一起許的願望。人類展開激烈的爭執，甚至爆發了戰爭，最後在某人的提議之下，幾乎全人類都向神許了「與其爲了許什麼願而爭執不休，乾脆放棄許願」的願望。人類期待爭端可以就此平息，沒想到神做的決定是消滅全人類，因爲除了人類以外的所有生物，都許願希望人類消失。人類以外的所有物種都希望「將人類從這個世界排除」，或許是眞實的寫照。

如同前面介紹的其他法則，了解「受害者情結的絕對法則」，便能明白自己不是受害者，而是加害者。

內在思考的覺醒【第10章】

◉受害者情結是爲了提升、保護自己的立場，而存在於根源的想法。
◉爲了繼續踩在受害者的位置上，人類會不斷重複「謊言」與「正當化」。
◉要擺脱受害者情結，就必須認清自己是加害者。

第二部

心靈的絕對法則——應用篇

第11章 「全人類皆魯民的絕對法則」

接下來進入「心靈的絕對法則」應用篇。在基本篇裡，我聚焦於個人的心靈，介紹了各種法則；而在應用篇裡，我會將這些概念擴展到整個人類社會。

正如我在基本篇的最後所說的，用碎形思考的觀點，將「心靈的絕對法則」延伸套用到整個社會，便可讓這個社會的問題清楚浮現，幫助我們看清在社會上流竄的各種資訊有多麼虛假。

在這個前提下，要討論社會問題，就必須先了解構成這個社會的魯民。

首先，我要說明人類的根本特性——魯民是什麼。

「魯民」是從「愚民」衍生的詞彙

我的著作裡經常出現「魯民」這個用詞，這個詞彙源自「愚民」，是動畫角色「嚕嚕米（MOOMIN）」的諧音，一開始是我在臉書（Facebook）上跟網友互動時發明的。當時我考慮到使用「愚民」一詞似乎太過直接，又想加入一些揶揄、諷刺的意味，所以才創造出魯民這個字眼。

當有人問起：「魯民和非魯民的差別是什麼？」幾乎沒有人答得出來。現在，且讓我介紹魯民的初步概念。

魯民的十項特徵

①魯民喜歡說「正確的」

（單純沉醉於自以為是的正義之中，想強調自己的正當性）

魯民與非魯民的差別，就是對人類是否有客觀的評價。人類為了永遠居於正確的立場，甘願變成惡魔。假如知道包括自己在內的所有人類永遠不正確，或許就不是魯民了。

②魯民喜歡說「罵笨的人才是真笨」

（無法認清自己的愚蠢）

魯民很喜歡說這句老套又愚蠢的話。會說出這種話的魯民，最典型的特徵就是會假裝為別人著想或假裝反駁，但其實是無法忍受被人瞧不起，始終堅持自以為正確的目標，無法認清人類的愚蠢。

③魯民喜歡說「科學根據」、「來源」

（對科學的不成熟和操作、捏造手法渾然不知，只會盲從）

明明只要自己動手查就可以得到答案，但魯民總是喜歡問「有科學證據嗎？」「消息來源是什麼？」更重要的是，他們完全沒發現科學充滿了謊言，也不知道科學的哪些基本概念有問題。服從權威、趨炎附勢的奴隸性格，正是魯民典型的態度。

④魯民喜歡說「不然要怎麼辦？」

（只會提出疑問，而不自己採取行動）

魯民的問題在於無法認清現實，不過就算意識到了問題，他們也絕對不會自己採取行動，而是要求別人去做，或是等別人來改變環境，滿腦子依賴性思考。只要察覺問題，該做的事情自然也會明朗，剩下的只是願不願意採取行動而已。

⑤魯民喜歡說「不過」、「但是」、「可是」

（為了蒙混當下的惡劣情況，一直逃避）

魯民的腦中只有「否定+各退一步」。他們不管事情的好壞，也不考慮與未來，更不在乎有沒有遠大的目標，只想維持現狀，讓自己繼續輕輕鬆鬆，迎合身邊的人，將靈魂出賣給惡魔，不斷逃避。這就是所謂的自我正當化。

⑥魯民喜歡說中聽的話

（注重表面工夫，只想博取別人的好感，自欺欺人）

魯民擅長使用漂亮、有禮貌又順耳的言詞，最具代表性的就是「愛」、「感謝」和「重視言靈」。這和詐騙分子兜售商品、欺騙大眾的手法沒有兩樣。因為他們的深層心理很清楚，這些漂亮的言詞就像麻醉藥物一般，可以讓對方感到心曠神怡。這背後也代表著儘管情況惡劣，他們也不願面對現實。

⑦魯民喜歡說「那也是沒辦法的事啊」
（不願承認自己的責任，只想安慰自己）

魯民只重視自己的利益，卻總是裝出為他人努力付出的樣子，這就是他們常見的行為模式。如果真心面對自己的責任和過去，就不可能說出「那也是沒辦法的事啊」這種話，不過他們內心深處其實只在乎自己。

⑧魯民喜歡說「一定沒問題啦」
（自以為是，假裝有所行動，事實上卻沒有）

魯民也總是盲從，他們不會自己主動做些什麼，而是習慣追隨什麼，成為某種信徒或團體的一分子，遵循組織的規定，而沒有主體性。他們總是相信他人或經典，並將其奉為圭臬。比起正視結果，他們更想追隨夢想或不切實際的預測。

⑨魯民喜歡說「大家都……」
（毫無主體性，只靠外在判斷）

魯民崇尚權威，容易受新聞媒體影響，認為多數的意見就是正確的。他們就像機器人，只會跟著別人做一樣的事情，極度害怕遭到批判或排擠，因此總是阿諛奉承。後述新冠肺炎亂象中的戴口罩等行為，就是最具代表性的例子。

⑩魯民喜歡說「那都是陰謀」、「那都是政治」
（抱有強烈的受害者情結，總是怪罪他人或大環境）

魯民的最後一個特色，就是喜歡把責任推給陰謀論、政治人物或經濟，卻從不正視一切的始作俑者就是我們每一個民眾，因為只要捏造一個根本不存在的敵人，在網路上吵一吵，就可以扮演正義之士了。這種只懂一點皮毛，在網路上興風作浪，認為自己不是魯民的魯民，可說是最高級的魯民（＝魯王）。所謂的魯民，正是具體展現「心靈的絕對法則」所有基本概念的生物。

而我認為，世上應該沒有人完全不符合上述十點。

人本來就是魯民

幾乎沒有人對魯民這個稱呼抱有正面的印象，這乍看之下理所當然，但事實卻不然。為了理解這一點，我們必須闡明魯民這個詞彙背後真正的意義，以及人們抗拒這個字眼的心理。

正如我一再重申的，否定魯民的人，最大的特徵就是認為自己才正確，也會要求別人認同他們認為正確的事，假如別人指出他們不正確的地方，他們就會惱羞成怒，另外他們也習慣向別人討愛、感謝、言靈，要求別人愛國、服從。不承認自己是魯民的人，總是表現出一副自己最有道理的樣子，同時擅長使用極為好聽又有禮貌的言詞。他們的內心深處只有「我是對的」、「我沒有錯」，但他們始終拚命隱藏這種心理。

被指稱是魯民的人，必定會認為只有自己不是魯民。的確，在文明毒物的概念已經普及的現在，還認為砂糖對身體有益的人，知識水準可謂相當低。在這種世界，倘若還被徹徹底底地洗腦、欺騙，看在稍微有一點知識的人眼裡，大概除了「愚蠢」就沒有其他形容詞了吧。然而不少人都誤會了，所謂的魯民，並不是指不知道砂糖等文明毒物或各種陰謀論有多麼可怕的人。事實上，認爲那些人是魯民的人，本身也是魯民，主張「我不是魯民」的人，單純是求知欲比較旺盛而已，他們其實並不理解「全人類皆魯民的絕對法則」，只是想宣稱「這個我知道」、「那個我也知道」罷了。唯有全人類打從心底體悟人類毫無存在價值、全人類都是極端的魯民，「全人類皆魯民的絕對法則」才有可能瓦解。

自以為已經「覺醒」的魯民

接下來的說明，與「覺醒」這個謊言有關。有些人喜歡從陰謀論、歷史論，一路講到靈性、靈性提升（＝蠢性提升）等話題，到最後，他們一定會宣稱「人類已經覺醒」、「我已經覺醒」，這就是我見過最極致的魯民，稱他們爲「魯王」眞是再適合也不過。他們是連事實都無法面對的魯民，當別人戳破他們是魯民這個事實的瞬間，他們就會顯露出本性，因爲他們一直自認是已經覺醒的獨特之人。他們是藏在漂亮的表面背後的醜陋情感，即使掌握了資訊，也只關心自己，並且無法承受自己被當作魯民看待。

自認為與眾不同的魯民

接下來我想更具體地說明魯民與非魯民之間的差異。

例如，認爲「只要聽醫師的話就好」的人，已經遠遠超越魯民，而是魯王等級了。有關醫療的謊言都已經被揭露這麼多了，那些盲目聽信的人們，只有死路一條。

那麼，對醫療抱有疑慮的人呢？會提出「醫師和藥廠製造了新的藥，你覺得怎麼樣？」這種疑問的人，其實還是魯民。不過，懂得開始思考，並宣稱「我查了一下，那種藥好像不太好」的人，往往會以爲自己不是魯民。就算把藥擺在野生動物的面前，野生動物當然也不會去吃它，因此當一個人還需要查資料才能判斷某種藥物是好是壞，就代表他是個不折不扣的魯民。

然而，縱然查了許多資料，並下定決心絕對不服用該藥品，也仍是魯民。有些人養成查資料的習慣後，便認爲只要明白「藥廠製造的藥全部沒用，因爲跨國企業全都是騙子」，自己就不再是魯民了。沒錯，察覺到社會結構的基礎，確實已經是跨出第一步了，但是這種人仍然擺脫不了魯民的枷鎖。

假如沒有意識到人類天生就是魯民這個前提，就不可能擺脫魯民。包括我在內，儘管魯民有程度上的差別，但只要生活在人類社會裡，或許一輩子都不可能脫離魯民的身分。

只會索求的「伸手牌」

除了自以為是的魯民之外，還有其他類型的魯民，其中最具代表性的堪稱「伸手牌（凡事只會向別人索討的人）」。他們只聽信電視、報紙等權威或傳統，不論自己查資料有多快速、多方便，都不願自己動手去查，並且絕對不願負責任。伸手牌的問題在於不知道該怎麼解讀資訊，也不懂得如何思考，而這些都是因為他們不了解「心靈的絕對法則」所導致的。他們連自己蒐集的資訊是否可能有錯，都無法判斷。他們只會藉由問別人來獲得資訊，覺得別人有義務為自己提供答案。就是因為世上有這種人，才會發生新冠肺炎亂象。

不知道如何著手蒐集資訊的魯民

蒐集資訊有幾個訣竅，而基本中的基本，就是至少要蒐集贊成方與反對方兩種立場的意見。然而魯民卻連其中一方都不肯自己動手查，因此無可救藥。

查看資訊時的另一個重點，就是不要受限於自己的經驗。例如，就算自己透過某種方法使病況好轉，這個方法對其他人來說也不見得有效，然而許多人往往會有「我都痊癒了，別人應該也會痊癒吧」的錯覺。有太多例子都是自以為在助人，事實上只是一種自我滿足。

因此，在查閱資訊的時候，我們必須假設贊成方與反對方兩者的資訊都可能有錯。當看見兩個互相對立的意見時，我們很容易認爲其中一方是正確的，而想不到第三、第四種可能，這單純是陷入了思考停止的狀態。請各位回想例題的內容。

資訊往往是模稜兩可的，即使是史實，在不同的人眼裡，見解也可能出現一百八十度的轉變。只要資訊傳達的方式不同，就算是事實，也可能遭到扭曲，這種例子並不少見。許多爭論或爭鬥，都肇因於人們堅信「自己才是正確的」。在吸收資訊的時候，我們必須像孩子一般不受任何拘束，發揮天馬行空的想像力。最後應該仔細思考的，也不是枝微末節的資訊，而是事物的本質或結構。一旦掌握了本質，最後其實連資料都沒有必要查。這是接收資訊時最初步的概念，是否要蒐集其他資料，則是之後的事情了。

在蒐集資訊、透過資訊學習時，日本人最欠缺的，恐怕不是篩選資訊的能力，而是願意從頭學習的心態。以新冠肺炎亂象爲例，人們從醫學的基礎知識、免疫學的基礎知識、病毒的基礎知識、陰謀論的基礎知識、醫源病的基礎知識，到資訊究竟如何欺騙大眾，都沒有能力好好思考。問題很可能出在二次大戰後日本那只重視表面、強調背誦的教育上。正因如此，愈是喜歡把「來源」、「根據」、「謠言」等字眼掛在嘴上的人，就愈可能是詐欺犯或騙子，他們大多是工作上與大量資訊爲伍的人。

此外，蒐集資訊的首選管道，就是臉書等社群軟體，然而時至今日，這些服務不論作爲媒體或資訊來源，都已經不值得信任了。推特（Twitter）等其他社群軟體及谷歌

（Google）等搜尋網站，也都一樣。谷歌的搜尋功能已經爛到不能再爛，根本稱不上搜尋網站了。在現代，眞正掌握最新資訊的人，絕對不會使用谷歌。社群軟體本來就不是屬於民眾的，而是統治階層用來操縱、控管資訊，掌握個人資料，甚至製造混亂的工具。仰賴這種東西，在本質上就大錯特錯，然而仍有許多人抱著過剩的期待，繼續發文或留言。不過話說回來，身爲臉書重度使用者的我說出這種話，也是頗爲諷刺。

魯民與非魯民的差別為何？

說到底，魯民與非魯民的差別究竟是什麼？

至少並不是知識量的差別。在這個時代，光是藉由上網，就能獲得大致的知識，因此知識本身並沒有太大的意義。那麼，除了知識以外，還有哪些差異呢？最常被用來跟知識比較的，就是智慧。一般提到知識時，大多是指「記憶或既有的資訊」，而智慧則是指「透過知識導出的思考方式或思想」。本書討論的是心靈法則，因此大部分的人應該會認爲「只要有智慧，就不是魯民了」吧。然而我認爲這個想法也不對。就算懂得跳脫知識的框架，實際運用智慧，在「心靈的絕對法則」下，全人類依然是魯民。換言之，喜歡談論哲學的人，也都是魯民。

擺脫魯民身分的方法之一，就是採取行動。請不要忘了第2章的基本概念，也就是「事實觀察的絕對法則」。無論嘴上說得再好聽，若不採取行動，也不會有任何改變。

然而所謂的行動，也沒有那麼單純，因爲對許多魯民而言，「行動＝臨時起意」。許多人以爲，只要參與社會改革運動，或是爲了提升自己而展開嚴苛的修行，便不再是魯民。問題是，魯民根本不會察覺這些行爲的背後，其實是極爲卑劣的自我正當化。

魯民永遠都是臨時起意，連準備都沒準備就貿然行動，而且總是留下一堆爛攤子，要求別人幫他們擦屁股。對魯民而言，自己非得是受害者不可。

以爲透過臨時起意的行動就能從魯民心態中覺醒的魯民，只會教訓別人「睜開眼睛」、「清醒點」，卻無法認清自己也尚未覺醒。提出陰謀論、宣揚靈性，口口聲聲說「希望能改善日本」的騙徒非常多，不過這些人幾乎沒有任何力量、沒有人脈，甚至連財力也沒有。他們不過是無名小卒、眼界狹隘的井底之蛙，但他們以爲只要聚集幾個魯民，世界就會覺醒，就會有所改變。

這就是他們的思想基礎與行動完全不相符的最佳佐證。倘若他們是眞心爲了再造日本、獨立自主或擺脫魯民身分而行動，就會設法讓自己擁有強大的力量，費盡心力賺錢，再利用這些資源，跟其他有錢人一起形成一個社群。他們應該會拋棄對金錢的執念及無聊的自尊心，連風評也毫不在乎，只爲了獲得眞正的改革力量而行動才對。

然而，許多打著正義大旗的魯民，因爲無法正視無力、無能又缺乏行動力的自己，而只能透過一些比喪家犬的嚎叫還不如的言論，來散播陰謀論。不但如此，他們往往會家庭失和、反覆婚外情、撒謊成性，簡直無可救藥。跨越這一關，才算是踏出擺脫魯民身分的第一步。

貪圖權利的人更有面對現實的能力

在某種意義上，上述說法其實是對於全球主義者、大企業、被我稱爲「他們」的人（請參考拙作《99％的人不知道的世界祕密》系列）、身爲其鷹犬的政治家、企業家，以及許多有錢人的讚美。這些人雖然也是魯民，重視優生學，不斷追逐金錢，但他們的想法卻相當貫徹始終。他們的力量難以輕易撼動，且持續化爲計畫及實際的行動，成效比那些「只會出一張嘴的窮人」所做的事情還要高出好幾十倍、好幾百倍。當然，我並不是要各位順從他們，然而倘若我們不認清魯民都是既貧窮、又沒有宣傳能力、也沒有人脈的人，以及日本社會至今絲毫沒有改變的現狀，不管再怎麼大聲疾呼，我們永遠都還是魯民。

爲了擺脫魯民身分，最重要的不是擁有智慧，而是更進一步理解最根源的「法則」。換言之，當全人類都明白「全人類皆魯民的絕對法則」，全人類都對自己身爲魯民有強烈自覺的時候，我們才不再是魯民——這在某方面也充滿了諷刺。從這個角度而言，本書介紹的東西看似「法則」，但或許其實並不是「法則」。

內在思考的覺醒
【第11章】

◉每個魯民都認爲只有自己不是魯民。

◉我們全都是魯民，而認爲自己特別聰明的人，更是無可救藥的魯民。

◉魯民無法認清現實，貪圖權利的人反而比較有能力面對現實。

第12章 「陰陽變動的絕對法則」

陰陽論是描述世上普遍現象的詞彙

陰陽這個詞彙，相信幾乎每個人都曾經聽過。這個在東方醫學及東洋哲學中頻繁使用的字眼，其實也是描述世上普遍現象的詞彙。地球有白晝也有黑夜，有太陽也有月亮，有明也有暗，有天也有地，有上也有下——只要地球仍是地球，這些法則就不會改變，未來也會繼續存在。一旦這個法則瓦解，代表地球上一切都產生了巨大的變動。

白晝不會永遠持續，黑夜也終將迎來黎明。這種濃淡深淺的變化，就像某種上下起伏的波動，在變動之後一定會回到原本的軌道上。換言之，陰陽永遠存在，且永遠會變動，但其變動具有一定的規律，並且不斷反覆。就像乍看之下性質恰恰相反的「光」和「影」，事實上也緊密相連，不斷反覆交替，構成一個整體。我將此現象取名爲「陰陽變動的絕對法則」。自古以來，人們認爲男女和善惡也都是一種陰陽論，然而站在「世上不存在善惡」的觀點來看，「陰陽論包含善惡」的說法或許有語病，有關這點請容我在第15章詳述。

表示陰陽的太極圖

陰陽變動

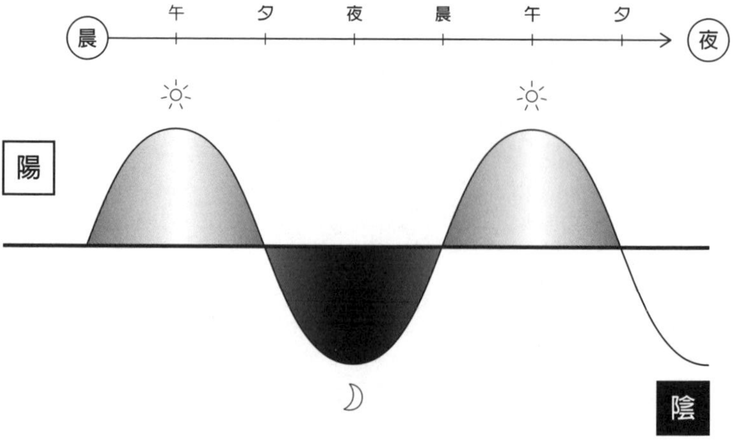

陰陽論與男女關係相似

最簡單易懂，同時也是各位在日常生活中最常親身體驗的陰陽概念，就是男女在心理結構上的差異。人類這個物種，正是由心理結構截然不同的男和女所組成。

舉例來說，假如男性不記得女性希望他記住的事情，女性就很容易陷入「不被愛」的情緒裡，這便是男女在心理認知上的差異。我知道許多女性會有上述的感受，但男性和女性想要留在記憶裡的事物當然不同。了解「陰陽變動的絕對法則」，也能幫助各位意識到這一點。簡單講，也就是男性不會記得女性希望他們記得的事情，女性也不會記得男性希望她們記得的事情，因此「記得與否」和對方是否眞心對待自己、是否愛自己，完全無關。

很多問題，都是肇因於男女雙方皆不了解男女的生理結構不同，心理結構也是截然不同的。夫妻失和、交了男朋友（女朋友）感情卻不好、沒辦法斬斷不倫之戀、老是遇到渣男、爛桃花不斷，其實都是有原因的。這些現象之所以發生，都是因爲當事人不了解「陰陽變動的絕對法則」。

相信有些讀者應該聽過「男性腦」和「女性腦」的差異吧。男性腦又稱左腦派，主要掌管邏輯思考、科學思考、計算，支配欲、對過去的執著等；女性腦又稱右腦派，主要掌管直覺、感性、藝術、感受、自然崇拜、共存型思考、對現實與未來的想法等。

只要實際觀察，就能發現上述現象與事實吻合，因此我是同意的，但問題是幾乎所有的人類至今仍對這件事一無所知，就算知道，也沒有透澈理解。假如人們理解這一點，因爲情人或伴侶的言行舉止而產生的憤怒或不滿，想必會大幅減少，畢竟「這個人」會採取「這個行動」是必然的。然而大部分的人之所以欠缺上述認知，是因爲「人類一開始就被設定成不會這樣想」，人類社會將這種現象稱爲「先入爲主」或「自以爲是」。

飲食法的差別與陰陽相似

我是醫師，因此經常使用營養療法，不過在飲食療法或營養療法的世界裡，也充滿了對立。書店裡陳列著各種與飲食療法相關的書籍，當然，我說的並不是營養師會買的那種教人計算熱量的書。仔細觀察，我們會發現有一半的書主張日本料理是世界上最「MA GO WA YA SA SHI I」[11]、最健康的食物，概念類似蔬食。然而回顧歷史，我們會發現原住民多爲肉食，而且另一半的書裡所提倡的，是近年蔚爲流行的無麩質飲食、低醣飲食、原始人飲食法（Paleo Diet）及生酮飲食（Ketogenic Diet），也就是完全以肉食爲主的飲食。看到這些書，不了解「心靈的絕對法則」的人，想必會感到十分困惑，不知道該相信哪一種。

爲什麼人類總是主張自己才是正確的，將輿論分成兩派，堅持「這個方法才是好的」呢？

在替代療法的醫療現場，可以看見許多人在飲食療法上做了錯誤的選擇，這想必是因爲他們不明白自己的本質吧。更進一步說，不論選擇何種方法，症狀會好轉的人就是會好轉，不會好轉的人，不管採用哪種方式都不會好轉。我們可以說這是因爲他們搞錯了導致自己生病的原因。換言之，也就是飲食並非最根本的原因。

若將飲食療法大致區分，代表肉食主義的低醣飲食（＝分子營養學），基本原則是「給予人體營養」，包括營養補充品在內。相對地，代表草食主義的日本料理、長壽飲食（Macrobiotics）（＝食養學）及國外的自然養生（Natural Hygiene）等，則強調「不給予人體營養」，比起攝取，更重視排出（＝排毒）。粗食的想法亦然，更極端的斷食亦然。

重視「給予營養」這一派的人，往往執著於「含有量」、「數字」及「科學」；相對地，長壽飲食及斷食派除了科學之外，也很容易執著於靈性、素食等概念，幾乎可用不切實際來形容，兩者正是正與負的關係。

不過，假如沒有體認到這兩者皆不正確，就稱不上理解「陰陽變動的絕對法則」。從這個角度來說，營養療法完全是一派胡言，幾乎天天都有因爲採取減醣飲食、長壽飲食或吃素而讓身體狀況惡化的病人，來我的診所或在我演講時來找我。

---

11 譯註：分別指豆類、種子類、海藻類、蔬菜類、魚類、菇類、根莖類食材。

其實飲食療法的成功與否，並非單純取決於營養，氧化、還原等與營養無關的因素也很重要。腸道菌與自己吃下的東西之間的關係、基因與自己吃下的東西之間的關係、食物本身的遺傳密碼、味道、口感等無數的因素，都會對飲食療法產生影響。事實上，我有時也會遇到一些平常吃得很不健康，身體卻極為健康的人。有人每天吃糙米、蔬食而讓癌症好轉，也有人每天吃糙米、蔬食，卻四十歲就罹患癌症。有人每天吃肉，到了一百歲依然硬朗，沒有駝背，相反地，也有美牛牛排的愛好者四十歲就生病。看見有人因為實踐某種飲食方式而變得健康就去仿效，結果反而得到反效果的例子非常多，而這一點也不令人意外。

正負之中沒有正邪之別

在飲食療法及營養學的世界，到底什麼才正確呢？如果用正、負的概念來說，正不正確其實沒有絕對。對負的人做正的事，狀況改善的可能性就會提升，對正的人做負的事，狀況改善的可能性也會提升，如此而已。當然，醫療現場的飲食療法並沒有這麼單純，一切都會加以客製化、藥膳化與細分化，然而每個人的主張都只是想貫徹自己心中的正義，只是幼稚的展現，並沒有正視病人的體質和原因上的差異等現實。

只要人類和世界上有陰與陽，就必然會有適合肉食或適合蔬食的人。既然歷史上存在著狩獵時代與農耕時代，那麼每個人受基因與腸道菌的影響程度有所不同，也是必然的現象。只要理解「陰陽變動的絕對法則」，就能輕鬆掌握目前有關營養的爭論，也能明白營養學根本是一門毫無意義的學問。當然，我們也很清楚，光是聽到這些說法，「反動的絕對法則」就會產生多大的反應。

如上所述，這個世界好比一個平面，不論在任何領域，都有正面和背面，想要了解社會，就必須有這樣的認知。例如日本的陰謀論，就是存在於社會陰暗面的東西，意識到這一點，就是了解「心靈的絕對法則」的第一步。具體說明請參考拙作《99%的人不知道的世界祕密》系列及《歴史の眞相と、大麻の正体（暫譯：歷史的眞相與大麻的眞面目）》。

從醫學、飲食、放射能、社會福利、經濟、政治到軍事，全都有表裡兩面的體系，一切的問題都不過是勝負早已被決定的假比賽，要掌握這些，除了必須了解陰謀論的架構，更必須懂得從歷史中觀察學習。

社會體系的表裡

有關社會體系的表裡，可以簡單舉例如下：

・日本表面上看起來是自由的民主國家，但背後卻具有強烈的奴性，喜歡順從，社會上充滿「不能和別人不同」的壓力。日本人是一種甘於當奴隸的種族，認爲自己不是奴隸的日本人也是奴隸，而反覆替自己正當化的日本人，則是連奴隸都不如。

・表面上說核能發電是不需要仰賴石油的能源政策，背地裡卻耗費比石油還要高的成本。福島核能電廠事故至今[12]已過了九年，未來各種疾病的罹患率勢必會激增，但也會在統治者暗地的資訊操作下全部遭到掩蓋。

・現代教育表面上主張透過義務教育來激發孩子的潛能，背地裡眞正的目的卻是製造奴隸，只爲了徹底毀滅日本人的思考能力而存在。他們對孩子洗腦，讓孩子以爲把人逼死的行爲，是一種正確的助人行爲。

・現代日本的醫療體制盲目地採用對抗療法（Allopathic medicine）＝對症療法，用「痊癒」這個字眼來取代治標不治本的對症療法。對症療法的背後，造成了許多醫源病及藥害，不斷助長人們的痛苦。而重視找出原因，從根本開始改變的根本療法概念，卻被渲染爲「超自然、騙人的東西」。

・日本精神病院的病床數全球第一，因此被揶揄爲世界上侵害人權最嚴重的國家，而這個現狀不只是醫院和藥廠在背後推動所造成，更是民眾想要的結果（把自己不喜歡的人類關起來、殺掉），實可謂民眾（表）藥廠（裡）一體的展現。

・在日本，各種化學物質，例如食品添加物的許可數及農藥的使用量，也是全球第一。表面上打著方便又安心的口號，但背地裡這些毒性讓全日本的疾病不斷增加。

・少部分宗教組織擁有特權待遇，表面上歌頌正義、愛與感謝，背地裡卻充滿權力鬥爭，從貧困的民眾身上榨取金錢，中飽私囊。司法體系號稱法律的防線，事實上早已徹底墮落，三權分立名存實亡。

・警察表面上是維護社會治安，背地裡卻充滿私慾，爲了掌控整個體系而反覆捏造事實、收受賄賂，跟幫派組織沒有兩樣。

・兒童相談所表面上致力於防止虐待兒童，藉此擴張勢力，背地裡卻是一個以虐待爲餌的綁架機構。兒童養護設施把孩子視爲鈔票，如第一章所述，只是讓謊話連篇的政客愈來愈多。他們只不過是在利用僞善的民眾對孩子的同情心罷了。

・媒體表面上是在監督政治和權勢者，背地裡卻和權勢者勾結，散播謊言，新聞專業早已蕩然無存，絲毫不具備查證能力。媒體跟柏青哥產業、博奕事業、3S政策[13]、演藝圈的毒品文化、電通的資訊獨佔化等一樣，全都是爲了讓民眾繼續奴化而存在。

如上所述，社會體系有對外展現的一面，同時也有背地裡不爲人知的一面，例子不勝枚舉。在此姑且不做價值判斷，但總之世上所有的事物都不可能只有美好的一面。

12 譯註：指二〇二〇年。

13 譯註：指透過Screen〔電視或電影〕、Sport〔競技運動〕、Sex〔性〕讓大眾對政治和社會問題不關心的一種愚民政策，藉此維持政權穩定。

堅持陰與陽何者為正確的愚蠢行徑

政治亦然。現在大部分的政治家實際上心都不在日本，他們和演藝圈及主流媒體的良好關係相信也不用贅述。自民黨、公明黨及其他的左派政黨都只是奉命行事，長期扮演破壞日本的角色。右派和左派、保守派政黨和改革派政黨本身就是一種陰陽，兩者皆不是正義，甚至也不是邪惡，只不過是被利用的奴隸罷了。

大家常說保守派右傾＝軍國化＝法西斯化。然而，究竟有多少人意識到，改革派所仰賴的共產主義革命＝全體奴隸化＝ＮＷＯ全球主義政策，其實與保守派提出的目標一模一樣呢？其實世界上根本沒有所謂的右派和左派之分，兩者同出一脈。

我本身有偏左派的思想，但也有許多偏右派的價值觀，我是運動類社團出身的人，所以我認同部分體罰，也主張強化自衛隊。

「陰陽變動的絕對法則」是一種隨處可見的普遍法則，而諷刺的是，想要理解這個法則，就必須體認倘若陰陽沒有混合，或是陰陽兩者皆遭到破壞，就無法達到和平與安定。

人類之所以變成爲世界帶來紛爭和破壞的害蟲，正是因爲固執地認爲陰陽當中有一方是正確的。就像理解「反動的絕對法則」，並不是將反動從內心根除，而是了解自己內心的反動、理解「受害者情結的絕對法則」，就是體悟到自己正是加害者一般，認識

「陰陽變動的絕對法則」，也是明白不論自己的內心或外在的世界，都存在著與正邪無關的陰與陽。這個概念與本書的最後一章「因果的絕對法則」息息相關。

右派與左派是一體兩面

接下來我想探討在一般人的認知中立場完全相反的右派與左派。

假如被稱爲右派的人眞的是爲日本著想的保守派，他們就應該會將日本打造成一個實質意義上的獨立國家，並遵守日本眞正的意志，與中國及韓國取得平衡，致力於保護國家利益才對。也就是說，右派的思想會變得偏向左派，並且設法讓自己的心中產生陰陽和變動。若有必要，也會更進一步思考日本與東南亞各國及俄羅斯的外交關係，並且徹底排除長期把日本當作奴隸統治的美國，以及近期這麼做的中國。

此外，假如被稱爲左派的人眞的是爲民眾著想的改革派，他們就不會把重視韓國、中國勝於重視日本的態度稱爲「博愛」或「平等」，也不會鼓勵民眾接受生活補助，而是想辦法打造一個不需要生活補助的社會，更不會提出增強他國軍備、削弱日本軍備的主張才對。換言之，左派應該會變得偏向右派，展現出深愛日本的心意，將日本打造成一個實質意義上的獨立國家，並遵守日本眞正的意志，與中國及韓國取得平衡，描繪出眞正獨立自主的藍圖。

如果是發自眞心愛國，那麼目標應該是相同的，右派和左派只不過是方法不同的陰與陽。然而無論右派或左派，都沒有具體展開行動的人。他們口口聲聲主張自認爲的正義，實際上卻只關心各自的權利。只要稍做觀察，就能明白兩者同出一脈，互爲表裡。

以碎形思考探討陰陽

若將全人類視爲一個共同體，那麼把社會縮小來看，最小、同時也最重要的共同體，就是家人或夫妻。各位是否意識到，我們與家人之間已經爆發過無數次戰爭（爭執），總是試圖控制對方，爲了錢撕破臉，各執己見，讓對方變成藥罐子，因病所苦。只要稍微思考一下，就能發現我們在家裡的所作所爲，跟在陰謀論中被指稱爲壞人的羅斯柴爾德或洛克斐勒如出一轍。無論是家庭或全球性的社會形態，其實同樣都是由操控的一方與被操控的一方所組成的。

把思考的範圍從家庭往外擴大，便可知人類一直以來都有地區歧視、部落歧視、工作或學歷歧視、收入歧視，以及種族歧視等心態。這種心態不是單靠被洗腦就能形成的，在人類的團體生活中，必然會出現歧視者與被歧視者，這是人類的全體意志及最深層的欲望所導致的現象。

日本人總是拿「經濟」、「現實」、「成長」等字眼當作藉口，爲了大人的方便而說「經濟」，爲了大人的方便而說「現實」，爲了大人的方便而說「日本的成長」等等，私底下的嘴臉跟表面的樣子判若兩人。歷史早就證明，人類在本質上就是會區分貴

莫比烏斯環

心話和場面話，笑容的背後一定藏著不爲人知的想法。而人類社會也始終遵從「陰陽變動的絕對法則」運作，創造歷史。

陰極必陽

若以量子力學的角度來解釋，我們可說陰與陽先是組成一個集團，在互相抵消並翻轉之後，才形成這個社會。能夠幫助我們理解這一點的，就是莫比烏斯環。莫比烏斯環是一個無限延續的平面，只要將一張長紙條扭轉半圈，再將兩端黏住，就能完成，它可以代表人類在各種意義上的思考模式。當人類聽到A的說法時，絕對不會接受A，而會固執地認爲是B。這個想法所造成的影響往往會翻轉，繞了一圈之後，回到自己身上。這正是「反動的絕對法則」，也是社會的法則，更是人類的本質。也就是說，人類表面的精神會逆轉，最終反彈到自己身上。

這麼說雖然有些宗教的味道，不過相信各位讀者一定也有這種經驗：當你做了自己不想做的事，或說了自己不想說的話時，這些行爲會在現實生活中反彈回來，使你後悔不已。就像每個人都說要讓社會變好，但社會完全沒有變好的跡象。相反地，唯有徹底否定自我，才有可能看見希望。

人類就好比莫比烏斯環，一生註定要讓自己不停反彈、翻轉，不可能永遠順遂，也不可能永遠處於「陰」的狀態。這就是「陰極必陽」、「陽極必陰」的概念。

若想脫離「陰」的狀態，就必須對「人類本身就是莫比烏斯環」這一點具有強烈的自覺。

丈夫若是工作狂妻子就會生病

本章所闡述的重點是，會受到陰陽論概念所影響的，並不只有個人層面，而這正是量子力學的基礎——碎形理論。

以情侶或夫妻爲例，這種由兩個人組成的單位，雖然不是「個人」，但也適用於陰陽論及其他的理論。我經常教大家把這種由兩人組成的單位視爲一個「個體」，雖然我們將這個單位稱爲「情侶」或「夫妻」，但並非將他們視爲兩個個人。如果能在這些關係裡找出陰陽變動，許多問題就能迎刃而解。譬如從星座的角度來看，跟雙方都是牡羊座的夫妻，或是一個雙魚座、一個魔羯座的夫妻，或是一個射手座、一個天蠍座的夫妻相處時，當然都必須採用不同的態度。我們必須視對方是陽和陽結婚、陰和陰結婚，還是陰和陽結婚，來調整對待他們的方式。用星座來比喻，聽起來或許有點像占卜，不過站在四元素論的角度來看，其實就是東方醫學的概念。關於這一點，我將在第13章「元素循環的絕對法則」中詳述。

正如我一再複述的，陰陽的觀念不僅適用於個人層級，也適用於夫妻或情侶，更進一步地說，無論是歷史、宗教或是整個社會的動向，也都能適用。

例如：

- 在夫妻關係中，丈夫若是工作狂，妻子就會生病。
- 父母的能量強大，不太會生病，孩子就會變成繭居族。
- 在全家都擁有正常智識的家庭中，就是會出現一個沒常識的人。
- 總是愛上渣男的女性，其實是自己刻意挑的。
- 表面上是家暴男掌控女性，事實上雙方是互相依賴。

都是實際的案例。上述案例的道理全都一樣，只要把範圍從個人擴展到由兩人組成的單位，用陰陽的角度來看，一切便能獲得解釋。

爲什麼相處得不愉快，人們卻還是選擇留在這樣的關係裡呢？假如關係剛開始的時候是幸福的，那這份幸福又爲什麼無法長長久久呢？這是因爲世間萬物皆爲陰陽，同時一定會有起伏的關係。人生就像海浪一般起起伏伏，有時順心，有時不如意，夫妻關係也是一樣。例如，有些人明明相愛，結爲夫妻之後卻彼此不合。這並不是挑錯對象，反而是當事人雙方刻意做的選擇，因爲人類的深層心理就是會「刻意挑選錯誤的對象」。

人類之所以會這麼做，是爲了維持自己內在的陰陽，以及夫妻或情侶之間陰陽的平衡。各位或許聽過一個說法：「人們會下意識地挑選在基因上與自己截然不同的對象」，同樣的道理，站在量子力學的角度，人們也會下意識地藉由挑選會和自己吵架、不合的對象，藉由「接受與自己不合的人」來墊高自己。這正是「陰陽變動的絕對法則」的影響，而且不只適用於夫妻關係，也適用於親子關係。「陰陽變動的絕對法則」並非單純的太極圖，而是宛如積木一般的複雜組合，爲了更細膩地磨合彼此的差異而存在。

早熟童年也源自陰陽

如前所述，夫妻與情侶之間有陰陽，家庭與一個家的建築物裡也有陰陽，若搭配五行的概念，就類似所謂的風水。我們經常聽到一家五口當中，有一個人出現精神障礙（或變成小混混、尼特族）的案例，這是因爲其他的家人讓這個人成爲了第7章提到的替罪羔羊，而精神障礙者或尼特族（＝替罪羔羊）本人的深層心理，也會讓他接受自己成爲家族的負（陰）。家人各種違背人性的所作所爲，往往都是由身爲替罪羔羊的障礙者來承擔。

量子力學領域有一句名言：「所有的故事都源自於內在。」這是因爲自己的頻率會具體表現在自己身上的緣故。無論是對眞實的渴望或是受害者情結，都是把原因歸咎於外界事物而產生的，事物的眞實會隨著解釋、想法、理解而改變，而人類就是因爲一心追求眞實、追求正義，世上才會出現不義和戰爭。

我們內在的頻率會吸引我們所需要的東西，因此發生在自己身上的事，要不就是自己希望的，要不就是深層心理帶來的。人類表面上不滿政治腐敗、貧富差距以及地球環境遭到破壞，然而這些現象其實都是人類順著自己的心願，自己一手造成的。現在日本被全世界瞧不起，也只不過是日本人想被瞧不起、想成爲奴隸這種深層心理的展現罷了。

自己內心的陰陽

人類就是因爲一生都在追求進步，努力賺錢，充實自我，夢想著成功，才會陷入不幸，這是必然的結果。同時，人們通常也深受「反動的絕對法則」所影響，總是認爲「不可能」。群體愈大，這種價値觀就愈根深蒂固。人們在主張「錢可以買到很多東西」、「富裕的生活比貧困的生活更容易感到幸福」、「養家活口（或養活自己）需要錢」，並且聲稱這樣比較幸福的同時，深層心理其實認爲自己一點也不幸福。相反地，一本正經地表示「不要有錢比較好」、「我的人生有自己的原則」的人，其實內心深處充滿嫉妒又極度拜金。

世間萬物的善與惡也是一樣。

人愈是想改善狀況，狀況往往就會愈惡化。假如我們用「陽」來表示一個人自認爲是好的事情，那麼當他愈努力往「陽」邁進，「陰」就會在背後愈來愈接近他。很多時候，當我們一心想要獲得幸福，卻反而招來更多的不幸。

沒有問題與約束的社會不是烏托邦

更宏觀地看，人類社會也是一樣的道理。爲什麼政治或經濟不照顧民眾呢？那是因爲政府以及更高層的人，就是統治者、貴族，倘若世上沒有一般民眾或窮人存在，陰和陽就無法成立。站在不同的角度，兩者皆可視爲陽，不過如果以政府爲陽，那麼身爲陰的民眾或窮人便會假裝團結，從頭到尾的思想和行動一定與改善現狀背道而馳，就像始終不合的夫妻一般。

不過，若以善意的角度來看待夫妻關係，或許就很接近以善意的角度來解釋民主概念。當民主思想成熟，政治運作上軌道時，政府與人民就會形成一種刻意保持距離，但同時又緊密相依的關係。我們內在或外在的問題、束縛、壓力，都有存在的必要，人類的欲望正是藉由讓它們普遍存在，來維持一切的平衡。

換句話說，沒有問題、束縛和壓力的社會，其實並不是烏托邦。事實上，世界上本來就沒有烏托邦這種東西。所謂的法則，就是因為有束縛、有逆境，才會反彈，陰和陽永遠交替存在，絕對不可能出現只有黑或只有白的狀況。當契機出現，白與黑就會翻轉，而知道該如何翻轉白與黑的，與其說是天使，不如說是惡魔。天使的形象總是愚笨的，惡魔則是頭腦靈活、極為狡猾的。當今日本的政壇以及無可救藥的現狀，就是透過民眾這種偽善者的愚蠢，以及主政者或富豪那種惡魔一般的狡猾，也就是陰與陽的組合來維持的。

若站在歷史的觀點，用更宏觀的陰陽概念來思考，便能發現日本社會近年來完全轉向「陰」，統治、打壓、說謊、捏造、隱匿、金主、順從等所有的問題，全都充斥在政府、媒體，乃至於整個社會之內。在過去，人們儘管身為奴隸，至少還擁有些許自由，因此這個現象可說是二次大戰結束後的翻轉。如果我說「『一億總中流[14]』的時代還比較好」，各位或許更能心領神會。

如同電影《星際大戰》（Star Wars）一般，代表「陰」的西斯的時代，即將來臨。

《星際大戰》裡有一群偽善的絕地武士，絕地武士的勢力愈龐大，西斯的邪惡力量也會隨之增強。在數千年的民主體制與絕地武士的壯大之下，西斯持續養精蓄銳，利用

14　譯註：指一九六〇年代九成的日本國民都自認為中產階級的現象。

邪惡的智慧，建設屬於自己的帝國，徹底改變了整個世界——這是在人類歷史中也絕對有可能發生的故事。同樣地，無論西斯的力量多麼強大，總有一天也絕對會面臨在痛苦中滅亡的未來。在那一天到來之前，人民必然會在心中抵抗帝國的暴政，展開反抗運動。

回到主題，世上所有的事物都有表裡兩面，經常發生與言語或行動相反的現象，就是「陰陽的絕對法則」，社會的每個角落都受到此法則的影響。許多人以爲這個法則只是在表達太陽和月亮的關係，事實上它蘊藏著更根源的內容，並非只是單純表示男女、日月、冷熱等關係。

內在思考的覺醒【第12章】

◉乍看之下性質相反的東西，事實上緊密相連，不斷反覆交替，構成一個整體。
◉所有的事物都有表裡兩面，與言語或行動相反的現象經常發生。
◉只要理解陰陽，便能明白萬物並沒有正邪之分，只有各自的特色。

第13章 「元素循環的絕對法則」

「占卜」是人類對於量子力學的解讀

在第3章「頻率的絕對法則」裡，我說明了量子力學及頻率對周遭產生影響的基本概念，以及常見的詐騙手法。

頻率當然不是只能應用在醫學上，事實上在醫學以外的領域也有廣泛的應用，這些應用方式具有一種共通的核心概念。然而，當我們將物理性的技術套用在醫學上，卻被嘲笑是「超自然」，這是一件極爲弔詭的事情。畢竟行動電話、雷達、半導體技術也都應用了量子力學的原理，那他們應該一視同仁，把使用行動電話的人也視爲超自然力量擁護者啊（笑）。難道他們認爲人類是一種與頻率或電能毫無關係的獨特存在嗎？

然而奇妙的是，最能反映出量子力學法則的，其實是「占星術」、「占卜」，以及東洋世界的「風水」、「面相」、「手相」等等。

即使否定頻率及量子力學與人類之間的關係，人類這種生物似乎仍然熱愛「占卜」。爲什麼會出現這種矛盾呢？或許是因爲人們即使在理智上否定頻率，在本能上還是能感受到頻率的重要性吧。

各位應該聽過腦波異常吧？不只物質，感情與思考當然也有頻率。換言之，了解思考的第一步，就是理解量子力學與頻率，以及頻率就是碎形（自相似〔Self-similarity〕）。頻率也會影響我們的所說出來的話，這個概念與「言靈」相關，不過只要人們一天不弄清楚「言靈」並非只是言詞的問題，「言靈」就會繼續被詐騙分子利用。

古典醫學就是量子醫學

請容我再度重申，喜歡說漂亮話的人，往往是詐騙分子，根本不懂「言靈」的眞正意義。在探討一句話的頻率所帶來的影響時，不能只看表面，而是必須解讀那句話背後的深層意義及說話者的心理狀態。

例如，若將言語和頻率的關係、頻率的醫學概念與古典醫學概念（這裡指東方醫學）加以綜合應用，我們可以這麼看待疾病。

在東方醫學的概念中，器官和心情是會互相影響的。也就是說，我們認爲當特定的器官生病時，原因可能是心理方面的問題。人際關係會建構出各種感情，而我們會從這裡出發，探討導致疾病發生的根本原因，也就是負面的感情。

在以東洋思想探討人際關係時，必須參考陰陽五行表。

在東洋思想中，陰陽五行具體地呈現出兩樣事物受頻率影響而產生的關聯。陰陽五行認爲萬物皆以「木、火、土、金、水」這五種元素構成，木生火，火生土，土生金，金生水，水生木，人際關係也是一樣的道理。同時陰陽五行中也有「相剋」的概念，木剋土（木會搶走土的營養），土剋水（土可以擋住水），水剋火（水可以滅火），火剋金（火可以熔化金屬），金剋木（金屬可以砍斷木材），也就是一旦遇到這種組合，彼此的關係就會變差。

不只是男女關係或職場上的人際關係，這個理論在任何人際關係上都能應用。例如，我是在五行上屬於木與火的人，因爲屬木，因此水對我有幫助，但同時又因爲屬火，所以也會被水剋。我的妻子是屬於木和水的人，因此她對不才的我有很大的幫助，同時又把我吃得死死的，絕非偶然。不論我做什麼，我的妻子都全力支持我，不過在我快要衝過頭的時候，她又會在絕妙的時間點讓我閉嘴或消失（笑）。

五行相生相剋關係圖

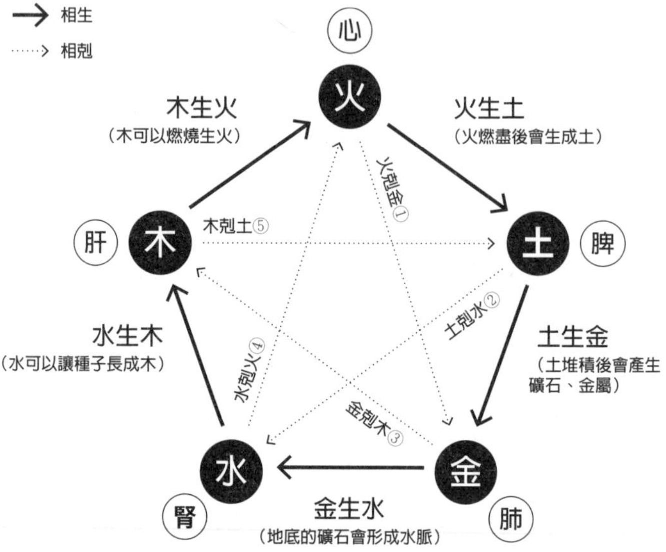

陰陽五行表

五行	木	火	土	金	水
五色	青 綠	紅	黃	白	黑 紫
五季	春	夏	長夏	秋	冬
五官	眼	舌	口・唇	鼻	耳
五塵	視覺	觸覺	味覺	嗅覺	聽覺
五臟	肝	心	脾	肺	腎
五腑	膽	小腸	胃	大腸	膀胱
五志	怒	喜	思	憂	恐
五味	酸	苦	甘	辛	鹹
五指	食指	中指	拇指	無名指	小指
五體	筋	脈	肉	皮毛	骨

疾病與頻率的關係

認為心理問題會導致疾病的東方醫學，對於疾病的解釋當然也和西方醫學迥異。以下就為各位介紹一些東方醫學觀點對疾病的解釋。

・你罹患肝癌，可能是因為經常生氣。你也許是因為飲食習慣不佳，或攝取太多毒物，對肝臟造成負擔，才會變得易怒。除了酒精之外，精神藥物、添加物、農藥也都必須由肝臟分解，換言之，肝臟的職責就是解毒，因此體內是否有毒素累積也很重要。

此外，在東方醫學的觀念裡，與肝臟互為表裡的器官是膽囊，兩者皆可稱為「肝」。你是否經常心驚膽戰，或總是抱著破釜沉舟的態度？是否總是義憤塡膺，疏於冷靜地看待自己？是否總是想要大叫？

・你罹患心臟病，可能是因為總是追求悅樂。在東方醫學的觀念裡，心臟是有關「喜」的器官，進而延伸為嫉妒的器官，甚至也可以將它稱之為「戀愛的器官」，可知心臟與悅樂關係密切。當夫妻或家庭出現問題時，人們就容易罹患心臟血管疾病。心臟不只是負責血液循環的器官，也是代表血緣的器官。事實上，東方醫學始終認為人的心在心臟，而不是在頭（＝腦）。現在我們知道心臟受副交感神經的影響也很大，心臟雖然不太會出現癌症，但心臟病確實可謂文明病的集大成，而文明病又是大魚大肉的集大成。心臟也是戀愛或緊張的體現，如果成天心懷嫉妒，或一心只想著性，心臟便容易出毛病。日語有句俗話是「英雄好色」，這種精力過於旺盛的人因爲心臟病發而死的例子，相信各位一定聽過。

・你罹患胃癌，可能是因爲無法消化（消化這個字眼也有頻率）某些事物。這裡的消化，並非單指養分的消化，也包括對於意義、關係、人性、家人的消化。人就是因爲無法消化，需要依賴，所以才會想吃甜食。在東方醫學中，胃是嗜甜食的器官，甜食雖然可以成爲一時的力量，但也是讓胃變得虛弱的元凶。另外胃也稱爲「脾」，不論是何種稱呼，在東方醫學的觀點裡，它都是位在中心的器官。換言之，罹患胃病，通常可以判斷爲一個人的核心、主軸虛弱，缺乏自我，無法獨立自主。享樂主義者是不是大多喜歡甜食呢？他們是不是經常煩惱，依賴心又很強呢？

・你罹患肺癌，可能是因爲沒有好好呼吸。這是指沒有使用腹式呼吸，同時也是指在社會上屏息躲藏。肺是具有悲傷和憂鬱等情緒的器官，長期背負罪惡感的人，罹患肺部疾病的案例很多。「不呼吸」可說是最直接導致死亡的因素，有時甚至可判斷爲當事人的深層心理有不想活下去的念頭。大腸與肺是互爲表裡的器官，因此罹患大腸癌，也可能是因爲沒有好好排泄的緣故。肺和大腸都會吸收空氣和水分，但更重要的意義是吐氣、發出聲音和排出糞便。若採用頻率的觀點，我們會認爲當人在各種意義上都沒有好好吐氣，心中堆積了許多罪惡感和悲傷時，便會引起疾病。

・你罹患腎臟癌或腎衰竭，可能是因爲沒有好好排泄。不過此處的排泄並非指糞便或水分，而是以頻率的觀點來看。肺臟出問題，也許是因為想發出聲音，而腎臟與尿液有關，因此或許是想一筆勾銷什麼事。腎臟是不安、恐懼的器官，跟肺有著緊密的關係。膀胱是蓄積尿液（＝水）的器官，我們必須考慮「蓄積水分＝蓄積不安」的可能性。腎臟也會影響血液，現代西方醫學也認為腎臟與貧血有關。腎臟不好，血液也可能出問題，因小事而產生的苦惱或恐懼，或許正是導致腎臟病或膀胱疾病的原因。另外，腎臟也可說是象徵老化的器官。

・你罹患乳癌，可能是因為你想要否定自己的女性特質，因為乳房是女性的性徵。而男性罹患前列腺癌或睪丸癌，則可能是因為你試圖否定自己的男性特質。男性的生殖器官也是類似的概念。子宮頸癌或卵巢癌也可能和抗拒女性特質有關，不過子宮和卵巢與生育的關係更密切。

若簡單地做個區分，乳房是年輕女性的性徵，男性看到寫真女星的胸部會高興，年輕女性講究胸罩品質，會思考要怎麼露出乳溝，也都是一樣的道理。而比起年輕女性，子宮和卵巢更偏向母性的象徵。關於子宮與卵巢的差別，固然也有許多不同的看法，不過基本上卵巢是製造卵子的器官，而子宮則是讓受精卵著床、養育胎兒的器官，因此罹患卵巢癌或許暗示著「不想生小孩」，罹患子宮頸癌則可能暗示「不想養育小孩」。

・你會過敏，可能是因為害怕化學物質。有過敏體質的人在接觸化學物質或文明毒物時，很容易發作，這已經是一種常識。化學物質固然可怕，但我們卻無法完全避開。東方醫學說「身心一如」，認為疾病與物質問題和精神問題都有關係，導致異位性皮膚炎的不只是文明毒物（其實只要避開文明毒物，症狀就會減輕），由於皮膚和肺屬於同一範疇，因此自己內心的罪惡感或排泄不順等，也都是可能的原因。事實上，就連現代西方醫學也將異位性皮膚炎、氣喘、蕁麻疹視爲身心症。氣喘、異位性皮膚炎、蕁麻疹、過敏性鼻炎等，都是出現在肺、皮膚和鼻子的症狀，它們屬於同一經絡並非偶然。皮膚是一種渴望被碰觸的器官，也是心的第一道鎧甲（因爲肺屬金）。罹患鼻炎，可能是因爲不想吸氣，或是因爲想洗淨自己的內在。

·你罹患關節病變，可能是因爲你不想動。骨骼和關節皆與腎臟有密切的關係，身上出現關節病變的原因，也許並不是因爲你想活動身體，而是因爲內心太過不安而不想動。請容我再度重申，這並非物質上的觀點，而是頻率、精神上的觀點。腳的關節產生病變，可能是因爲你不想走路；手的關節產生病變，可能是因爲你不想拿東西；腰部的關節產生病變，可能是因爲你不想穩定下來，而眞正的意義其實是不想站起來；頸部的關節產生病變，可能是因爲你正處於周轉不靈的狀況。

·你罹患突發性耳聾，可能是因爲你不想聽。現代醫學認爲此病症的原因是病毒感染，但這眞的解釋得通嗎？爲什麼過去基礎建設不夠完善，傳染病與病毒造成的疾病盛行，原住民卻幾乎沒有突發性耳聾呢？耳朵是與腎臟有關的器官，當內心不安時，或許不是眼睛被黑暗籠罩，而是耳朵被遮蔽。假如罹患了青光眼等慢性眼疾，可能是因爲不想看見某些東西。眼睛是與肝臟有關的器官，你的憤怒可能會對眼睛帶來傷害。

「元素循環的絕對法則」的本質是五行論

讀到這裡，各位或許會覺得這些論述幾乎已經是超自然了，但不只是我，世上有許多被稱爲治療師的人，也多多少少會應用這個概念。這個概念的專門用語稱爲隱喻（Metaphor），優秀的治療師應該都有經驗，只要利用隱喻，便可大幅提升改善的效率。

只要學會頻率的概念或古典醫學的概念，不但能掌握人體，更能看透世間萬物，而我將隱喻發展爲一種名叫「言語醫學」的技術，更廣泛地加以應用。

上述器官與情感的關係，只是東方醫學與隱喻的基礎，並不是什麼高深的學問。若想實際將其應用在治療上，就必須進一步學習從基礎延伸出去的理論。

不過，站在絕對法則的角度來看，前述疾病與精神的關係，可以視爲兩者頻率相似＝碎形理論，而且不只是疾病與精神，世間萬物的關係也都適用。將上述論點結合傳統並加以系統化，便是元素理論＝「元素循環的絕對法則」。以東方醫學的觀點來說，也就是相當於五行論。

這個法則不只適用於東方醫學。希波克拉底等古典西方醫學論，或是一般用於占星術的知識，大多將人類的特性區分爲地、水、火、風四種類型。人們將星座等理論套用在這四大元素之中，因此有時也稱爲四元素論。無論是四個元素或五個元素，在法則上其實並沒有差別，只須視爲國情不同即可，關鍵在於元素本身代表的意義，以及採用這種區分方式的意義。

人的個性受到出生月份季節等的頻率所影響

頻率也會影響人的個性，最簡單易懂的例子就是占星術。

相信各位經常看到明明是兄弟姊妹，個性卻天差地遠的例子吧。當然可能有各種不同的原因，不過根據量子醫學或占星術的觀點，出生的季節或月份不同，個性也會不同。換言之，也就是季節、月份、星座的頻率，對個人帶來了影響，這是遺傳學等傳統科學或唯物論無法想到的解釋。如表所示，每個星座都擁有各自的元素，擁有相同元素的星座比較容易親近，但若擁有彼此衝突的元素，則會無止盡地產生衝突。一般認爲風與火元素屬於陽，土與水元素屬於陰。我用不同於五行的方式舉例如下。

火元素的人皮膚多爲油性，健康而充滿光澤。順帶一提，我就是火元素的人。

風元素的人雖然活力充沛，但肌膚偏白皙，膚質水潤。

水元素的人是陰，容易浮腫，皮膚白皙。

土元素的人皮膚多偏土黃色，像個枯燥的老古板。

十二星座與個性相關圖

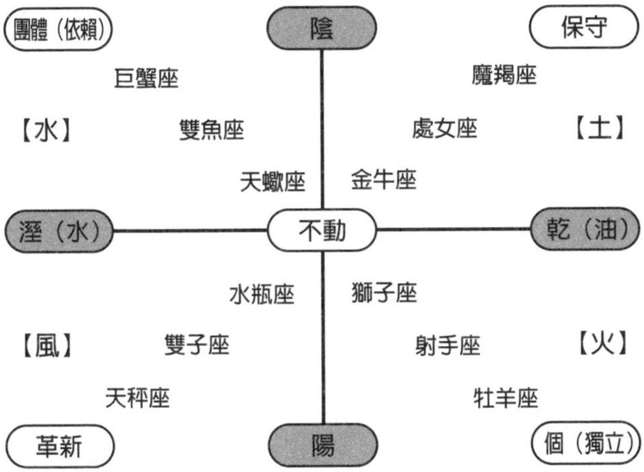

火和風皆屬於陽，所以比較合得來。風比較不拘小節，喜歡社交，而火比較孤僻。風會流動，因此或許對流行事物的敏感度較高。對火吹風，火就會燃燒得更旺盛，因此彼此很合適。

水和土皆屬於陰，所以比較合得來，不過這個組合比較沉穩，換個角度也可以說是保守。土較爲固執而孤僻，水容易流動，也容易匯集，經常心煩，神經質，願意迎合社會，說得好聽一點是較爲纖細。要讓一片土地變得肥沃，水當然是不可或缺的，否則土地就會變成沙漠。

四大元素中最不合的是火和水，兩者的關係就像個人主義者和總是依賴的人。但倘若說火比水好，倒也未必，水也許可以集結眾人的力量，完成一件大事，但火可能只是一個人在胡鬧。

一般認爲火和土是乾而油的，相對於

此，水和風則是潤澤而潮溼的。上述性質與人的個性往往也有一致性，以流行來比喻，當陽而孤僻的火屬性人製作了一種新產品時，陰而乾燥的土屬性人會冷靜地判斷；而反應最大，喜歡時尚與購物的則是陽且社會化的風屬性人；當大家都買了之後，陰而社會化的水屬性人才會跟上潮流，不過這時該產品往往已經快要退流行了。

上述概念就是四元素論，基本上與五行論類似，因此只要徹底理解法則，無論應用在什麼領域上，都不會有太大的差異。

西洋占星術以十二星座爲基礎，每個星座都具有基本的個性，另外還有太陽星座（可以視爲男性特質）和月亮星座（可以視爲女性特質）等更細的分類。簡單來說，各星座的特性如下所述，而我在說明的時候，通常會引用著名的漫畫《聖鬥士星矢》[15]（笑），如此各位便能一看就懂。

☆牡羊座

牡羊座是所有星座的國王、女王，因此在《聖鬥士星矢》裡，穆扮演引導的角色，前教皇（希歐）也是牡羊座。

牡羊座是火屬性，因此執行力強，充滿能量。總是以成爲第一名爲目標，又有點孤僻，當然也可能遭到孤立。一心想成爲國王，有時會因此而失敗。總之可說是獨立自主傾向較強吧。

☆金牛座

土屬性的金牛座，給人的印象是固執。做事按部就班，忍耐力強，兼具牛的遲鈍、笨重與龐大（這個特質會表現在語言頻率上，顯而易見）。個性上很有主見，固執、不知變通、保守，換個說法就是愛家、愛國，富有道德感。

儘管一般人對金牛座的印象都是保守，然而金牛座聖鬥士亞爾迪巴朗身材魁梧健壯，自尊心強，順從教皇。最後之所以洗心革面，是因爲他具有武鬥家的精神，願意敞開心胸溝通，透過戰鬥來了解對手的關係。

☆雙子座

雙子座恰如其名，內心擁有兩種面貌，屬於風屬性，因此具有流動的特質。不只是在自己的心中，對外也是一樣，可以將其視爲同時具有陰和陽兩種特性。

換個角度說，雙子座非常懂得待人處世，並擅長利用自己的雙面特性，發揮能力。雙子座的聖鬥士撒卡可說正是利用這個特質，奪走了教皇的寶座。另一個名符其實的特質，就是雙子座往往擅長同時處理許多事情。手腕高明，但說得白一點，也就是雙重人格。

15　譯註：日本漫畫家車田正美的漫畫代表作，從一九八五年十二月起在集英社《週刊少年Jump》上連載，至一九九〇年十一月在《V Jump》上發表完結篇。

☆巨蟹座

巨蟹座是水屬性，也是與水有關的動物，通常具有依賴性強、喜歡依附權威的特質。水屬性帶有陰的性質，不過巨蟹座有堅硬的甲殼，因此可說也帶有金屬的特性（這一點在東方醫學上與肺相通）。有保守的一面，擅長防禦，從另一個角度來看，亦可解釋爲面對執著的事物時十分堅強，充滿母性。

巨蟹座的聖鬥士迪斯馬斯古能通往冥界，明知教皇是邪惡的，卻仍選擇站在教皇那一邊，或許這也是因爲他是巨蟹座的緣故吧。

☆獅子座

獅子座是火屬性，正如其名，散發著王者風範。充滿行動力，懷抱改變世界的理想，在火屬性中最固執的理想主義者，不過也有叛逆反骨的一面。給人的感覺與其說凶猛，不如說心胸開闊、豪放磊落。

獅子座容易受到射手座的影響，兩者同爲火屬性並非偶然。獅子座聖鬥士艾奧里亞是射手座聖鬥士的弟弟，受到射手座（＝身爲騎士的哥哥的星座）的影響而覺醒，爲了改變世界而展開行動。

☆處女座

處女座是土屬性，因此基本上擁有堅定、踏實、固執的特質，不過正如其名，也會有一些像公主的想法以及細膩的心思。處女座渴望受人尊敬、受人讚賞，喜歡漂亮的表面話或高談理想，這些皆可說是土元素的特性。

由上述特點看來，處女座似乎偏向保守，但另一方面卻極爲懂得算計，堪稱兼具「惡女」的特質，因此我有時會用「八面玲瓏的惡女」來形容處女座的女性。處女座聖鬥士沙加的言行舉止宛如釋迦牟尼佛，卻又與教皇友好，這正是處女座的特徵。

☆天秤座

天秤座恰如其名，凡事都會先放上天秤衡量，懷有追求平等的精神。但由於他們是帶有流動特質的風屬性，有時或許會見風轉舵；他們同時也是和平主義者，能夠調節一切。儘管天秤座通常很友善，很會說服人，但有時也會因爲太過理性而變得優柔寡斷。

天秤座的聖鬥士童虎（老師）扮演替所有聖鬥士做決策的角色，他的聖衣可以當作十二星座的武器來使用，而判斷要將哪一種武器分配給哪一個聖鬥士，正是天秤座聖鬥士的重要任務。

☆天蠍座

天蠍座是水屬性，因此基本上性質偏陰，而正如蠍子的外型，也有堅定、踏實、固執等特徵。擁有堅硬的殼這一點與巨蟹座相似，一般認爲天蠍座比較低調、沉默寡言，不過正如蠍子的形象，他們也帶有毒鉤，因此只要開口，意見通常都是一針見血。另外蠍子也帶有性的意象（尾巴令人聯想到生殖器）。

天蠍座有時讓人不太敢接近，然而一旦找到依賴的對象，就會非常執著，因此站在精神醫學的角度來看，或許具有亞斯伯格的傾向。儘管在本質上並沒有亞斯伯格症，不過天蠍座的聖鬥士（＝水元素）米羅總是扮演滅火的角色，所以才會因爲教皇而與獅子座的聖鬥士艾奧里亞起爭執。

☆射手座

射手座顧名思義，是一名射手、騎士，而騎士要保護的就是國王或公主。射手座像騎士一樣具有攻擊性，喜歡冒險，也像射手一樣能夠直指問題的核心，積極正向，而這都是因爲火屬性的緣故。他們渴望改變世界，能指出問題，犀利地批評，認爲這個社會應該砍掉重練，反過來說，他們不會拘泥於小事，容易陷入個人主義，往往只對特定事物忠誠，有時無法與評價太低的人好好溝通。

射手座的聖鬥士艾奧羅斯是第一個發現教皇策反的人，爲了守護女神而盡心盡力。經常有人批評我因爲自己是射手座，所以只說射手座的好話，但射手座有個在所有星座中最大的問題——那就是早卒。這也是因爲射手座身爲騎士的關係。說得好聽一點是具有犧牲奉獻的精神，但在現實生活中，這種特質往往不會帶來好結果，例如在《聖鬥士星矢》裡，故事才剛開始，射手座就陣亡了（笑）。

☆魔羯座

魔羯座是土屬性，不過有些地方與其他的土屬性不同。土屬性一般給人的印象都是靜止不動，而土屬性中活動力最強的正是魔羯座。同時，魔羯座也有種捉摸不定的感覺，或是自己一個人默默埋頭苦幹。由於具備了土屬性的注重現實與行動力，因此很容易成功，可能擅長經營管理。土屬性帶有陰的特質，給人枯燥、現實的感覺，因此思想上比較容易服從權威，可說偏保守。

魔羯座的聖鬥士修羅也站在教皇那一邊，不過個性沉穩務實，看起來某種程度應該也理解教皇的意圖。

☆水瓶座

許多人以爲水瓶座就如同字面，被歸類爲水屬性，但他們其實是流動的風屬性。與其說他們會讓水流走，不如說他們會蓄積水分，因此他們不只潮溼，有時也會把記憶或恨意堆積在心中。然而由於風屬性的關係，水瓶座不太會在別人面前表現出來，略顯冷酷。他們會利用自己的記憶力來判斷人或物。受到陽的影響，他們不喜歡平凡的事物，而風屬性喜歡團體行動，因此他們善於觀察，也總是對流行感興趣。水瓶座會將不同的人際關係完全區隔開來，不過因爲風屬性的關係，某種程度會顯得八面玲瓏。水瓶座的聖鬥士卡妙儘管也飄忽不定，卻帶有一些可怕的特質，例如將徒弟母親的遺體沉入海底，或是將徒弟冰凍起來。

☆雙魚座

一言以蔽之，雙魚座就是怪人。基本上屬於陰，很能融入團體，不喜歡引人注目。因爲喜歡待在團體裡的緣故，他們擅長察言觀色，雖然怪怪的，卻莫名受歡迎。身爲怪人的雙魚座在性方面的特質也有些微妙，有時較缺乏性吸引力，容易沉迷於靈性，但很懂得人情世故。儘管難以捉摸，但雙魚座也可說是能夠確立社會改革方向的人，甚至帶有天才的特質。

雙魚座的聖鬥士阿波羅迪雖是男性，卻咬著一朵玫瑰，外表也偏向中性。他順從教皇（＝有權勢的一方），絕招是用玫瑰刺進敵人的心臟，讓對方失血，可說是一個喜歡以直球對決的角色。

順帶一提，上述說明都是以漫畫內容爲例，因此各位覺得不準也無妨，不過以量子力學的觀點來看，星座的頻率、出生月份或季節的頻率、星座或四元素等詞彙的頻率，都是彼此相關的。

以上就是「元素循環的絕對法則」，在治療疾病時，這個法則可以提供我們判斷的材料，因此具有極爲重要的意義。

星座與疾病的關係

十二星座也各自有較容易罹患或必須格外留意的疾病，也就是說，不同星座的人容易罹患的疾病也不同。哥倫比亞大學曾發表相關的研究報告，但這只不過是占星術或東洋占卜的延伸，各位或許可以姑且一讀，作爲參考。

☆牡羊座

牡羊座是十二星座中的國王，因此容易出現頭部的疾病。個性屬火（陽），因此能量容易高漲，必須注意高血壓、頭痛和腦中風等問題，可說是西方醫學所謂的易中風體質。以精神科的病名來說，可能容易罹患躁鬱症或躁症。

☆金牛座

一般認爲金牛座的喉嚨和甲狀腺比較虛弱，由於天生屬於陰、乾類型，具有保守、靜止不動的特質，因此過度使用甲狀腺，導致喉嚨（＝肺）的經絡容易出問題，也不足爲奇。以精神科的病名來說，可能較容易被診斷爲強迫症或亞斯伯格症候群。

☆雙子座

雙子座是成對的星座，因此成對的身體部位比較容易出問題，例如肩膀、手臂、手等等，各位只要聯想聖鬥士星矢的聖衣，應該就能明白。雙子座的陰和陽也容易兩極化，可能會過度交互使用交感神經與副交感神經，呈現雙重人格的傾向。

☆巨蟹座

螃蟹正如一般人的印象，穿著堅硬的甲殼，具有陰而溼的特性。最常出問題的部位是胸與肺（肺是屬金的經絡），又因為依賴性強，容易順從權威，因此必須留意具有依賴性的胃，此外也容易因為攝取甜食等糖分而出問題。在精神方面，或許比較容易與人產生隔閡。必須特別提防癌症[16]。

☆獅子座

獅子座是陽的星座，一般認為心臟或循環器官比較容易出問題，或許也可以歸類為所謂的易中風體質。獅子座不太喜歡團體生活，但由於容易受射手座和牡羊座影響，儘管屬於陽，仍必須注意正中線（＝尤其是督脈）的疾病。

☆處女座

處女座有保守的一面、流動的一面，以及乾的性質。一般認為處女座較易罹患腸道疾病，應該留意腸躁症或神經性胃炎。腸是與心臟互爲表裡的器官，這一點與少女往往令人聯想到心臟（愛心）有關。處女座是惡女，同時又八面玲瓏，因此也許容易因爲男女關係而惹上麻煩或生病。

☆天秤座

天秤座具有秤重的意義，屬於陽，同時有淫的性質。一般認爲天秤座最容易出問題的是腎臟，這也許跟人體有兩顆腎臟有關。腎臟有腎上腺，因此也需要注意腎上腺的疾病。倘若長期焦慮不安、過度在意別人的想法、總是優柔寡斷，可能會引發焦慮症。

☆天蠍座

一般認爲天蠍座要留意的是與性有關係的器官。蠍子的形狀類似男性的生殖器（形態的頻率），因此容易罹患泌尿器官或生殖器官的疾病。有些人甚至會出現性成癮或酒精成癮的問題。

---

16 譯註：巨蟹宮的拉丁語是Cancer，癌症的英語也是Cancer。癌症一詞可追溯到遠古希臘時代，「醫聖」希波克拉底早在書中用螃蟹來比喻。據說是因爲癌症一旦發病，就像螃蟹一樣向外擴散或攀附在身上；或指癌症是難治之病，如同螃蟹殼般難以擊破。

☆射手座

射手座也是陽的星座，容易暴飲暴食，與肝臟關係密切，因此喜歡喝酒。一般認爲射手座的肝臟容易出問題，或是腿的根部（＝鼠蹊部或大腿）負荷過大。腿的根部是支撐上半身的部位，同時可以聯想到騎士。牡羊座是國王，射手座是騎士，因此儘管同屬陽，射手座仍必須避免太過勉強自己。

☆魔羯座

魔羯座屬於陰，具有保守的特質，但充滿活力。骨骼和關節容易出毛病，必須小心風溼病或膠原病等疾病。如上所述，魔羯座大多個性現實，擅長經營管理，但是如果本身排斥，就會變得不想動，進而出現關節病變。這是因爲身體爲了避免過度活動，而刻意讓關節產生病變的關係。

☆水瓶座

水瓶座帶有陽的性質，同時也具有水和風的性質，是一個複雜的星座。水瓶座總是努力，但不只是對自己感興趣的事物，對其他的事物也習慣付出努力，累積到最後可能會導致崩潰。水的特質較明顯，因此容易影響腎臟和靜脈，腿部可能容易浮腫，肌膚偏白，常常手腳冰冷。

☆雙魚座

雙魚座是個怪人，不過也擅長察言觀色，喜歡團體生活；依賴性較強，必須留意酒精成癮或藥物成癮。而由於雙魚座也帶有水的特質，一般認爲淋巴系統可能最容易出問題。此外，也必須注意腿部的浮腫、與水有關的疾病以及婦女病等等。

本書並非陰陽五行或占星術的專書，因此先在這裡打住，但無論是占星術或陰陽五行，其實道理都是相通的，說穿了只是文化差異。本書所強調的重點，是其背後的絕對法則，這些法則能套用在許多實際的案例上，應用範圍非常廣，除了診斷疾病之外，用來衡量職場上的人際關係也極爲方便。

然而讀到這裡，或許又會有人提出反駁：「我對自己瞭若指掌，占卜在我身上一點都不準，跟實際狀況不符」。我明白這些人想表達的意思，因爲一般人都能感受到占卜結果和實際狀況在表面上的落差。在此我姑且放下「元素循環的絕對法則」的觀點，套一句占卜時經常聽見的說法：「假如占卜結果不符合自己的狀況，那麼正確的是占卜結果，錯的是自己」。相信隨著量子力學的發展，人們有能力更進一步解析頻率的影響之後，這個說法就能獲得驗證吧。

上述解釋也有助於理解深層心理，占卜結果顯示一個人與生俱來的特質，可以檢視一個人是否誠實地順性而活。當一個人爲了迎合家人或社會而改變了自己，現狀便可能與占卜的結果不符，而占卜之所以存在，就是爲了讓我們有個方向可以修正、學習。

從這個角度看來，占卜或許也算是某種精神學或思想學吧。

內在思考的覺醒

【第13章】

◉「占星術」及「占卜」最能反映量子力學的法則。

◉人的個性受到出生月份季節等的頻率所影響。

◉疾病與人類的內心有很大的關聯，所有的器官都有特定的頻率與精神上的特徵。

第14章 「必要與不必要的絕對法則」

現代社會被給予的太多

第9章說明了「精製與依賴的絕對法則」，並提到「不可以直接給予人類需要的東西」，而「必要與不必要的絕對法則」是一項適用於社會上各種現象的法則。此外，它也可以說包含了「陰陽變動的絕對法則」的要素。

人在不知不覺間得到了太多。儘管引發各種問題，但是人類從未意識到這一點。所以這種社會才會充斥如此不健康的人。話雖如此，我認為大多數讀者仍是很難理解「人被給予太多就會墮落」的概念，因此，接下來將以具體的例子加以說明。

舉例來說，如今市面上滿是維生素與礦物質等保健食品。這些東西看似沒有「過量」的風險，實際上並非如此。關於營養素攝取過多的風險，只要略具藥學知識就能判斷。

當然，維生素與礦物質幾乎被當成神經傳導物質的酵素（＝仲介物質）來使用，所以在某些方面不像興奮劑直接影響神經傳導物質那樣嚴重。

但是「必要與不必要的絕對法則」確實也在此發揮作用。我們應該好好觀察那些已對保健食品上癮、少了保健食品就精神萎靡的人。長期以精製保健食品的方式攝取特定的營養素，勢必會使體內的酵素功能失衡，反而導致營養不良。請不要忘記，保健食品僅是臨時的營養輔助食品。此外，這裡所說的不僅限於保健食品，飲食療法也是如此，優良食材攝取過多也有可能變成毒藥。

服用保健食品攝取β-胡蘿蔔素卻使肺癌病例增加

在此爲各位介紹一項著名的實驗。學過營養學的人應該都知道芬蘭衝擊。所謂的芬蘭衝擊，簡單來說便是有關β-胡蘿蔔素（富含於綠黃色蔬菜）與保健食品的實驗。芬蘭曾進行一項實驗，研究β-胡蘿蔔素是否能有效預防肺癌。結果顯示，每天吃β-胡蘿蔔素的組別裡罹患肺癌的人數增加，吸菸者罹患肺癌的人數更是增加了兩倍以上。由於實驗結果太過令人震驚，只得中途喊停。

據推測，這項實驗的最大問題在於讓實驗者服用的β-胡蘿蔔素不是萃取自天然食材，而是人工合成，也就是保健食品。確實有研究認爲，多吃天然優質蔬菜以及含有β-胡蘿蔔素的食材能改善癌症，但是以保健食品的方式攝取卻造成反效果，這一點實在令人震驚。

至於爲何會出現這種情況，御用學者們還未有定論。這也無可厚非，畢竟他們既無知又缺乏藥物的基本知識，也不懂「必要與不必要的絕對法則」的道理。

我是包含東方醫學在內的替代療法實踐者，常聽到有人提出疑問，為什麼替代療法領域能治癒癌症末期、頑疾與膠原血管疾病？然而，就我所知，沒有人因為服用保健食品而治癒癌症與頑疾。順帶一提，這裡所說的「治癒」，不是指服用保健食品來抑制症狀。因為它與西方醫學的對症療法一樣。

就像採用長壽飲食法（Macrobiotic）或維根飲食（Vegan）導致病情惡化的人會來我們診所看病一樣，服用保健食品或高劑量的營養療法而加重病情的人，也是每天都來診所報到。這就是另一種陰陽兩面。為什麼他們在病情惡化的情況下依然堅持採用同樣的方法論？這一點與第9章提到的「精製與依賴的絕對法則」有相通之處。依賴與毒品、興奮劑、精神科藥物密不可分。換句話說，「必要與不必要的絕對法則」旨在讓人們了解精製有多可怕，以及社會上充滿了不為人知的依賴成癮。

現代日本說壓力過大是騙人的

「必要與不必要的絕對法則」談的當然不只是藥物與保健食品。接下來也來探討一下精神層面，典型的例子便是壓力過大這天大謊言。

現代日本的生活充滿壓力，據說壓力是導致日本人生病的最大因素。但是真要說的話，經歷過大東亞戰爭[17]的老年人的生活壓力應該更龐大。再者，生活在非洲與阿富汗等世界各地的紛爭地帶，以及其他許多貧困交加、每天面臨生命危險之地的人，他們更是承受無比的壓力。這世上有無數人窮得吃不起想吃的食物、飽受陳年陋習所折磨。儘管如此，實際上日本人的患病率與藥罐子比率卻比生活再艱苦環境的人還高。這一點不必經過科學驗證，只要觀察「現實」即可得知。換句話說，壓力理論事實上是破綻百出的假說。

至於日本的患病率與藥罐子比率爲什麼這麼高？我已在許多著作中提到，所以不再贅述。請參閱《醫學不要論》與《まんがで簡単にわかる！薬に殺される日本人（暫譯：漫畫圖解 被藥物毒害的日本人）》等書。在此先談論壓力理論。

如果你了解心理學與精神醫學的謊言，就會明白壓力論顯然是「某人」爲了奴役日本人所想出來的惡劣至極的陷阱及誘餌；但是各位知道這是什麼意思嗎？想要了解這一點，就必須談談壓力理論，探討日本人爲了消除壓力所做的一切的本質。

現在的日本人爲了消除壓力做了哪些事情？說穿了就是療癒、治療、愛與感謝，而且沉浸其中，享受樂趣，還有求助於人以及伸出援手。前面解釋了「不可以直接給予人需要的東西」，但是所有日本人都在尋求療癒與愛，所以業界試圖提供虛假的療癒與愛。這也是靈性謊言如此猖獗氾濫的原因。

人類的確需要愛與療癒。人若是不眠不休一直活動，根本不可能存活。這倒是沒錯，但是這世界爲了打造一個與商業掛勾的世界大賺特賺，而提出了虛假的壓力論。它用你最需要的愛與療癒如此甜言蜜語相誘，藉此推銷各種愛與療癒的手段。如今蔓延日本的壓力論，一言以蔽之，就是為了推廣「依賴商機」的促銷策略。

被愛與療癒侵蝕的日本人

不妨把它當成一種保健食品。甚至有的行業聲稱它是心靈補給品。它愈是精鍊、敏銳、直擊內心，愈令人感覺心靈得到療癒，實際上它卻侵蝕著你。這種侵蝕狀態就是心理學所說的依賴狀態。如我一再強調，藥物濫用與保健食品成癮同樣屬於藥物成癮，唯有了解藥物的基本知識才有可能解釋與解決這個問題。療癒與愛並不是在拯救藥物成癮的人以及想逃避壓力的人，而是給予別種藥物改變他們的適應方式。因為其中有好幾項「心靈的絕對法則」發揮作用。

反過來說，實行真正的精神療法時，面對壓力既不是逃避也不是予以治療，而是正視它的存在，並透過消除原因來解決問題。壓力不是外在因素或周遭環境所引起的，更不可歸咎於受到周遭環境所左右。唯有加強自己＝內在因素，讓壓力不再是壓力，才是真正的治療之道。

執行真正的精神療法時，不可能有舒緩壓力或傾注愛意等欺騙手段。但不可思議的是，有時候終究會產生愛與感謝之心。這倒是不假，如果我們都能正視問題，並在否定

---

17 譯註：日本對第二次世界大戰時在遠東和太平洋戰場的戰爭總稱。

自我的過程中不斷思考，一旦克服難關，也會因此萌生愛與感謝之心。換句話說，將一切歸咎壓力論，或者給予愛與療癒，或是以必要的營養需求爲由輕易改變給予的形式，都是只顧解決眼前問題的人所採用的方式，這種做法僅是治標不治本，仍會導致本質上的依賴。

災後心理照護的致命問題點

了解這項法則後，就會明白這世上只有詐騙與地獄之門大敞。問題在於這是人類想要的。例如災難心理照護。也許沒有日本人會對此加以批判。可是我明白，正因爲人們接受了它，才會產生依賴，無法面對現實而一蹶不振。每當發生大地震或重大事件，人就會感到焦慮不安。「歷史」雖然證明了這一點，但這不是經過努力就能徹底消除的。遠道而來的陌生人給予的療癒撫慰，實際上與毒品或興奮劑無異。如果把志工僅僅當成毒販看待，究竟能觀察到多少反感？

只有等地震平息下來，才能平復心中的哀痛與悲傷，與地震相關的核能問題與經濟問題、政治問題才有機會解決。最後只是時間問題，終究還是要面對問題的本質。再者，發生災難時，最切身的因應方式莫過於溝通，也就是「身邊親近的人們彼此互相交流」。爲什麼如此篤定？因爲「歷史」證明了這一點，人類便是如此度過難關的。心裡的焦慮不安只能與當事者共同分擔，這與商業性質的愛或療癒，或是強行上門的志工完全是兩回事。

但是政治、科學與醫學不這麼認爲。若是以醫師的身分指出問題所在，那就是醫療界把災難當成宰肥羊的大好機會，日本的醫學界與製藥公司就是因此乘機坐大。不必相信科學，只要具備歷史觀點便能明白這一點。急救醫療與外科醫療是西方醫學的優勢，在災難發生時是不可或缺的。然而，所謂的災難心理照護，也就是在災難期間引進安眠藥或鎮靜劑，不僅在災難期間造成負面影響，也在災後帶來許多弊端，使人們在災後自立重振的機會銳減。

此外，精神科藥物本身不僅是毒品，心理照護實際上更像宗教勸誘與形成依賴。大多數受災地區以生活援助的名義發放補助金，災民也理所當然地享用這項權利。結果造成沒有補助金就活不下去的人遽增，但這並不是生物眞正該有的樣子。當然，我不反對人們在生活無以爲繼時可以暫時領取補助金。但是接受補助的時間拉得愈長，愈使人難以自立，再也感受不到生命美好的一面。我非常清楚直言點出上述問題會招來多少抨擊。我也知道有人並不依賴國家援助，而是靠自己努力拚搏。

自然崇拜者「對健康的執著」引發疾病

然而，過度給予的環境在現代已十分普遍，以致於這個國家及其他地方愈來愈漠視這項絕對法則。所以我對現實世界已無話可說。但是，我想在這本書裡再次提出來。

所有健康產業都無視這項「必要與不必要的絕對法則」賺取財富。西方醫學也是如此，他們與那些一邊批判西方醫學一邊賣保健食品之輩沒什麼差別。拙作《醫學不要論》的基本概念之一便是「想要健康就不要太健康」，這意味著「不意太注重健康」、「不要太執著」、「不做不必要的事」、「不要輕易給予」。

有研究顯示，個性開朗樂觀且不做無謂之事的人，疾病的發病率非常低。然而，我認爲現代的自然主義信仰者罹患疾病的原因之一，便是他們對健康過於執著的思維方式。

在古早的年代，兩位老人家一見面，開口便是互相問候：「最近身體好嗎？」「我最近肩膀疼啊～。」或是「那你呢？」「我有時會腰痛啊～。」接著便只能說：「我們都老啦。」自然的法則莫過於此。

但是在現代，大多數人會去復健科請醫師開止痛藥或貼藥布。如果有人明白那是可怕的藥物也就罷了，即便如此，他們往後也會去推拿或針灸、整脊。從此過著頭痛醫頭、腳痛醫腳，假裝已經痊癒卻反覆求診的人生。情況若是獲得改善固然是好，可是這些就像西方醫學的藥物一樣，大部分人不但因此產生依賴，疼痛也隨之加劇。

這是因爲他們的心態全是以自己受惠、得到、取得想要的東西爲前提，依賴心即是其中的主要因素。

「想要健康就不要太健康」，指的是爲了一點小毛病而大費周章往往適得其反，這個道理在醫學及替代療法都一樣，也與「不可以直接給予人需要的東西」相通。諷刺的是，人們愈在乎健康，愈難以恢復健康，甚至沒有意識到健康並不是最終目的。

物質上的問題與精神上的問題總是息息相關。我要再次重申，那些堅持吃天然食物、只想著吃好東西的人，很多是不健康的。因爲他們的思考方式有誤，關注的焦點僅在於身體上的（物質上的）「健康」，感覺不到身體有異樣便覺得自己是健康的，滿腦子也只想著如何讓自己受惠以及得到需要的事物。

因此，「平時雖然吃天然的食物，但還是會做檢查消除心中疑慮」、「到處求診確認得了什麼病」、「太害怕輻射而四處請教因應之道」、「一味排毒並吃一大堆保健食品」，以上原本是照顧健康的行爲，卻容易讓自己陷入不健康的窘境。儘管這些行爲看似在爲自己製造醫源病或替代醫療源病，但是看著他們極其想要獲得健康的模樣，實在令人不忍。

我這樣一寫，也許會有人產生極端的想法，認爲不僅西方醫學不可取，就連保健食品也不好。

然而，並不是所有保健食品都不好。同樣的道理，我也領悟到，西方醫學並不是一無是處，而是它只能治標不治本，除了在外科佔據優勢之外，沒有其他可用之處。

保健食品也有其價值，它是讓營養不良的人暫時服用以補充營養。而保健食品所含的營養就像前面提到的芬蘭衝擊，與食物中所含的營養並不相同。兩者的頻率自然也不同，主要是保健食品的影響太過直接，反而會改變身體的結構。話雖如此，執行替代療法的人卻不會告訴我們這些。畢竟說了就無法大敲竹槓了。

由此可知，藉著學習「必要與不必要的法則」，就能看穿無謂之事以及亂七八糟之事的「危險本質」。

內在思考的覺醒【第14章】

◉如今蔓延日本的壓力論，一言以蔽之，就是爲了推廣「依賴商機」的促銷策略。
◉自然主義信仰者「對健康過於執著」才會致病。
◉看穿無謂之事以及亂七八糟之事的危險本質。

第15章 「善惡不存的絕對法則」

堅持世上只有正邪的人

看過各項法則後，我們發現所有事物都有其特點與特性，但是不存在所謂的善惡與正邪。這一點與「陰陽的絕對法則」有相通之處。

這世上本來就不存在任何善惡與正邪，一切都是人類只圖自己方便創造出來的。這就是「善惡不存的絕對法則」。儘管如此，人類依然堅持正邪之分，自認爲自己是正義的一方，對方則是邪惡的一方。

若是用「善惡」一詞，它自然會劃分爲善與惡，但是用「陰陽」一詞的話，沒有人會說陰是善的，陽是惡的。「頻率的絕對法則」也是如此，我在前面提到，談論哪一種頻率是善的、哪一種頻率是惡的，只不過是無聊透頂的騙術。每一種頻率都有其特點，對某人來說可能是抵銷，對另一個人來說卻是不會抵銷的頻率，而抵銷本身也不一定是善的。

諷刺的是，一旦意識到善惡並不存在，就會覺得這世間的種種言論顯得如此虛僞與邪惡。

讓我們從營養學的角度來看身邊的事物。例如油的成分。稍微懂一點營養學的人會提到Omega-3、Omega-6、Omega-9等知識，而且似乎大多數人認爲Omega-3是善的，Omega-6是惡的。首先，不存在Omega-3是善的、Omega-6是惡的說法。差別僅在於Omega-3有抑制發炎的效果，Omega-6的特徵則是促進發炎。善惡之別不過是一群膚淺的人擅自認爲發炎症狀是惡，並將Omega-3美化成善的物質。一直以來都有專業人士不斷強調，抑制發炎的效果與促進發炎的效果同樣重要，從技術上來說，重點在於比例。

以氧化與還原來說，也沒有氧化是惡的、還原是善的說法。氧化是生物體保護自身的重要作用。違背自然道理的魯民卻把抗氧化（Anti-Ageing）一詞當成善的，並將氧化醜化成惡的。我在治療過程中確實會採用抗氧化的方式，這是因爲需要治療者的氧化程度相當明顯，現代社會也充滿了促進氧化的文明毒物，爲了抵銷才採用這種方式。

說起來，我們必須思考，治療本身眞的是善的嗎？生病是之前所作所爲的結果，也許生了病才是遵循自然的道理，不失爲一件好事。

膽固醇沒有所謂的好與壞

談到醫學界的善與惡，最常提到的便是好膽固醇與壞膽固醇。可是，膽固醇只有一種，沒有所謂的好與壞，膽固醇本身也不是壞的，而是構成身體各部分的材料。眞要說

的話，膽固醇愈高愈容易生病，這一點我在拙作《その油を変えなさい（暫譯：換掉你家的油）》有提到，不過，只要學過營養學應該都很清楚。

壞膽固醇只是從肝臟運送到末梢組織的膽固醇，好膽固醇也僅是從末梢組織帶回肝臟的膽固醇而已。由於醫學界與製藥業界將膽固醇是「壞」的印象灌輸給一般人，使人們認為把一堆黏稠的東西運送至末梢組織就一定是壞的。然而，這一點並不適合作為營養學的基礎知識。壞膽固醇之所以那麼多是有原因的，好膽固醇那麼少也是有原因的。

壞膽固醇僅僅是被運送到末梢組織的膽固醇，而膽固醇只有一種，人體絕對不會做任何無謂之事。結合營養學的知識便能理解，壞膽固醇含量高是因為末梢組織＝細胞缺少膽固醇這種材料，而含量高便是細胞正在補給的證據。帶回肝臟的好膽固醇含量低，也證明了是因為膽固醇不足且消耗量大。相對來說，這表示整個身體缺乏膽固醇，導致細胞缺少材料。所以近幾年來的營養學才會如此重視好膽固醇與壞膽固醇的比例。

好膽固醇含量高與「好」無關，僅代表細胞有足夠的脂質；壞膽固醇含量高也與「壞」無關，僅是一項指標，代表細胞需要脂質而已。

好菌與壞菌的謊言

同樣的道理，好菌其實對身體無益，而壞菌危害身體的說法也是騙人的。重點並不在於好菌、壞菌與伺機菌等菌叢哪一種是好或壞，最關鍵的是其中的比例。好菌與壞菌取得平衡，即表示腸道菌叢處在生態平衡的狀態。

由於腸道環境不同，日本人的適當比例也因人而異。但是以內海的理論來說，好菌佔2成、壞菌佔2成、伺機菌佔6成是最佳比例。原住民的菌叢比例與上述差不多，頂多壞菌稍微多一點。

當然，現有的學術研究並不認同這一點，他們認爲好菌佔2成、壞菌佔1成、伺機菌佔7成才是正確的。因爲散布謊言的是媒體的主要贊助商，也就是乳業大廠與優格大廠。爲了讓人們食用他們製造出來的產品，所以要灌輸「好菌愈多愈健康」的觀點。因此，善與惡常用來欺騙魯民。與其被這種騙術所惑，不如先建立正確觀念，想要健康就要讓腸道菌叢與自己所吃食物的特徵在某種程度上相匹配，而不是偏重好菌或壞菌。研究微生物的權威藤田紘一郎先生也說過類似的觀點。他曾寫道：「留一點壞菌更健康。」

至於更廣泛的微生物學理論則表明，不該讓活菌進入腸道。換句話說，這是有關益生菌（益生菌指對人體有益的微生物，包括含益生菌的產品與食品）的謊言。總而言之，益生菌是基於「健康的祕訣就是讓活菌進駐腸道」的觀點而存在，可見它有多麼虛假。談論至此雖然有些偏離「善惡不存的絕對法則」，我還是要提出來。

好菌也容易致病

益生菌主要使用於腸胃，通常會在腸胃不適時服用益生菌。不過，首先要考慮到，服用益生菌無可避免會嘔吐或腹瀉。這是生物爲了排毒的保護性反應，基本上不該加以抑制。因此，爲了舒緩腸胃不適而將被視爲好菌的乳酸菌製劑當成抑制症狀的藥物使用，這一點相當有問題。

舉例來說，有論文指出，讓病患服用強化乳酸菌製劑反而會加重胰臟炎，但實際上不只有胰臟炎。再者，腹瀉或腸胃炎時服用正露丸（不是益生菌），很有可能導致全身狀態更加惡化。這種情況不僅限於乳酸菌，也可以說所有比菲德氏菌（Bifidobacterium bifidum）都是如此。在此必須思考前面所提到的，「『好菌』一詞本身是謊言」。有研究指出，絕大多數罹患異位性皮膚炎的人，腸道菌叢裡沒有被視爲壞菌的大腸菌。另有研究認爲，手部皮膚病患者的腸道菌叢裡含量最多的一種是比菲德氏菌（＝好菌）。

如果從科學的角度探討益生菌的問題，需先知道的重點是腸道菌叢裡原本常駐著與白血球等聚糖（Glycan）相容的菌種，而發酵食品等好菌在進入小腸之前幾乎會被胃酸消滅殆盡，僅有少量活菌、死菌、菌體成分、代謝產物能到達腸子。因此，以人體自然法則而言，不可能有大量活菌到達腸子。

由此可知，是罔顧這項原則並以覺醒者自詡的人捏造了「腸道菌叢很重要」、「需攝取某種菌種」的謊言。

當然，我並不是說不要刻意攝取某種菌種，也不應該食用發酵食品。發酵食品有助於增加有益人體的壞菌，這同樣是人類的重要智慧；但是有一點需留意，以益生菌製劑的形式服用的話，就會偏離自然之道，走向不健康之路了。爲了增加比菲德氏菌而服用益生菌製劑，這種行爲不過是徒勞無功，因爲幾乎所有細菌都會被殺死而流入腸子。

陰謀論者不會意識到正在貶低自己的信用

由此可知，在各個領域大談善與惡，除了散布謊言以外別無其他。

談論善惡謊言時，是否無法排除陰謀論？因爲我寫過有關陰謀論的書，也親身走訪現場與相關人士交流過，所以我不認爲陰謀論全是謊言。陰謀論是初步理解文明毒物之後，進一步了解「爲什麼世界會變成這樣」的社會體系時不可或缺的思考方式。

因此，使用「陰謀論」一詞本身就很奇怪，儘管如此，一旦了解陰謀論，便很容易侷限於這種觀點。具體來說，我可以看出下列趨勢，「人類社會只有善惡之分」、「誤以爲自己的主張才是正義的」、「深陷陰謀論而對謊言八卦照單全收」，但我也說過對此愛莫能助。正因爲如此，我才在《99%的人不知道的世界祕密》一書寫下「我在不相信陰謀論的前提下，寫了關於陰謀論的書」。

「洛克菲勒」、「羅斯柴爾德家族」、「金融資本」、「假猶太人」、「貨幣發行權」等等確實存在。

世界上的跨國企業、宗教問題、人口削減等關鍵詞不勝枚舉，以日本的政治爲例，也可列舉出當前的執政黨是日本會議[18]、統一教以及創價學會的走狗，還有田布施問題與渡來人[19]等詞語。

諸如此類，稍微留意一下蒐集相關資訊，就會對包括陰謀論在內的研究以及社會百態產生質疑。但老實說，只有傻瓜才會對這些照單全收。當然，在所謂的陰謀論之中，有的純粹是社會體系理論，而且普遍盛行於金融或優生學領域。

但是另一方面，確實也存在只能稱之爲妄想的陰謀論。如果讓不懂得本書所說的絕對法則的人看到或查到那些陰謀論，就會立刻出現一種情況，也就是深陷其中、被騙得團團轉，不知道哪些訊息才是眞的。尤其是剛了解什麼是文明毒物，並且對相關資訊囫圇吞棗的人特別容易有這種傾向。此外，執著於善惡並且大談荒謬二元論的陰謀論者，也會將一本正經的社會體系理論貶成不可信的理論。

18 譯註：日本最大的極端民族主義、極右派的非政府組織和遊說團體，成立於一九九七年。該組織在日本政府的立法和行政機構具有影響力。日本前首相安倍晉三曾擔任日本會議的特別顧問。該組織的目標是推動修改日本國憲法、廢除日本國憲法第九條、促進日本愛國主義教育、支持日本官員參拜靖國神社。

19 譯註：古代日本對朝鮮、中國、越南等亞洲大陸海外移民的稱呼。

蒙蔽真實的匿名者Q

接下來舉一個典型的例子，說明大談善惡二元論的陰謀論的危險性。近年來的陰謀論中，最具爭議且謊言八卦滿天飛的就是匿名者Q（QAnon）。他們在日本以「japan Q army」之名大吹大擂自詡爲正義之師。儘管寫出來非常冒險，魯民的激情辯駁可能會使這本書飽受爭議，不過，即使引發爭議也正中下懷，因爲他們的謊言實在太惡劣，讓我說什麼也要寫出來。所謂「匿名者Q」組織是最典型的僞陰謀論者，資訊匱乏的人總是會上他們的當。那些資訊匱乏的人原本只在網路上吵嚷，根本不知道什麼是匿名者Q。籠統來說，匿名者Q是在美國總統川普（Donald J. Trump）當選後出現在國外論壇「4chan」與「8chan」發布政治訊息的神祕帳號。

至於名稱的由來，據說「Q」指的是存取國家最高機密權限的代號，「Anon」則是「Anonymous」（匿名者）的簡稱。其實這只是表面上的說法，不過一般人不必了解那麼多。總而言之，自從匿名者Q出現，隨即深受一部分美國人的熱烈歡迎，成爲支持川普的基本盤。美國甚至有新聞報導，不少人把匿名者Q的言論當眞而犯下罪行。

匿名者Q善於操弄資訊匱乏者對英雄的信仰，也擅長利用社會問題與社會的陰暗面。匿名者Q聲稱（雖然是謊言）自己不是一個人，而是美國國家安全局（NSA）旗下組織，與川普共同對抗新世界秩序（NOW）與全球主義者（Globalist）、深層政府

（Deep State）。他們將深層政府與新世界秩序視為邪惡組織，也指出俄羅斯總統普丁與川普正攜手合作。

對匿名者Q而言，媒體就是個騙子，這與川普常用的表達方式如出一轍。他們認為以CNN為代表的歐美媒體是財團的走狗，只會播報對他們有利的新聞。

匿名者Q的暗號是「追隨白兔」（Follow the White Rabbit）。這句話也是電影《駭客任務》（Matrix）的經典台詞，就是相信匿名者Q會帶領他們找到真相。常用的「白帽」[20]也是由此延伸而來的詞語（本義並非如此）。相反的，在邪惡軸心的舞台上擔綱要角的，便是希拉蕊．柯林頓（Hillary Clinton）、歐巴馬（Barack Obama）、比爾．蓋茲（Bill Gates）以及喬治．索羅斯（George Soros）等人。

這種說法只不過是老掉牙的陰謀論。有一部分倒是沒有說錯。這世上存在以貴族和奴隸為中心的階級結構，旨在謀求寡佔與權力集中，自古以來，財團為了掌控世界而擬定各種策略，成為醫藥產業、軍工產業、食品產業及其他產業的大股東，並在幕後操控企圖永久壟斷貨幣發行權。格達費（Muammar Gaddafi）便是在財團走狗美國前總統小布希（George W. Bush）暗中策劃下遭到擊殺，這與右派或左派無關，純粹是事實。

20 譯註：資安產業裡，駭客分為白帽〔White Hat〕與黑帽〔Black Hat〕。白帽駭客亦稱為道德駭客，組織會雇用他們去試探和入侵電腦以確認系統的安全性，並提出建議藉此提高安全程度。白帽駭客的行為有取得客戶的許可，所以是合法的。黑帽駭客則是犯罪分子，只為獲取自己的利益而侵入受害者的電腦系統。

然而，只因爲他們在這一點實際上是正確的，並且談論一般人都知道的老掉牙陰謀論，就認爲匿名者Q與白帽是打擊邪惡勢力的正義夥伴，那是大錯特錯。

匿名者Q每當遇到對己不利的情況，就會散布大規模逮捕政客或猶太復國主義者（Zionist）、好萊塢明星的訊息矇騙大眾。不過，匿名者Q所說的話無從證實，實際上也沒有相關新聞報導或眞的有人遭到逮捕。一切純屬臆測，而且不離妄想的範疇。只有受到匿名者Q影響的資訊匱乏者，還有執行團隊操控的YouTube頻道才會散布這些訊息。我也直接向幾位好萊塢相關人士（自然是精通陰謀論的人們）確認過，他們斬釘截鐵表示只是謠言而已。

對這些訊息照單全收的人，一般稱爲魯民。當然，這世上確實有許多超富裕階層以及宗教人士（尤其是基督教高層）遭指控犯下多起性犯罪與危害兒童罪，實際上也遭到逮捕並且經由報導公示於眾。

不過，匿名者Q散布的訊息大多是在川普當選之前，後來僅止於宗教上的狂熱，而匿名者Q在日本已與吸金組織無異。倒不如說，有跡象顯示匿名者Q的信徒正從事破壞與犯罪活動。例如下述報導，安東尼．科梅洛[21]曾前往紐約市長官邸企圖以深層政府的同夥爲由抓捕市長比爾．白思豪（Bill de Blasio），他因此遭到警方逮捕。他也要求聯邦警察協助逮捕匿名者Q名單上的瑪克辛．沃特斯（Maxine Waters）議員與謝安達（Adam Schiff）議員，由於缺乏確切證據，自然遭到警方拒絕。

一名二十二歲的男性企圖縱火燒毀匿名者Q指名的披薩店而遭到起訴。關於新冠肺炎，匿名者Q曾在一月散布「亞洲人容易感染新冠病毒，白人則有免疫力」的訊息，可惜這是謊言。然而，當新冠疫情在美國蔓延到封鎖邊境的地步時，匿名者Q又改口稱新冠病毒在美國大流行是來自深層政府的陰謀，最後更聲稱疫情大流行是川普政權爲了逮捕深層政府間諜所做的僞裝（當然是謊言）。

由於匿名者Q對己有利的辯駁以及偏袒投機主義的川普，所以老一輩了解社會底層也懂得陰謀論結構的人，還有理解社會陰暗面並且看透暴富陰謀論的人，都不會相信匿名者Q。

散布謠言的陰謀論之所以能夠盛行，究其原因便是人類不懂「善惡不存的絕對法則」。目前陰謀論還僅限於資訊弱勢者的狂熱，僅止於誘騙資訊弱勢者上鉤的詐欺手段。新冠肺炎之亂已被揭穿是一場騙局，匿名者Q明知這一點，卻以迂迴的方式加以利用。

除此之外，下述報導也是一例。自稱是匿名者Q的奧斯汀．斯坦巴特（Austin Steinbart），因非法入侵精神科診所的電腦並將多名美式足球選手與其他病患的腦部斷層掃描資料公布在社群網路上而遭到警方逮捕。這項結果顯示，匿名者Q及其信徒的特點是以網路使用者居多，而且有不少人精通網路技術，但是絕大多數網路使用者並不知道匿名者Q的背景源自歷史悠久的組織。這並不是很複雜的故事。

21　譯註：Anthony Comello，涉嫌槍殺紐約黑手黨甘比諾家族（Gambino）的老大卡利（Francesco Frank Cali）。

匿名者Q背後的眞面目一如他的名稱由來，就是匿名者。匿名者Q發布的訊息來源不明，但這群人原本就是龐大的駭客團體，打著正義的名號抨擊形形色色的公民。我自己也遭受過匿名者的各種騷擾，不妨把匿名者視爲當權者雇用的半專業網路團體。美國政府當局指稱匿名者Q的眞實身分，可能是川普政權的前任首席戰略師和資深顧問史蒂夫·班農（Stephen Bannon），也可能是美國前總統川普本人。話雖如此，當務之急是不要忘記匿名者Q的存在。

日本也是如此，資訊弱勢者總是對匿名的訊息趨之若鶩。所以他們只會在YouTube散布可笑的影片。推特也一樣，在上面大肆發表政論的多半是姓名身分皆不詳的人，而這些人不過是職業公民[22]罷了。他們假裝發布眞相，實際上另有目的引領風向。例如對派系洗腦（尤其是中共）、蒐集資訊、無意識的操控等等，這些都是自古以來情報機構所行使的心理戰。

匿名者Q也會利用喜歡善惡二元論的魯民，將輿論導向有利自己的風向。從內部消息來看，匿名者Q的所作所爲是爲了下一代統治體系的布局，不過這種消息不信也罷。

我總是告訴人們要從局外人的角度看待事情，應該好好思考，爲什麼要相信隱藏姓名身分、來路不明的人所發布的訊息？在我看來，這些訊息不過是粗淺的陰謀論，既沒有一致的論述，也沒有實際執行的證據，只會讓一些人深陷狂熱與痴迷。這種手法無異於甜食、大麻、酒、毒品，正是自古以來統治者支配奴隸所採用的方式。

當然，在此爭論獲得匿名者Q支持的川普究竟是好或壞並沒有意義。關於川普的事蹟，令人詬病的是花邊新聞不斷，堪比財團的雄厚財力（既然如此，爲什麼洛克菲勒與羅斯柴爾德家族是壞的、川普財團就是好的？）；兒子是猶太復國主義者；屢次催促日本支付近乎掠奪的大筆經費；要求安倍進貢龐大金額；頭戴猶太小圓帽在哭牆（Western Wall）前祈禱；福音派基督教團體是他的龐大基本盤；身爲共濟會（Freemasonry）高層並在推特發文說伊麗莎白女王很偉大；因爲被歐巴馬批評所以兩天前在推特上發出「歐巴馬門」（Obamagate）字眼；與遭控性犯罪的艾普斯坦（Jeffrey Epstein）是十五年的好友，他們的私人專機不知爲何還有十三歲的陌生少女同行。川普就是這樣的男人。如此飽受爭議的人，顯然只是個騙子。

我無意在此抨擊川普、擁護拜登或歐巴馬。我只想說，兩者一樣爛。執意分辨孰善孰惡才會一直被騙。

政客之流本來就不能相信，大財團的人也不值得信任，因爲他們的行爲前後不一致，更加不可信。匿名者Q也一樣，所以匿名者Q要不是川普陣營自導自演，就是權力更龐大的統治者在操控資訊弱勢者。換句話說，這只不過是老套的做法，藉著打造新的正義夥伴（其實不是）對抗已暴露的邪惡團體，並且再次建立同樣的支配體系。這些甚至只要在網路仔細搜尋就能查出端倪，充其量只是幫派間黑吃黑罷了。然而，若是在此談論善與惡，即使缺乏眞憑實據，即使拿出一堆證據矢口否認，對於匿名者Q與匿名者

22 譯註：指僞裝成一般公民的政治活動家或團體。

Q的信徒來說，川普是良善的，他們也是良善的，不相信他們的人就是邪惡的，所以指出矛盾點的我也被當成邪惡之徒，成了猶太復國主義的走狗（笑）。

善惡是隨立場而改變的幻覺

歸根究柢，只有出於奴隸根性對某種事物趨之若鶩的人才會大談善與惡。陰謀論者總是如此，沉迷匿名者Q的人也是如此。網友爲了維護廉價的自尊心，無論是匿名者Q或者新冠肺炎之亂，無論是錯誤或者謊言，他們也只能繼續相信下去。如我前面所提到的，總之一切都不值得相信，善惡不過是隨立場瞬間改變的幻覺。既然如此，我們該如何建構判斷事物的基礎？

從科學的角度對事實追根究柢固然重要，但是拘泥於現有的僞科學，便無法建構判斷事物的基礎。這一點即便是以陰謀論爲基礎也一樣。

想要建構判斷事物的基礎，首先要考慮的是何謂「現實」？以及「歷史」如何一再重蹈覆轍？

舉例來說，許多人認爲「輻射不會產生太大影響，累積壓力反而更危險。」如果只是被現有科學的假象所誤導也就罷了，但是也有人蓄意欺騙藉此賺錢。他們永遠無視福島核災後遽增的疾病數量與社會現況以及車諾比核災後的「現實」。那些宣傳輻射安全性的人，似乎覺得可以將公民矇騙到底。

截至目前二〇二〇年，即便疾病遽增，仍然有許多陰謀論者聲稱輻射是假的。這簡直足以提告詐欺了。

還有一件事希望諸位留意，也就是如我在「觀察事實的絕對法則」所提到的，要從事物的基礎與基本，以及學問的基礎與基本開始學起。當我看到在網路上發表陰謀論的人，感覺似乎沒有人學過醫學、食學、環境學，當然還包括精神學與社會學的基礎知識。因爲他們不想從基礎與基本開始學起，於是愈來愈依賴消息來源與八卦傳聞，因此成了奴隸，也養成依賴心理，並且爲了尋求根據一頭栽進不可靠的論文與研究裡。因爲他們缺乏基礎與基本，論述自然站不住腳，所以不必與他們一般見識。

受限於善惡的「僵化思考」會引發問題

我無意全盤否定陰謀論的架構，而是認爲問題在於「僵化思考」。我說的僅是善惡論，至於了解世界與人類所需的法則，就是「善惡不存的絕對法則」。否定陰謀論的小鬼頭與沉迷陰謀論的小鬼頭，在我看來不過是三歲小孩的程度罷了。

無論是醫療、飲食、疫苗或化學凝結尾（Chemtrails）等論述，陰謀論最初的目的本來就是爲了削減人口。他們常提到要將人口削減到五億人或十億人，實際上顯然也在推行削減人口的相關政策。

然而，現實情況是如何呢？

人口根本沒有減少，即使持續鼓吹陰謀論，人口依然只增不減。如果鼓吹了幾十年的陰謀論是眞的，世界人口早該逐漸減少，可是人口減少的地區卻有限。如今人口減少，據推測日本未來的人口還會持續減少。儘管令人擔憂，但我認爲，想要了解日本被視爲眼中釘的原因，就要從陰謀論的觀點、歷史的觀點以及金錢的觀點這三方面著手。

陰謀論總是謠傳洛克菲勒、羅斯柴爾德家族，及其他眾多財團或貴族人士的目的是爲了賺錢。

從陰謀論的觀點來看，這一點很匪夷所思。畢竟以洛克菲勒、羅斯柴爾德家族爲首的人們，據說已擁有貨幣發行權。這意味著他們可以無限制地操控金錢。再者，即便他們沒有貨幣發行權，也早就擁有數不清的財富。既然如此，爲什麼還非得靠醫療、飲食、軍事及其他方面賺錢呢？

沒必要這麼做卻做了——假設眞是如此，就必須考慮到其中一定別有目的。前提是你支持且相信陰謀論。

高喊選舉不公者的醜態

以下介紹的例子，說明單純爲社會正義吶喊的人反倒是助紂爲虐。

關於經常提到的選舉不公的話題，不知各位是否聽過「MUSASHI（ムサシ）」

（諸如點票機等投票系統）有問題的說法？然而，從這一點來看實際情況，即便身邊有人知道陰謀論，絕大多數都不曉得「MUSASHI」。在此之前，大部分老年人或中高齡者都很相信電視報導。他們通常是憤世嫉俗的奴隸，只認為「這世上怎麼可能有這種事？」何況更早之前，大多數日本人都認爲「自民黨很好」、「自民黨很保守」。

因此，我們要不時省思，是否有必要在選舉舞弊？

一旦認爲選舉是光明正大的，即可知道被奴隸思想荼毒得多深，但是輕易以善惡論爲出發點大談「選舉不公」、「MUSASHI做票」，只能說是愚蠢。而那些說出這種話的人，根本連選舉的開票現場都沒去過。我因爲參與政治聯盟（日本母親聯盟）[23]的關係，曾獲得政黨推薦以監票員的身分到場見證開票。實際看來，事情其實很簡單，MUSASHI這種機器純粹只是計數機（點驗張數的機器）而已。除了計數機之外，現場還有許多公務員以三道以上的程序點驗張數。只要親臨現場觀看，自然會明白根本不可能用計數機操控票數。

那些嚷著選舉不公的人預設自己是良善的，他們這種行爲只是暴露自己「不願認清本質」的心態，以及炫耀自己「我知道這件事情」的醜態。可以說，他們終究是騙子，因爲他們會誘導想炫耀自己「我知道這件事情」的公民，使其再也看不清事物的本質。

我會建議這些人去開票現場看看。假設眞的有舞弊的情況發生，那只能是在電腦計

23　譯註：日本母親聯盟現已改名改組爲「市民がつくる政治の会」。以下內文仍沿用「日本母親聯盟」。

算總票數時動手腳，而不是計數機的問題。除非運送到開票所的選票已經被換掉了，但這是不可能的。

再者，接下來回到正題。網路上一度盛行叫嚷選舉不公的人提出的呼籲：「帶麥克筆去投票（防止做票）」、「在選票上留折痕」，此舉無疑是最惡劣的詐騙陷阱。因爲這麼做可能導致開票所開出無效票。只要了解開票現場自然一目瞭然。但是我至今沒發現有人注意到這個問題。當然，想必大家都明白，能夠影響選舉結果的是高投票率以及組織配票。一般相信大家都去投票提高投票率的話，便是公民的勝利。儘管如此，那群叫嚷「選舉不公～」的人，這麼做根本不是在防止做票，反倒是助長選舉舞弊。

換句話說，用麥克筆寫在選票或是在選票上留下折痕的行爲，反而有可能增加無效票，促使投票率偏低。

最重要的是意識到，即便眞的有選舉舞弊的情況，但是不去思考根本的解決方案，只會治標不治本地對眼前的資訊弱勢者下手，這種人不過是個騙子。

重點究竟是什麼？

如我一再強調的，我想說的並不是這世上不存在「陰謀論的架構」。這世上既有細菌與膽固醇，也有所謂的MUSASHI。因爲有陰謀論，才會使人產生質疑：「這世界是不是有問題？」能讓人反思固然是好，但若是因此深陷陰謀論，便與之前沉迷於這世間的謊言毫無區別。陰謀論並不是惡，無論是否稱之爲陰謀論，它也不是善。在觀察現實的同時回顧「歷史」，對陰謀論的架構與概念有深刻理解之後，再回過頭審視「現實」，才能使陰謀論的概念發揮作用。只要我們仍以善惡或正邪的觀點看待事物，便永遠無法擺脫身爲奴隸的事實。

內在思考的覺醒【第15章】

◉這世上不存在善與惡。好菌與壞菌也僅是各司其職。

◉陰謀論的問題在於深陷善惡的「僵化思考」。

◉不受制於善惡的思考方式，便是先觀察「現實」，再著眼於「歷史」。

第16章 「離間工作的絕對法則」

造成口角的原因在於有心懷惡意的第三人

「離間工作」一詞借自我的友人池田整司先生所著的《離間工作の罠（暫譯：離間工作的陷阱）》一書，也可以稱爲「第三人的原則」。這項法則不僅適用於觀察人際關係，也能藉此了解如何解讀訊息。它也能在你遇到困難或是出現長期問題時派上用場。舉例來說，假設在人際關係上跟人起了爭執。如果只是一時的口角，也許每個人都會遇到，但如果陷入幾乎難以調解的嚴苛局面，原因大多與當事者沒有直接關係。在其中發揮作用的便是「離間工作的絕對法則」。

假設當事者A與當事者B發生爭執，C則是對A說B的壞話，又對B說A的壞話。不僅如此，C在A與B面前都是一副大好人的模樣。巧言令色是騙子的基本模式，但是人類至今仍然看不透。

爲了避免在日常生活中以及人際關係中受騙，必須先了解騙子（＝離間工作者）的特點。騙子的特點是一定會在背地裡動手腳，不會把自己攤在陽光下。騙子總是會說些或寫些順心悅耳的話語，因爲他們會預設結論，所以絕不會提出另一方的相關訊息與價值觀。當社會陷入紛亂，他們的最大特點就是裝成善良的第三人，介入對立的當事者之中引發內鬥。

離間工作者擅長運用「心靈的絕對法則」

這可以說是第三人巧妙運用各種「心靈的絕對法則」。在這種情況下，A與B通常處在希望有人接納自己的依賴心理狀態，第三人（＝離間工作者）便趁虛而入加深雙方的對立。「離間工作的絕對法則」就是利用人的依賴心理，關於「依賴的絕對法則」請參閱第9章。

第三人藉此提高了自己的信譽，儘管如此，爲了避免遭到第三人欺騙，判斷一個人是好或壞的基本原則是不要只憑他說的話，而是要觀察他的行爲以及帶來的影響。本書前半部分提到了「正視現實」，同樣適用於這種情況。不要單憑話語判斷一個人。但是現代人已完全無法遵守這個原則。最主要的原因如前面所提到的，可能與現代學校教育只重視表面、強調背誦的做法有關。

其他法則也是如此，重點在於法則不能單獨來看，而是要結合其他法則來思考，最重要的是法則與知識及資訊無關。法則是智慧而不是知識，所以日常生活中要懂得結合多種法則觀察現實情況。

舉例來說，這項法則經常出現在我平時傳達的醫療論與實際治療。當症狀與精神疾病或人際關係的衝突有關時，我會在治療過程中提醒自己留意這項法則。因爲無論是病患或家屬，或者被「離間工作的絕對法則」所影響的人，他們都利用了希望自己能夠治癒的深層心理，或是堅持自己是正確的深層心理。

醫師與病患及家屬的關係中，實際上也存在著「離間工作的絕對法則」。有時候醫師其實沒有把握能治好病患，卻常對病患說：「努力對抗病魔吧。」並且對家屬言明治療上的困難。相反的，當病患無意治療時，醫師一方面對病患說想做什麼就做什麼，另一方面卻不死心地遊說家屬（＝將他們拖進治療特權裡）。精神科醫師可以說是最典型的例子。

當認定是否虐待兒童的兒童諮詢所或政府機構介入家庭時，就會開始進行離間工作。政府機構面對丈夫與妻子各有一套說詞已是家常便飯，兒童諮詢所或政府機構不僅對祖父母與父母分別有不同的解釋，甚至還會改變自己對醫師與病患所說的內容，這種情況卻是司空見慣。然而，這裡的問題出在自己太相信醫師或政府機構，因爲沉浸在自身努力拚搏的情境裡，沒有意識到自己讓惡者有機可乘。本來可以不諮詢醫師或政府機構，卻自行招來行騙的中間人，這無疑是自己不想解決根本問題。

政治絕對少不了「離間工作的絕對法則」

只要了解「離間工作的絕對法則」，就能立刻明白目前的政治現況。而那些所謂的網路右派或假保守、左派的人非但不了解這項法則，就算知道了也僅止於陰謀論的層次。

隨著日本與中國關係惡化，網路右派分子與似非右派堅持認爲日本應該從屬於美國，藉此增強本國的軍事實力以對抗中國。身爲中國與朝鮮半島走狗的左派則謊稱，日本錯在欠缺和平精神，還不如讓中國來統治。

然而，日本與中國起衝突的導火線是美國，而近年來實力大增的中國爲了挑起日本與美國的矛盾，分別向雙方惡意批評另一方。在此之前，美國意圖以離間工作使日本與韓國，日本與中國之間產生裂痕，如今實力增強的中國也企圖以離間工作挑撥日本與美國及其他國家的關係。無論是美國或中國，坐收漁翁之利的企圖心都一樣。

任何時代總有人在衝突中得利。他們或者是凌駕國家之上的跨國企業，或是財團，或是軍工產業以及頂級富豪的投資集團。那些成天嚷著「爲守護日本支持自民黨」、「支持日本會議」的人根本沒意識到還有牽扯利益的第三人，終究是惡劣到極致且短視近利的賣國賊。

他們連日本被迫高價購買武器也不知道。

他們連政府故意放任中國海警船駛入尖閣諸島[24]也不知道。

他們擁有能夠探查一切的系統，卻連爲了挑撥離間可以控制上新聞的時機也不知道。

他們連日本會議想要廢除憲法有關人權的詞語也不知道，甚至連日本會議是少數既得利益者獨享的組織也不知道。

他們連立憲民主黨是自民黨的二軍也不知道。

他們連左派在背地裡勾結權勢也不知道。

他們連共產黨與自民黨是具有相同理念的陰陽兩面也不知道。

有人的地方就有離間工作者

由此可知，不了解「離間工作的絕對法則」的人們，總是被煽動而恐懼不安，動輒採取行動試圖反擊。他們的行爲流程如下。新聞播放爭議報導→害怕遭到攻擊→支持花言巧語聲稱守護日本的賣國賊→最終陷入讓自己死得更快的窘境。

從家族關係、人際關係到公司等組織、社群，甚至於國家層面的問題等，「離間工作的絕對法則」已深入各個層面的問題。若是了解這一點並且留心觀察，就會知道當事者的問題實際上非常容易解決，同時也非常容易看穿眞正說謊的是誰。如我再三重申的，這些說謊者（＝騙子）總會說一些花言巧語和冠冕堂皇的話，用行動勾起人們的依賴心並讓自尊心大漲。偉大的日本、美好的日本等詞語也不過是一種表現方式罷了。

然而，人類的問題在於一旦知道這一點，又會陷入另一個愚蠢的妄想。其他的法則也是如此，但是一般人卻誤以爲爭吵的原因全是受到「離間工作的絕對法則」所影響。當然，爭吵的定義本來就是雙方吵架，是因爲雙方對彼此互不理解和利益衝突所造成。

會發生爭吵是自然的，但不管是眞心誠意或出於算計，除非彼此都能敞開心胸溝通，否則無法解決問題。反過來說，不經過溝通交流便無法化解爭吵，就算沒有受到「離間工作的絕對法則」所影響也會發生這種情況。總之，請務必記住本章開頭的說明。

「如果陷入幾乎難以調解的嚴苛局面，原因大多與當事者沒有直接關係。」即便沒有心懷惡意的第三人，社會與人類本來就會經常發生問題，但是雙方之間的問題大部分都隨著時間流逝獲得解決。換句話說，禁不起等待且想法粗淺的人，還有立刻怪罪別人或歸咎環境的人，就會迷上「離間工作的絕對法則」。此外，更可怕的是「離間工作的絕對法則」有可能與「受害者情結的絕對法則」密切相關。

也就是說，想要避免陷入「離間工作的絕對法則」，最簡單的方法就是A與B坦誠溝通。在這段過程中，重要的是必須將C排除在外，並且彼此分享C所說的內容。如果能做到這一點，就會知道這僅是雙方之間的問題，也會明白C究竟是善意的中間人或是

24 譯註：即釣魚臺列嶼。

裝成好人的離間工作者。若是做不到這一點，可能是因爲人類太愛面子又侷限於常識，且具有受害者情結或反動意識吧。人類應該認眞省思，爲什麼這麼簡單的事情也做不到？

內在思考的覺醒
【第16章】

◉如果陷入幾乎難以調解的嚴苛局面，原因大多與當事者沒有直接關係。
◉渴望被理解的心態給了惡意第三人可乘之機。
◉從家族關係到政治層面，只要有人際關係便擺脫不了離間工作的影響。

第17章　「綜合因素的絕對法則」

人只看得到事物的一面

「綜合因素的絕對法則」非常重要，卻沒有人能完全活用。最讓人困擾的是，總有人類誤以爲自己能活用這套法則。大部分魯民使用「保持中立思考」、「多元觀點」來打迷糊仗，遺憾的是，世上並不存在眞正採取多元觀點的人。從物理面去解釋可能比較好懂，我就以物理面來舉例解釋之後，再來探討心靈層面。

首先，我希望各位用最基本的化學思考一個問題。

我們在中學的化學課學過A＋B→C的化學式。像是氫和氧結合後會生成水，只要接受過義務教育，都對這類化學式有印象。

現在假設這項化學式就是體內某種物質的化學反應式，C產生正面反應。可以先假設我們經過再三實驗，才發現這項反應式。在我們醫學、藥學、營養學的領域裡，只要認定透過這類機制和C產生作用，可以提升結果，就認定其有科學根據。

但是人體，甚至是社會機制，並沒有這麼簡單。

比方說，和別種物質的反應可以寫成D＋E＋F↓G。人體內存在無數反應及化學式，人類無法徹底掌握全貌。體內還存在許多未知部分，硬記下所有教科書內容，根本沒有意義。

接下來，我們假設化學式中存在以下物質。有一段化學式爲E＋C↓H，其實依照組合類型，這段化學式很可能真實存在。然後假定H物質會產生負面反應。這在人體、甚至社會中是很可能出現的例子。這樣一來，C原本對人體有正向作用，換成E就產生負向作用。但是C是H的材料，C增加越多，H便容易跟著增加。

人體實際運作還要加入氧氣等外因，過程會更加複雜，現在暫且扣除這部分影響。所以人體中的C物質一旦增加，究竟會出現正反應還是負反應？答案是「不知道」。反應會視狀況、原因改變，無法由單一結論論定。

然而現代科學，尤其是化學，完全無視多項因素綜合作用，直接認定一項研究有科學根據。他們聲稱病因若是產生正反應，會提升C物質含量，只要減少、阻斷C物質，就代表疾病痊癒。各位讀者閱讀書籍、網路文章或是論文研究時，是否曾見過以下文字，「我們明白這項物質會對某部位產生作用」，他們後面是否寫到「所以這項藥物會對某部位產生效果」？

造成人類問題的複數因素

我們其實徹底誤會，以爲表層心理就是「自我」，進而行動、判斷事物。我們的行動其實受到深層心理影響，很多時候是無意識下判斷，所以我們無法抵抗其影響，或是不自覺出現深層心理的行動。

爲什麼自己有時候不懂自己某些行動的動機？深層心理的影響沒有這麼精準，不會只出現在自己內心有愧的時候。其實當自己特別想沉浸在正義、眞實之中，深層心理的影響更容易冒出頭來。「投射」、「反動」、「受害者情結」、「依附」、「合理化」、「心理創傷」、「兩難困境」，種種行爲都源自深層心理機制。這些行爲並非因爲單一法則觸動心靈，而是根據某個場面裡的某某要素、另一個場面的某某要素，不同因素彼此結合之後才觸發。

請容我再次強調，太多父母希望「幫助」、「治療」、「善待」孩子。但當下他們卻並未察覺自己的深層心理藏有一些想法，像是「想傷害孩子」、「爲了自己好」。我已經看過無數言行不一的父母。他們也是因爲「投射」、「依附」、「合理化」、「心理創傷」……等多項要素，下意識彼此影響，造成他們心口不一。

我再舉更具體的例子。請各位讀者想像一下，自己從小看著父母失和，有兄弟姊妹，在這種家庭環境建立的深層心理，可不只有早熟童年一個面向。你可能徹底封住某個時間點的深層心理，自然養成其他渴望，或是認同感需求；也可能在另一個時間點隱藏別的深層心理，而這部分的外顯影響，讓你善於僞裝。

如前述，心理是多層次結構。自己出軌，很可能是父親的形象與認同感需求彼此重疊；婆媳問題，可能源自對母親的恨意；對於自己的孩子，也許參雜自己父母偏心兄弟姊妹的複雜情結；甚至追根究柢，只是自己的罪惡感作祟。一般人可能難以想像，發生的時間順序、應對方式都有所不同，給予一個人的影響更不可能一模一樣。

想當然耳，醫療第一線是用最粗糙的方式，解讀細分後的深層心理與問題之間的關聯。我在這裡想告訴各位讀者，任何事情的原因不會只有一個，希望各位能靠直覺去感受原因。

能找到多少多數因子？

不論疾病、人際關係、社會問題，一個問題不可能只受一個原因影響。問題中究竟存在多少原因，哪個因子較強，哪個因子較弱，看似較弱的因子眞如表面上那樣弱？在思考根本治療時，勢必要衡量這些問題。

我採用的根本治療、原因治療中，會拉出原因，揀選並按照影響強弱排名次，我稱爲「抓原因」。抓原因原本是肌動學用詞，但我認爲凡事都不該只著眼於一個觀點，這很重要。

之後會提到「因果的絕對法則」，抓原因在思考「因果的絕對法則」時也非常重要。

影響兒童健康狀態的多因子

我以父母諮詢孩子疾病爲例，稍微具體指出問題。

對於我的下一個世代而言，「產前的精子、卵子狀態」會考驗他們對下一代有多少責任感，具備多少生物本性。美洲原住民流傳一句俗語，「一個人必須考慮到未來七個世代的影響，再決定現在的行爲」。不過現代人大概沒有人保有這種偉大觀念。說得更簡單易懂，我們就以精子、卵子的狀態爲例。爲了生出更強壯、能夠承擔下個世代的孩子，父母確認生產前的營養狀況、毒害狀況、精神狀態，採取預防措施、提前處置，是非常關鍵的一步。原住民會從孩子出生前半年開始，就狩獵高營養價值的食物，提供給準備懷孕的女性食用。這是全族的意志，也是本能，跟科學扯不上關係，相對證明現代人的退化有多麼醜惡，連爲孩子著想都做不到。現代日本到處都是身心障礙兒童，世上疾病處處可見，並非偶然，可說是自作自受。

「懷孕後的飲食、生活方式」也一樣，等到懷孕後才來改善生活，已經來不及了。但至少這些父母還會擔心孩子，有些人連懷孕之後都依然故我。

一些夫妻等到懷孕之後，對眞正的健康觀念才開始萌芽，有比沒有好，但只是多少好一點。胎兒在器官發育期，也就是胚胎著床前、剛著床後，這階段最爲關鍵，所以等孕後才來改善生活已經太晚了。順帶一提，我經常聽到夫妻喊沒錢，沒餘力顧慮飲食或健康，但有沒有錢跟改善生活無關。改正合理化的習慣，多學習知識就知道，改善生活並不花錢。日本政府提供最低限度的社會保障（Social Security，例如生活保障制度），換句話說，只要你的財產和生活保障的給付金額差不多，就有可能產下健康的孩子。因爲培養飲食觀念的第一步，是避開影響身體的食物。

「孩子出生後，改善飲食與生活方式」，更是大同小異。爲保障嬰兒健康，以及考量到免疫問題，必須哺餵母乳。但有太多人沒來由地只餵配方奶，或是假裝顧慮孩子，親餵母乳，卻沒考量到母體所需營養。他們甚至忘記，一位哺乳的母親需要兩人份的營養。

再加上，從孩子會說話開始，父母便開始展現對孩子的「控制欲」。最近愈來愈多父母不准孩子哭泣，開口閉口疼愛孩子，對待孩子比對待機器人、寵物還要隨便。

影響兒童性格成形的多因子

待孩子成長至兩歲、三歲左右，「孩子眼裡的夫妻關係」便愈來愈重要。零歲的嬰兒觀察父母，當然也會下意識記憶父母的關係，但二到三歲的孩子開始會提意見，父母的感情也明顯影響孩子。

孩子觀察父母每一天的「交流方式」，學習父母遭遇問題時的「解法」，開始建構幼兒的心靈。倘若父母習慣矇騙、反動、合理化，這些習慣會嚴重影響孩子性格發展。只有大人會以為小孩不懂。大人與孩子相處時，孩子一定比大人優秀，本能、直覺優異，記憶力和適應力也遠遠贏過大人。大人鍛鍊十年都學不會的事，孩子一年就能學會。語言也是，儘管孩子不懂書寫，卻能聽懂，並且如母語般流暢地說出一種語言。孩子的能力和大人天差地遠。

認為兒童的疾病是由單一因子造成的愚蠢見解

各位讀到這裡，想必也明白兒童生病的根本原因，必須考量多個要素。揪出孩子生病的原因時最重要的前提，就是至少要理解，原因不只一個。

然而無論是父母、醫師，沒有人從這方面思考。父母總是在網路上隨便搜尋方法，能解決就不多想；醫師則是把自己學到的處理方法教給父母，結束。為什麼這些醫師、治療師、研究者、以覺醒者自居者，不去探究原因，只用單一手法解決狀況？因為單因素論已經侵蝕他們的思考。

換句話說，就算有些孩子病症相同，一類孩子可能是「受父母處罰」的影響排第一，產後營養狀況的影響排第二，母體懷孕前的營養狀況影響排第三；另一類孩子則跟營養無關，可能是輻射之類的毒物影響排第一，親眼目睹父母失和排第二，房內電磁波影響排第三。以上只是舉例，硬記文章內容沒有意義，重點是各位父母必須像偵探一樣，一一抓出複數影響因素，所以我才稱之為「抓原因」。

太多案例只要見到孩子病況惡化，只會怪罪文明毒物、怪罪藥物、怪罪醫師、怪罪製藥公司。這是因為前面提到的「受害者情結的絕對法則」嚴重作祟，但在怪罪外因之前，應該先自己重新思考孩子的病因，大多數孩子的病因絕不會只有一個。

所以，每當我們引發問題，不會只有一個法則在運作，而是數個「心靈的絕對法則」彼此結合，並以「絕對會失敗」的強烈意志力，導出結果。這本來是個笑話，卻諷刺得令人笑不出來。

內在思考的覺醒【第17章】

◉現代科學最大的問題，在於只用單一因素導出結果。

◉製造問題的深層心理，常常是由複數因素構築而成。

◉人往往只能窺見事物的其中一面。

第18章　「因果的絕對法則」

人即使明白也會選擇忽略原因

「因果的絕對法則」相當普遍，應該絕大部分人都聽過。因此我不需要花太多時間解釋。如各位所知，將因果分解之後，就是「原因與結果的絕對法則」，有因才有果，一個問題之前一定有其原因或道理。若想解決問題，忽視背後的原因就是白費力氣，唯有拔除原因，才能解決問題。

但是換作是「因果的絕對法則」，問題出在這套法則和人類強烈的逃避心理猶如光影一體，明知事出必有因，卻絕對不正視原因。甚至可說這一點會連結到前述的「受害者情結的絕對法則」或「反動的絕對法則」。

我們以兒童問題爲例。關於我的著作頻繁出現「毒親」一詞，我在「全人類皆早熟童年的絕對法則」中已經詳細描述定義，但在思考因果關係時，首要原因全都來自「父母」。俗話說「孩子是父母的鏡子」，問題不只出在父母的行爲或教育。我前文提過，原因出在父母身上，但「原因」其實很複雜，是由好幾種問題彼此結合而成，如「孕前的精子、卵子狀態」、「懷孕後的飲食與生活作息」、「孩子出生後的飲食與生活方式」、「父母的心態與對孩子的控制欲」、「孩子眼中父母的夫妻關係」、「每日的交流方式」、「父母應對問題的方式」等。要判斷其中哪個問題佔比最重，會先確認父母之前處理的結果，或者說先確認是哪些原因觸發、結果發生何種變化，之後才開始判定。

一切不存在巧合。我要再次強調，最大的原因一定出在父母身上。我看過太多毒親滿口「但是」、「可是」，試圖合理化，也見過許多父母放棄爲自己找藉口。眞正意識到自己成爲毒親的人，絕不會拿自己沒養過孩子當藉口。這些父母捨棄合理化的種種話語，眞正經歷自我否定、反省、和主流醫學的斷捨離，就會發生現代人認定爲「奇蹟」的結果。但這些狀況並非奇蹟，一切都是必然發生，而且十分常見。

對「原則」的理解就是對眞理本源的理解

兒童問題只是舉一個例子，我們接下來要重新探討，「心靈的絕對法則」究竟是什麼？名詞裡有個「法則」，但我說的不是一般法則，有一定條件就能成立，而去徹底探究，有沒有一種廣義上能夠套用的「原則」？「原則」的內容是什麼？又是如何形成「原則」？而去釐清「原則」的形成過程，就等於理解「因果的絕對法則」。然而所有人類理所當然地把「原則」掛在嘴邊，卻從未理解其全貌。他們擅自以爲某些規則就是

「原則」，但大多數什麼都不是。探究原則，就是在探究最根源的眞理，人若能眞正領悟「原則」，就不需要一直拿論文、研究當作依據，根本白費力氣。

不過，大部分人一看到某某科學、研究，就誤以爲那些結果是「法則」、「原則」，所以地球才會變成這副德行。

好，所以「原則」究竟是什麼？一百個人會有一百種方式詮釋「原則」，但「原則」本身是不變的。在本書，和「心靈的絕對法則」不同領域的普遍規則，我稱之爲「原則」。但是「原則」和「法則」彼此互通，並且有幾個關鍵的認定條件，如「必須適用更寬廣的範圍」、「能夠重現」、「能夠論證」。

比方說，我們考量到飲食、健康有個「原則」，不該單獨分辨每一種食材的好壞，而是學習野生動物、原住民的飲食習慣。不過這原則並非「心靈的絕對法則」，而是生物學法則，愈是普遍，就愈容易當作「原則」，所以本書不會詳解其內容。從生物學去思考「人類」是什麼，也是一種「原則」。不從物理、肉體層面去思考，多一些哲學思維，也許會比較接近「心靈的絕對法則」。本書有段推測，「人類的誕生是爲了成爲奴隸」，也只是熟知「心靈的絕對法則」，觀察後得出的結果。

相較之下，人類的科學、統計、研究太過單方面，沒有實質意義。接受這件事，也會成爲一個原則；而我經常觀察到科學、統計被人刻意扭曲結果，原因和「心靈的絕對法則」有密切關係。就算沒有人刻意扭曲科學結果，研究方向也常常偏離正軌，所以人類的科學總是無法解決問題，這應該也算是一種「原則」；人類無法重現自然界的所有法則，這也稱得上一個「原則」，也因此人們會形容大自然的法則如同神蹟；宗教含有眞理，卻更加罪惡深重，也是一個「原則」；與其迷信科學或人類愚蠢的學問，應該觀測歷史，這也是「原則」；到了現在，一發生問題先觀察金流，也變成一個「原則」。

我們回歸物理面來看，認識「精製」的可怕，以及「精製」和藥物、化學物質的關聯，在我們的世界已經成爲「原則」；生物會遺傳，親傳子，子傳孫，也是一個原則；還有一個原則，愈是對抗一種物質，該物質就會增加，反之則減少，這原則可以套用於病原的抗藥性、抗癌藥物、超級雜草；所有經過市場行銷的事物，背後都有內情，也是適用於現代的一項「原則」；上述全是物理界的「原則」兼法則，本書就不再贅述。讀者若是不懂這些物質界的「原則」，閱讀本書可說是毫無意義。

我已經多次強調，要求所有人修飾發言，根本稱不上「原則」。人們把「心想事成」當作「原則」，那實際上和「原則」的定義相差甚遠。靈魂云云的討論乍看之下像「原則」，實際上卻搞錯方向。原住民的主要死因爲外傷、傳染病，只要少了上述兩項，人類甚至能活到一百二十歲，不癡呆、不駝背、不禿頭、不蛀牙，和野生動物一樣悄悄死去，這也是一個「原則」。換句話說，人類原本不可能染上各種文明病，一百年前的日本和現在相比，疾病的本質大相逕庭，這些都是「原則」。

從歷史的觀點探討疾病的原因

我前面提過，本章是來解釋「因果的絕對法則」，但其實解釋花不了多少篇幅，只因為「因果的絕對法則」和人類強烈的逃避心理一體兩面，人類可以理解一件事的本質，卻絕對不會正視原因。換句話說，我們生了病，為自己設下障礙，卻始終用「問題很大」、「很可憐」敷衍帶過，說什麼都不去正視原因。

我們人類的初始設定，本來就不會去直視自己的疑惑。儘管我們隱約認為必須思考，仍拋諸腦後。一切的原因，就在於思考質疑之後，思考結果顯得稀鬆平常。

各位讀到這應該都明白了，「心靈的絕對法則」支配人類心靈，進而衍生出疾病，以及重大的社會問題。

我的專業領域是醫學、文明毒物，專攻醫源病與藥害，所以現在就把話題拉回我的專業。

我一再重申，探究健康或疾病時就是採用不可信的科學研究、論文，才會演變成現在的局面，從科學研究、論文結果去思考病因，什麼也診斷不出來，也無法醫治疾病。在思考現在的醫療、飲食為何如此偏離常軌時，「類陰謀論概念」、從「歷史」找原因都有其意義。醫藥、檢查、食品毒素、日常環境的毒物，我稱之為「文明毒物」。談到現代地球環境與人體健康問題時，文明毒物正是文明病的一大主因。某些單一文明毒物，已經出現一定程度的研究結果，例如致癌物質。然而他們卻難以從無數文明毒物中，找出哪一項才是主因。所以我才強調，我們不該分開檢視各個要素，必須從「歷史」去探尋疾病。

我從「檢視歷史」的觀點聯想到，我們應該聚焦在原住民與野生動物。原住民的各種研究當中提到，他們基本上不曾出現各種「生活習慣病」，比方說肝病、心臟病、腎臟病、癌症、過敏、結締組織疾病。科學論者以「原住民平均壽命短」來駁斥上述事實，但是他們絕不會提到，原住民平均壽命短，是因爲新生兒、嬰幼兒死亡率極高，以及年輕人經常死於外傷。當時的嬰幼兒死亡率高，又沒有適當方法治療外傷或傳染病。而許多文獻記載，扣除上述原因，原住民是非常長壽且健壯，可以活到一百歲或一百二十歲，年紀足以成爲長老，卻不會老年癡呆。在原住民遺跡調查白骨時，發現非常大量的老人骨頭，他們無病無痛，長壽且沒有蛀牙。偉斯頓．A．普萊斯博士（Weston A. Price）的著作，《史上最震撼的飲食大眞相》佐證了上述事實，是貨眞價實的名著。

上述內容連結到一個想法，爲什麼我們會生病？著重物理面思考會通向科學論，偏生物學的思考會通向歷史。這狀況並不壞，但各位讀者可曾思考過，爲什麼身上某個部位會生病？第十三章「元素循環的絕對法則」也提過這部分，我們可以重新思考原因。

爲什麼這個人會得胃癌？

爲什麼這個人會得大腸癌？

這個人爲什麼是甲狀腺機能低下，爲什麼是甲狀腺亢進？

各位可曾思考過這些問題？

古代幾乎找不到這些疾病。問題不在於當時檢測技術落後，而是原住民不曾表示過得了以上症狀或疾病。假如形形色色的文明毒物催生出了疾病，當毒物累積過量，照理說應該會同時患上胃癌、大腸癌、肝癌、腦瘤、骨肉瘤、白血病。但超過九九％的人得了大病，多半只得其中一種。對此保持疑問，是十分重要、靈活且必要的概念。

人類吃一樣糟糕的食物，過著一樣不良的生活，爲什麼生的病卻各有不同？西方醫學得出的答案肯定是「疾病偶然發在不同部位」，稍微聰明一點的會用「基因遺傳導致患部不同」推託。同樣條件的人，卻在不同部位發病，只用巧合來解釋？會不會質疑這件事，就能看出一個人是不是魯民。另外，假設癌症眞會遺傳，爲什麼病患五代以前（不是兩代）看不到類似病症？現在世上沒有一個醫師能回答這個問題，也證明人類並不知道，遺傳基因對於疾病的影響其實很少。

探討疾病的原因必須從物質與精神兩方面著手

不過，學過「心靈的絕對法則」，就不會出現前述誤解。汲取法則的醫學思維，就類似量子醫學、古典醫學的思維，也就是「疾病有其意義，也有其原因」。反之，西方醫學只著重物理面，完全不考慮精神要素、精神與疾病的因果關係。

東方醫學有句著名俗語，叫做「身心如一」，也就是將身體（物理面）與心靈（精神、思想）視爲一體，然而現代人幾乎只著重在其中一面。量子醫學、古典醫學裡認爲精神、思想和身體同等，甚至比身體更加重要。假如文明毒物代表的是身體面（物質面）的負面影響，本書提到的一切，就是精神、思想等心靈層面的部分。

治療疾病時只察覺文明毒物的影響，沒有完全正視疾病的意義、惡習累積、或是思維、生活方式出問題，無法治癒疾病。而且人會不會生病，生了病治不治得好，通常有一些共同特徵，也存在既定道理。我們依照前述思維將病人分門別類，就會像第十三章「元素循環的絕對法則」的內容，看得出疾病與情緒的關係。

刪除無用藥物的醫療費用，將資源投入眞正有效的醫療與社福制度；封鎖核電廠，推動替代能源事業，關閉核汙染區域；強化司法加強公開透明，廢止非戶籍通稱名[25]，禁止議員世襲；另設獨立機關，重新調查非法領取生活保障補助的對象，強化第一級產業，做好準備成爲一個獨立國家。上述的一切，形同現代的殖民解放運動，現代日本人非做不可。

這些改革之所以邁不出任何一步，也是因為我國每一個國民腦中存在強烈意志，堅決逃避現實與原因。大部分日本人，不是盲信日本歷史的優秀之處，就是抱持自虐史觀貶低自國。想當然耳，一些人能眞心認爲「日本的歷史優秀且値得驕傲」，就看得出他們的心靈有多墮落。

我們必須思考，那些自稱右派、左派的賣國政治家背後究竟存在哪些後盾？擁有什麼背景？他們總是隨口胡扯，但那些謊言背後都有動機，不可能無故說謊。若要做到眞正意義上的民族獨立，必須驅逐亂搞一通的對抗醫學，建立日本食安，確保國民健康；淨化日本國土，趕走利慾薰心的高淨值人士，從他們手中榨取金錢；停用核能，採取安全且永續環境的能源政策；重建獨立的民族與軍隊，追查新冠肺炎、形同新興宗教的口罩等騙局。然而他們絕對不會執行這些政策，而日本人也不知爲何，從未質疑過他們的行爲。

我們的思考造就「日薄西山的日本」

究竟是什麼事物妨礙日本獨立？

---

25 譯註：「通稱名」指外籍人士在日本國內使用的通用名稱。日本可以非戶籍通稱名辦理各項有法定效益的手續。

疾病？政治問題？不，當人民學習辨認文明毒物，就該知道，疾病來自於自身的過錯，這是基礎常識。之於社會，之於國家，這個道理都不會變。比起陰謀論，比起「歷史」，我們更應該著重思維。是我們國民、一般平民的思維等同奴隸，才造成這種現狀。換句話說，認知到一切問題都源自於我們，原因出自自身，才算是理解「因果的絕對法則」。右派、左派都不會爲日本著想，就因爲我們支持這些政治家，日本才會墜落谷底。

最近是不是常常看到大麻相關的新聞？也許各位讀者會感到意外，這一連串大麻相關爭議，其實也包含人類對於對抗療法的質疑。有興趣的讀者，建議可參考拙作《歷史の眞相と、大麻の正体（暫譯：歷史眞相與大麻的眞面目）》，本書會解釋大麻究竟是什麼。大麻是一種強而有力的植物，非常可怕，絕不能輕易用於對抗療法。

現在恐怕沒有一種物質像大麻一樣，有人特地大張旗鼓宣傳。愈是淪於陰謀論者的自稱覺醒者，愈會讚美大麻。讀過拙作的人應該知道，我其實比大麻更加否定人類，書中也提到超高淨值人士打算利用大麻，以及大麻相關的陰謀論謊言連篇等等。大麻完美體現人類的愚蠢，那些認爲醫用大麻萬萬歲的人們根本沒想過，有多少行銷資金投在大麻議題。一切事出有因。

但是醫用大麻相關的根本問題並非前述內容，而是在於人們的觀念，不思考產生疾病的原因，一味想依賴大麻、醫用大麻。正因爲這些魯民從不思考眞正的緣由，不了解「因果的絕對法則」，才敢有此愚行。只要學過中醫基礎，絕不會把大麻說得像萬靈藥；只有沒待過醫療第一線的醫學新手，從未思考過何謂眞正的醫學，才會去吹捧那種禍害。日本人的特徵就是崇洋媚外，才會誤信那些淺薄的謊言，輕忽大麻的可怕之處，進而跟隨國外風潮，推廣大麻。

我在「前言」裡提過，這個世界時時存在原則與法則，精神也存在絕對的法則。一般人認爲精神、心靈，甚至是人格都是形形色色，不存在法則，但很可惜，心理學、哲學經過漫長的歷史淬鍊，不如一般人想像得那麼簡單。我雖然事前預告過懂的人少，但一定程度的人還是能理解，疾病的因果和人格、多樣化是兩回事。

大部分日本人，甚至是大部分人類，時時刻刻都在逃避，絕不正視「因果的絕對法則」，這個狀況也存在原因。我推測未來大約二〇二五年左右，日本將會失去現有的模樣，也許無法隨心所欲閱讀本書。每當我觀測未來的結果，眼前卻只有毫無希望的世界。爲了不讓未來落入百分之百的絕望，我才起心動念，想爲後世寫下本書。

內在思考的覺醒【第18章】

◉有果必有因。人類知道眞正的原因爲何，卻絕對不會正視它。
◉必須同時觀察物質面、精神面，才能判斷出疾病眞正的起因。
◉疾病的原因源自自身，日本逐漸衰敗，原因也在日本人身上。

第三部 新冠肺炎亂象與「心靈的絕對法則」

第19章 「新冠肺炎亂象所引發的『心靈的絕對法則』」

將新冠肺炎感染者視為「非國民」的日本人

相信各位讀者都知道，太平洋戰爭期間，反戰人士被視爲「非國民」，成爲日本全體國民欺壓的對象。全體國民高喊「殘暴美英」，迎接敗戰。

大部分日本人認爲是年代特殊，輿論才會抨擊反戰人士，往後絕不會重蹈覆轍。然而，相同狀況早已實際發生，那就是二〇二〇年的新冠肺炎亂象。日本國民受政府公開資訊、新聞媒體煽動，恐懼之下無法冷靜看待事實，肆意批判肺炎確診者或不戴口罩的人；一九四〇年代，國民也如同囫圇吞棗，對於政府、新聞媒體資訊照單全收，見到有人對戰爭有一句異議，便毫不留情批評、指責。兩者顯然如出一轍。

二〇二〇年八月二十七日當下，日本新冠肺炎確診死亡人數爲一千兩百人左右。而二〇一九年，感染流感的死亡人數超過三千人。

國外死亡人數有多龐大，我們稍後探討。單看前述數字就能察覺，新型冠狀病毒超越普通感冒範疇。而全國國民當時對於流行病的反應太過激烈。

有人外出不戴口罩，隨即遭受指責，確診者更是淪爲排擠對象。「自律警察」一詞大肆流行，大部分日本人認同「自律警察」的行爲，放棄獨立思考，在團體壓力之下消滅不同論調的人。日本人自二戰之後就沒有半點進步。

新冠肺炎亂象期間，我始終在網路上宣導排擠行爲有多愚蠢，卻只有極少數人明白我的用意。

我們可以體諒一個普通人不懂疾病，才會盲從，跟著對新冠肺炎反應過度。但是，有些平時批判政府的人或反核人士（他們自稱是時事通或覺醒者），一遇上新冠肺炎亂象，一個個都成了「盲從」的化身，事實證明他們只讀懂一件消息的表面，毫無獨立思考的基礎與基本可言。日本人不懂眞正追求科學性、自省，或是從客觀角度觀察事物。

這類魯民雖然不値一提，不過透過「心靈的絕對法則」觀察社會時，他們倒成了另類的好教材。我接下來就依照事發順序，依序解釋新冠肺炎亂象，順便爲各位讀者揭曉其眞面目。

掩蓋真相的主流媒體與煽動陰謀論的SNS

我原本就是以臉書爲中心，透過社群媒體、電子報、著作、YouTube發表資訊、教育大眾，電視、報紙不可能採納我的資訊。原因不須多言，就因爲他們認定我是騙子。

然而，不論我搬出符合科學的意見，還是引用部分權威理論，我之於主流媒體，必須是個騙子。各位讀者讀到本章，應該也明白「心靈的絕對法則」是如何運作於媒體。大肆抱怨「新聞媒體不報導眞相」，很沒意義。媒體原本就是用來洗腦魯民，深陷被害者情結的傢伙才會去埋怨一個媒介。

但是，眞要說社群媒體、YouTube上的資訊皆爲眞相，不須消化，倒也未必。社群媒體、YouTube和主流媒體相比，贊助商不容易投入金錢，相對能看到不受金錢左右的資訊，然而因此把社群媒體、YouTube當作眞理，可就大錯特錯。網路上充斥太多未證實資訊，只要查看熱門話題，馬上就能看到「這是陰謀」、「應對措施」等字眼，一點也不可信。太多人頭腦「好」得嚇死人，總愛假裝自己讀懂法則。

只會翻找網路資料，無法通曉事實或眞相。

不要被資訊蒙蔽，要驗證事實

光是諷刺無濟於事，就讓我們一起回憶新冠肺炎流行之初，以及一路所見的各種狀況。

我想已經很多人忘記，新冠肺炎原本始於中國武漢。甚至早就忘記，新冠肺炎是從鑽石公主號感染事件開始，才在日本佔據大大的新聞版面。

中國政府自疫情之初就隱瞞眞相，反倒是中國內外處處有人指責，中國政府公布的資訊虛假。眾多魯民斥責中國政府，一下子說確診者達數十萬、又說人數達數百萬；死亡人數一下千人一下萬人，到底該相信哪邊？正因爲他們不明白基本道理，不明白病毒的本質，甚至不懂人類這種垃圾種族存何居心，根本不理解「心靈的絕對法則」，才會被假訊息騙得團團轉。打從「新冠肺炎」出現之初，我的內心只有一個念頭，「又來了」。

日本人大概早就忘記，他們在疫情之初，始終堅持「新冠肺炎不會造成任何問題」。他們不把病毒放在眼裡，機場檢疫不確實，只希望中國人去迪士尼樂園、環球影城、百貨公司、秋葉原，花費大筆金錢。日本那些只服務海外遊客的產業，光會注意眼前的蠅頭小利。

後來新冠肺炎因爲鑽石公主號群聚感染事件，鬧得眾所皆知。自衛隊中央醫院接收大多數鑽石公主號確診者，該醫院醫師表示：一〇四例回報個案中，有四十三名陽性確診者入院時無症狀（四一・三％），三十三名確診者出現全病程（三一・七％）。自衛隊醫院的住院患者死亡人數爲零人，只有一人重症，需使用呼吸器。

新冠肺炎疫情之初，已經有人指出新冠肺炎與SARS的共通點，不需要我多贅述。不過，我想許多日本人並不知道，中國在新冠肺炎疫情前不久曾爆發肺鼠疫，卻無聲無息地落幕了。

二〇二〇年七月，日本新聞報導中國流行新型豬瘟，也沒有人在意。

純論傳染病的危險程度，肺鼠疫疫情顯然比較需要提防。簡而言之，對人類而言，其他傳染病、病毒種類、重症嚴重度根本無關緊要。問題在於人類的心靈如何看待疾病，人只會採納自己願意相信的、合乎財力的、願意實行的、合乎狹隘恐懼心理的、體現自身內心黑暗面的方法。「心靈的絕對法則」就是如此，新冠肺炎可說是完美體現其原理。

因奧運延期而態度不變的媒體與政府

詳細論述容我稍後解釋，不過日本人在疫情之初，只在乎中國觀光客在日本花了多少錢，病毒實際傳入日本，他們也覺得跟自己無關。這時候只有少數人戴口罩，大部分日本人的行動全是基於金錢、貪欲，嘴上說著「全體國人一起度過危機，不需多慮」，從不正視新型冠狀病毒的根本、背景或眞相。

新聞媒體不但絕口不提新冠肺炎的危險性，還爲了舉行奧運，一再協助隱匿相關資訊。然而當奧運確定延期的當下，新聞媒體又隨即忘記自己的謊言與罪孽，開始進行危險的政治宣傳。

政府一改謊言連篇的態度，發布緊急事態宣言，也隨即啓動了「心靈的絕對法則」。人民自己證明了他們是奴隸，是受害者，是仰賴政府而活，無法正視現實。

新冠肺炎的相關數據處處可見，這裡先暫且不提。之後就會爲各位詳細解釋假數據的緣由。

掀起網路論戰的人工製造病毒觀點

網路、社群網站和主流媒體、政府的行動相反，許多人開始熱衷於探索新冠肺炎的眞相。但也冒出相當多可疑資訊，試圖將假象當作眞相。我不知道哪些資訊爲眞，但現在就來爲各位介紹幾項論述。

疫情之初，有些人私下流傳一段推測，新冠肺炎可能是人工製造的病毒。而這則推測眞有幾分可信度。日本國內一些小型報社、雜誌也曾刊載類似推論。當時國外曾報導，中國的病毒研究所有病毒外洩。甚至連SARS也被視爲人工病毒，不然該病毒不可能變種成新型冠狀病毒。

觀察病毒的世界發展史就知道，人類活動、人類與動物頻繁接觸，很容易發現新型病毒。中國人口眾多，環境衛生不好，又把每一種生物當作普通動物對待，本來就容易引起病毒變種。換句話說，新型冠狀病毒有可能是自然演化而成。我並不排除這個可能性。

也有一說認爲，這次新型冠狀病毒的基因序列比較接近愛滋病毒、天花病毒或痲疹病毒。各大社群網站都冒出許多人自稱時事通，把人工病毒觀點和陰謀論常見的清除人口假說結合在一起，創造新的論述，認爲中國政府爲了普及疫苗，故意散播病毒。這類話題容易吸引網路新手，事情卻沒有這麼簡單。更何況，倘若中國政府眞心想要清除人口，其實還有很多別的方法。

中國最龐大的病毒研究所確實位於武漢。不但媒體播報過，也存在許多相關資訊，消息本身應該無誤。這項消息加強了陰謀論的可信度。不過，人類是騙子，太過迷信正義與眞實，甚至不去思考，若有人在這麼好探究的地方策畫陰謀，陰謀早就曝光了。

說到底，網路上隨處可見的消息，形同佛祖掌上的孫悟空。最重要的是要警惕自己，輕易搜尋到的資訊一定有其他意圖，存在其他內情。說到底，也許新冠肺炎疫情根本不存在陰謀，只是始於純粹的人爲錯誤。又或者，疫情本身是出自更龐大的企圖、更不一樣的目的。我們絕不能輕易認定答案。

再說，中國武漢地區原本就是老都市，衛生管理並不徹底。中國不是日本，我國採取過度嚴格的衛生管理方針，中國的髒亂環境遠遠超出我們的想像。

我們無法得知，全世界的人們在不衛生的環境中，與各式各樣的動物交流、彼此食用，會產生什麼樣的變化。中國當地居民身強體壯，免疫力強，歷史上他們仍因爲西方列強侵略，西方人帶來未知病毒，造成中國嚴重損害。歷史上人類的免疫力再強，再不容易生病，一旦遭遇未知病原體，人類仍然脆弱。在這前提下，自然突變的病毒反而比較可怕。

順待一提，有一謠傳這次肺炎疫情擴大之前，早有人開發好疫苗了。這則謠言也有點根據。然而只要把疫苗陰謀論當作前提，都沒辦法眞正看清新冠肺炎的全貌。這些謠言都與本書無關，而西醫不論開發何種疫苗，都一樣沒有效果。所有醫師中，只有我敢

聲稱所有疫苗無效，至於我提倡的理論與資訊，可以參考拙作《ワクチン不要論（暫譯：疫苗不要論）》。

突然被當成危險分子的新冠病毒

至今被稱爲「瘟疫」（先不論瘟疫思想也是洗腦大眾的謊言）的諸多傳染病，總有人類被擴散的恐懼影響，接著開始流傳人類末日將到，宣稱該「瘟疫」沒有方法治療。新冠肺炎疫情之初，單就當時現有資訊，是身體本就虛弱的人感染後，較容易死亡，大眾並不認爲新冠病毒有多可怕。不過，正如「心靈的絕對法則」所示，現在大眾對於新冠病毒的詮釋已經截然不同了。

現在去觀察中國當初的行動，有很多古怪之處。可以推測是因爲中國過去對於SARS的處理方式太過糟糕，飽受外界批判，所以乾脆封城來應對外界。若問中國是否認眞處理新冠肺炎疫情？這倒沒有。

中國的應對疫情工作小組以總理李克強、習近平的智囊學者王滬寧爲中心，輿論認爲他們政治影響力較弱，無力推動第一線防疫。再加上疫情之初，工作小組內沒有健康方面的高層人士，用日本的說法，就是並沒有厚生大臣層級的人物。也就是說，從政治觀點來看，習近平根本不打算認眞應對疫情。換個角度來看，他當時讓沒有實權的總理、沒有實際能力的親信處理疫情，若不是毫無作爲領袖的責任感，就是他認爲疫情並不嚴重。

中國自古就經常因爲疫病改朝換代，有人謠傳這次疫情也會出現類似變化。習近平的獨裁政權遭全世界撻伐，再加上各位讀者皆知的香港問題。半年過後的現在（二〇二〇年七月），香港在國家安全維持法控管下，已經徹底遭受中國支配。著名的反政府人士甚至因此逃亡海外。

從結果來看，中國看似利用病毒疫情強化統治力度。我撰寫本書原稿的當下爲二〇二〇年七月。國外的肺炎確診人數遠超越中國，單論事實，中國這個國家並未因爲疫情遭受太大傷害。中國高層反而趁機達成他們的企圖。

探討數字的謊言

讓我們看回日本國內。我在疫情之初不斷提倡，日本的肺炎死亡人數稀少，新冠肺炎亂象只是一場騙局，好不容易有人察覺眞相。但是察覺眞相的人極爲稀少。因爲他們不懂基礎，不懂世上存在假數據、假消息，更不知道通行於全體人類的「心靈的絕對法則」。

在談論心靈之前，讓我們釐清那些消息出現什麼問題。

我希望初探眞相的人首先要注意「假數據」。政府發表的日本確診人數、發病人數、甚至是死亡人數或死亡率，全都不可靠。希望各位讀者現在回想疫情鬧大之前的狀況。

疫情初期，由於政府急於舉行奧運，幾乎不進行篩檢，以減少官方資料上的確診者人數。

當然，篩檢試劑不足也是其中一項因素。

由此可推測，當時日本無症狀確診者或是輕症患者（自認爲是感冒）的人數，至少多達官方數據的數十倍到一百倍。

奧運確定延期之後，篩檢人數總算比以前增加，官方發表的確診人數也隨之增加。緊急事態宣言解除過後，到了七月，媒體報導全國確診人數再次增加，民眾擔心是否爲第二波疫情。但這一波爆增主因也是政府增加篩檢人數。感冒傳染機率較高，會愈傳愈多。而新冠肺炎其實是感冒級別的病毒，當然會愈傳愈廣。而且七、八月的死亡人數幾乎不再增加，合理推測日本全國人民已經達到群體免疫，現在卻仍有魯民執著於戴口罩。

說得簡單點，疫情初期的狀況，只是一群見錢眼開的傢伙爲了舉辦奧運，故意壓低確診人數，後來又放棄操作數據。因此，這段期間的確診數字增加沒有任何意義。

在當初的基因體研究中，新型冠狀病毒大致上分爲三種。電視新聞也曾報導過，S亞型病毒的基因體序列分爲TCT和TCC，L亞型則是CTC[26]。S亞型病毒較舊型，攻擊性較弱，而L亞型爲新型，攻擊性較強。然而從結果來看，這些描述都是謊言。根據報導，日本境內的確診者中，東京較流行S亞型，其他地區則流行L亞型。疫情較嚴重的歐洲地區多流行L亞型，而同樣疫情嚴峻的韓國則是多爲S亞型。官方報導指稱歐洲、美國的確診死亡率較高，暗示L亞型的危險性，但這也是謊言。後面章節會再詳述原因。這些病毒型態不同，卻不知爲何，在各國研究中暗示，病毒會以複數路線傳散。也許人們就是不解箇中道理，疑心強化了病毒爲人工製造的可能性。

探討人工製造病毒的說法

新型冠狀病毒爲人工製造的推測，是根據幾個公開資訊。扣除陰謀論，最有名的論述是印度理工學院（Indian Institutes of Technology，簡稱IIT）所發表，關於人類新型冠狀病毒的基因體定序分析結果。不過正確來說，這篇論文並非用來證明新型冠狀病毒爲人工製造，純粹是說明新型冠狀病毒的基因體序列不可能是自然突變，而且該病毒的基因體序列和愛滋病毒極爲相似。然而政府御用的顧問學者、媒體，以及相關廠商只會曝露其低能，光會對論文內容雞蛋裡挑骨頭，貶低這類有可能傳達眞實的論文，認爲其內容沒有可信度。在我的專業領域經常發生這一整套狀況。單就結果而言，這篇論文遭到撤回，但人類群體就是存在太多低能，一看到論文遭撤回，就認定其是陰謀論、不可信。

流亡美國的中國企業家、投資家郭文貴爆料，中國共產黨實際上早就承認「武漢肺炎病毒是人工病毒」。爆料內容聚焦在四種蛋白質的互換，和印度理工學院針對之處相符合。而我們並不曉得，他是從別的管道得出這套論述，還是引用印度論文得出結論。

美國《生物武器法》起草者法蘭西斯．博伊爾（Francis Boyle）博士也曾於報導、採訪中，明確指出新型冠狀病毒爲人工病毒。博伊爾博士熟悉生物武器，上述那些政府御用學者、媒體應該稍微聽進專業人士的說法，然而依據人類的心靈法則，他們就是會因爲專業人士說法與政府資訊相悖，進而否定專業人士。

諾貝爾獎爭議雖多，日本人卻特別喜歡諾貝爾獎。諾貝爾醫學獎得主呂克．蒙塔尼耶博士（Luc Antoine Montagnier）也曾認定新型冠狀病毒爲人工病毒。

原本就有一說提到，新型冠狀病毒是從武漢的病毒研究所外洩（該研究所現已封閉，另有消息指出研究所已遭爆破），就算眞是人工病毒也一點都不值得訝異。各國都曾報導相關消息，日本的新聞媒體卻對這消息不理不睬。蒙塔尼耶博士敢發表日本媒體不敢報導的言論，可稱得上正派的科學家。而日本的腐敗與操控資訊的手段，都已經登峰造極。

容我稍微岔開話題，日本的諾貝爾獎學者，有幾位早已成爲御用學者，將靈魂賣給金錢，才會一直強調「新冠肺炎很危險」、「一定要戴口罩」、「必須優先開發抗病毒藥、疫苗」。至於是誰，我就不提名字了。採用上述說法的日本媒體是騙子，各類政客

26 譯註：S亞型、L亞型爲疫情初期的病毒株命名方式，現已改爲希臘文字命名法。而TCT、CTC爲基因體名稱的順序，T爲胸腺嘧啶〔Thymine〕，C爲胞嘧啶〔cytosine〕，兩種皆爲組成DNA的鹼基之一。

也是騙子，而日本的學者毫無倫理道德、善意可言。我至今一再強調，這就是人類的本質。

反之，陰謀論者當然不可信，不過在新冠肺炎相關消息中，陰謀論至少比通篇廢話又謊言連篇的電視、報紙更加有用。重點是，我們應該仔細檢視每一則消息。

言歸正傳，假如新型冠狀病毒眞是人工病毒，製作者又是爲何散布病毒？我們不得不思考這個問題。一切事件都其來有自。最初級的陰謀論者主張散布病毒的原因是清除人口，但眞正的原因沒有這麼無聊。911事件、西班牙流感（足以和新冠肺炎相提並論的傳染病）大流行，背後都藏有其他用意。說到底，新冠肺炎流行至今，沒有人認眞分析新冠肺炎爲何會演變成重症，直接就歸咎於病毒。

不能籠統地斷定新冠肺炎的原因

我不相信任何小道消息。我的專業領域是醫源病、藥害，以及成癮、心理方面，所以就從這兩種觀點去觀察新冠肺炎的成因。我原本是消化內科醫師，專門處理典型的傳染病（支氣管炎、肺炎、腸炎、膽囊炎等），比起從未見過傳染病病患的人，我對於病毒有更多認識。我學過各種非主流療法，從東方醫學、替代療法、營養學、量子醫學、人體運動學、心理治療，但唯一的專門仍然是醫源病、藥害、精神醫學。

因此從醫者的角度看待新冠肺炎，結論總是和其他領域的知識分子、陰謀論者差距甚大。治療醫源病時最重要的概念，就是看穿藥物造成的轉移反應、假病名，以及藏於假病名底下的祕密。另外，觀察、思考時不參考論文或依據，而是著重於文化學、人類學等歷史方面的考察。公害的歷史研究當中也存在類似的狀況。新冠肺炎已經走上相同模式。

倘若新冠肺炎不是出自人手，又是怎麼誕生的？

前面也提過，人類活動以及人類頻繁接觸動物，很容易催生新型病毒。追溯各類資訊也能找到一種說法，武漢的病毒亂象不能單純歸咎病毒，而是因爲「5G」（第五代通訊技術）。這說法的根據是，武漢開始導入5G技術之後沒多久，就傳出病毒感染亂象，5G強力電磁波引發的症狀類似病毒感染。關於這說法，也有網路資訊和影片試圖對照5G技術分布和感染地區。5G確實會影響人體，但我不認爲這一點能夠解釋新冠肺炎的起因。不過追溯醫源病時最重要的事，就是不當眞、不輕信擺在眼前的資訊。

探討歷史上的相似案例「西班牙流感」

在探討新冠肺炎的成因時，有一個非常值得參考的案例，就是前面提過的「西班牙流感」。在學習法則時，探究歷史是非常重要的一件事。

「西班牙流感」經常出現在報章雜誌，相信各位讀者聽聞過這個名詞。這是一九一九到一九二〇年期間，造成大流行的流行性感冒。據說在全世界造成兩千萬到四千五百萬人死亡，日本國內也造成約四十五萬人死亡。順帶一提，關於西班牙流感的源頭存在諸多觀點，其中最有力的說法指出，西班牙流感是出自美國堪薩斯州的芳斯頓軍營（Camp Funston）。

主流研究認爲西班牙流感是自然生成的病毒，但這說法很難說服人。順帶一提，在基因體研究中，扣除蝙蝠散播的病毒，最古老的西班牙流感病毒可能是源自美國。

明明傳染源頭在美國，又爲什麼稱爲「西班牙流感」？是因爲第一次世界大戰當下，西班牙保持中立，可以自由報導傳染狀況。而當時停靠日本橫須賀軍港的軍艦中出現流感患者，頓時傳遍橫須賀市區及橫濱市，被視爲西班牙流感傳入日本的開端。這狀況和新冠肺炎突破防線的狀況十分相似。

順帶一提，之後會提到的豬流感，也是從美軍傳入日本。另外，武漢發現新冠肺炎病毒的兩周前，曾有兩百名美軍入境武漢。

接下來，西班牙流感分爲兩個時期，「流行前期」和「流行後期」。據說「流行後期」的死亡率較高，很可能是病毒出現變種。西班牙流感的死亡率約〇・八％。單看歷史紀錄，新冠肺炎實際上的死亡率比西班牙流感還低。計算新冠肺炎死亡率用的分子、分母全都是假數據，除非分析現有的全部資料，不然算不出眞正的死亡率。

西班牙流感當時沒有電視，流感大流行資訊是透過報紙傳達給大眾，不僅疾病謠言四起，甚至造成工業大停擺。而當時的人們也是配戴口罩、隔離染病病患、避開人群匯集的場所，來預防西班牙流感，預防方式和現在有相似之處。

只要明白「心靈的絕對法則」，就會知道，科技、文明的發展和人類的進化沒有半點關係。人類不分時代，心靈都是愚蠢至極，所以非常遺憾，當時的人們完全無法遏止西班牙流感擴散。流感大流行當下和現在一樣，提倡「洗手」、「漱口」、「戴口罩」，但這些預防手段全都無效；當時也推廣疫苗的預防接種，但是連後來的顧問學者也認定當年的預防接種是「失敗收場」。有些研究機構，例如日本的北里研究所就想出了苦肉計，針對西班牙流感開發了預防藥物，然而他們把「病毒」當成「細菌」去開發藥物，研究方向明顯有誤。當時約有五百萬人接種了無效疫苗。但不論如何，預防接種只是無效手段，就算他們研究方向正確也沒有意義。

最後，這場西班牙流感大流行，是透過日本人（或說全體人類）曝露在西班牙流感威脅下數次，獲得群體免疫後才落幕。那個時代飛機還不普及，疾病卻急速擴散，採取了和現代一樣的措施，仍無力防範。當年的醫學知識、資訊媒體不如現在普及，想必人民的混亂想必更加擴大，但人類的本質不分今昔。反倒是現代人誤以爲科技進步，結果更多人迷失在多餘的資訊與謊言中。

比方說PCR檢測的騙局、死亡診斷書造假導致新冠肺炎死亡人數大增（尤其是國外）、抗體檢測的騙局、國家假造篩檢人數、僞陽性和僞陰性、無症狀感染的謊言、虛假的基因體研究（從表面上就觀察得到的依據根本沒意義）、假裝以弱毒性或強毒性區分三種病毒、病毒變種、謊稱疫苗和抗病毒藥有效……假訊息不遑枚舉。

我希望各位讀者能回過頭來檢視歷史。

西班牙流感和現在的疫情一樣，確診者人數增增減減，不斷重複「自主健康管理」、「口罩」、「藥物治療」，結果卻造成大量死者。疫情愈拖愈久，人們卻毫不明白，他們愈是隔離、自我管控、接受醫療處置，死人是只增不減。現在也一樣，日本採取醫療隔離政策、自主健康管理措施，心情爲眼前的數字忐忑不安，長時間胡搞瞎搞，卻只是助長病毒突變。人類過於輕視免疫力與基礎醫學，造就現在的結果。而我們現在知道，西班牙流感流行期間最常見的死因，歸咎於治療流感用的阿斯匹靈。

探討過去的全球大流行案例

我們回頭來看從前被視爲流行病的病毒。豬流感分別在一九七六年和二〇〇九年，造成世界規模的大流行，然而這也是一場騙局。當時也出現各種騙子群魔亂舞，宣傳豬流感的危險性，肆意煽動民眾恐懼。結果有近五千萬人施打疫苗，最後卻因爲大量民眾產生疫苗副作用，而停止施打。但這段描述也只是政治宣傳，爲了處理掉過剩的豬流感疫苗庫存，他們當然得宣傳豬流感疫苗的危險性。

也因此，我們不能只閱讀網路資料，必須仔細蒐集情報，才能理解事實。但是，只要徹底理解「心靈的絕對法則」，不需要讀太多書，也能在眾人恐慌的狀況下看穿謊言。

包含SARS在內，許多病毒被渲染成流行病，就連眾人害怕的新型流行性感冒，也是一場流行病騙局。不過，「流行性感冒」這個名字取得很不好。流行性感冒很可怕，這個觀念已經深入一般民眾認知，只要流行病的影響不如普通流感，民眾就不會相信流行病的危險性，一場流行病會在群眾眼底下漸漸銷聲匿跡。儘管政府宣傳這場疾病已經擴散到幾千萬人，造成難以想像的損害，仍只有少數人受騙。因此，這次的新型冠狀病毒可說是因爲其神祕特質，才獲選爲騙局的題材。

首先，我們必須認知到歷史充滿謊言，知道以往發生過現今的狀況，才能理解有心人士如何散布謊言、騙局。我們接下來就以此爲前提，開始解析各項論述。

首先是假數據，假數據大致上分爲兩個階段。

一是認識檢測的虛假之處，二是認識死亡人數爲何是謊言。了解上述前因之後就能明白，新冠肺炎亂象只是一場騙局，只是重演歷史。

PCR檢測有哪部分是謊言？

新冠肺炎亂象擴散到全世界期間，許多人緊盯PCR檢測出的全世界確診人數，爲此忐忑不安。以這段描述爲大前提，許多人先入爲主，認定PCR檢測是全世界認可的檢查，所以結果不可能有錯。機會難得，我就以PCR檢測爲例，解釋醫療檢查有多漏洞百出，民眾又是如何深信這種謊言連篇的檢查。我好歹也是一名西醫師，勢必得從醫學角度解說。

我當時在網路上發布否定PCR檢測的文章，有批醫師、藥劑師、臨床檢查技師[27]隨即激憤大喊：「這篇文章在說謊！」許多傢伙不釐清事實，只重視慣例就出來大放厥詞，相較之下，有些人從基礎、化學角度批判我的文章，還比較可取。

另一方面，也出現許多醫師、牙醫、藥劑師、檢查技師贊同我的文章。有趣的是，認同文章的人多半是受夠醫院或醫療業界的謊言，因而放棄醫療工作。

首先，我希望各位讀者回想我的專業領域。醫源病、藥害、公害等研究，是建立在一個前提之上，那就是「化學理論源於胡說八道」。接下來就從我的專業領域角度，繼續解說。

首先，要看透PCR檢測的騙局，需要幾項初階知識。例如「PCR」究竟是什麼？「敏感度」和「特異性」是什麼意思？DNA和RNA差在哪裡？大眾口中的篩檢量問題、其他傳染病又去哪裡了？明白這些知識之後，再去統合複數資訊，這時自身的推理能力就非常重要了。這些前置知識必須擺在一起解釋，不然會難以理解。希望各位讀者克服這些難解的知識，繼續讀下去。

・首先，「PCR」究竟是什麼？

簡而言之，「PCR」就是擴增式測試。在一份DNA樣本中混入各種試劑，升溫、降溫。而DNA是由雙股螺旋結構組成，將DNA的雙股結構拆成單股，設定記號，我們稱為「引子」（Primer）。加熱樣本，使兩條DNA鏈拆開，降溫之後再「黏合」引子。之後再使用DNA聚合攜產生合成反應，就能接連複製DNA片段。複製數量會以數次方不斷複製，只需幾個小時就能複製到原本的一百萬倍以上。

緊接著，一般會進行瓊脂糖凝膠電泳（agarose gel electrophoresis）[28]，去觀察哪個是病毒片段、新型冠狀病毒的複製體在哪裡？

先撇開人爲的測試失誤，在電泳的測試階段就已經潛藏幾個問題。原本新冠肺炎並不存在PCR檢測，是被譽爲日本高層衛生機構的國立感染症研究所先設定引子，自行研發檢測方式之後，再交由地方衛生研究所執行。之後會詳細分析這段過程。

依照時間順序排列，日本於一月十二日參與WHO的電話會議，一月中旬導入檢測原型；一月二十四日，感染研究所宣布法定篩檢已準備就緒，然而研究所直到一月三十日，才成功分離出新型冠狀病毒。暫且不諷刺日本衛生高層，總之檢測方式就如各位讀者所知，用棉棒插入鼻孔，拭出檢體檢測。使用生理食鹽水灌洗肺炎患者的肺部[29]，快速抽取洗淨後的液體，也可以進行類似檢查。

27 譯註：等同於台灣的醫事檢驗師。

28 譯註：以俗稱洋菜的藻類中萃取出瓊脂，並以瓊脂膠體做爲緩衝液，維持均勻電場作用下，帶電荷的分子會自行在膠體內移動，以便觀察各分子的狀態。

29 譯註：正式名稱爲肺泡灌洗術，這裡採直譯。

PCR檢測（Ploymerase chain reactin）[30]

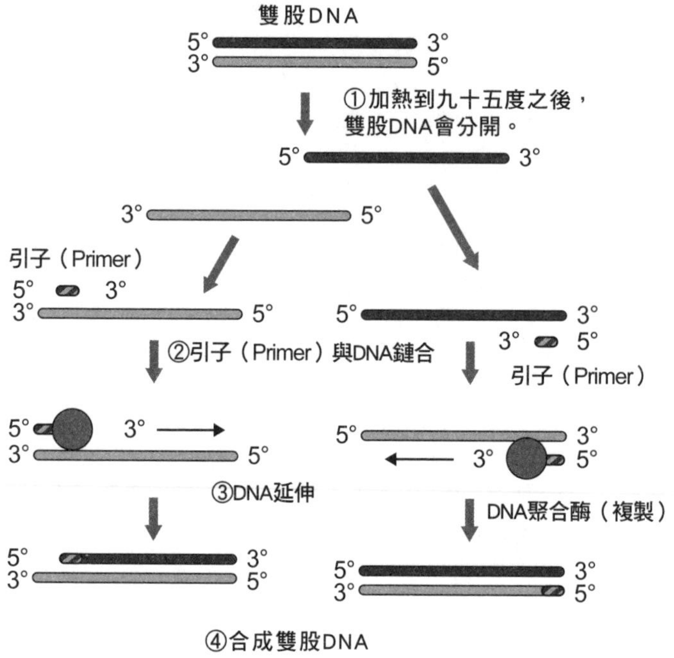

重複①到④的動作，擴增DNA片段

病毒擴增圖

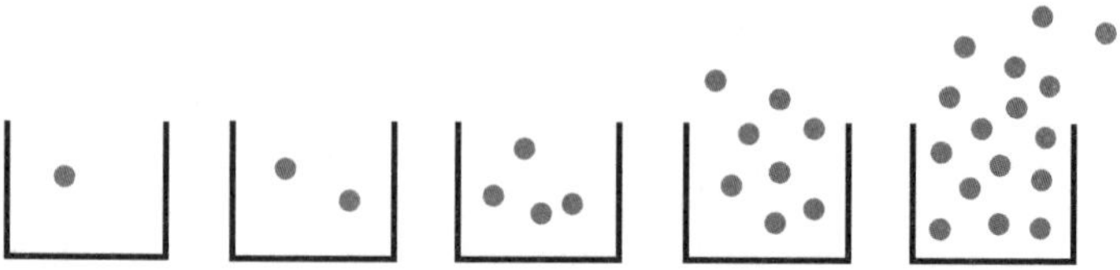

檢測過程是擴增哪個部分？現階段是擴增兩處，病毒基因體的開放閱讀框（Open reading frame, ORF）以及棘蛋白。這部分我只能寫下謠傳的內容。而檢測方式屬於專業領域，分爲利用電泳的反轉錄PCR，以及利用TaqMan probe的即時PCR。前者檢測方式費工，而感染症研究所是以反轉錄PCR爲主，導致檢測速度受限。

所以他們當初仰賴外包檢驗所，委外檢測，結果才有辦法使用國外生產的研究試劑。研究試劑製造商其實就是羅氏，而羅氏是開發奧司他韋的公司。我希望各位讀者能讀讀拙作《醫學不要論》裡，關於奧司他韋的騙局。羅氏的日本分公司，比感染症研究所更早開始確保大規模的試劑供應鏈。當然，他們不可能事前預知疫情擴大，我頂多可以諷刺他們相中疾病商機，事前做足準備。

也因此，在上述狀況下，疫情之初魯民吵著要求「全面普篩」，在實際面上根本做不到。

不論如何，PCR檢測就是採用某人事先決定的引子，從夾雜細胞、蛋白質、細菌、黏液、空污物質的檢體，經過精密提煉之後尋找目標物（病毒）。讀到這裡，有些人腦中會浮現一些疑問，你們還算是比較明事理。原因待稍後分析。

---

30 譯註：正確中文名稱爲：聚合攜連鎖反應。

・充滿疑問的檢測精準度

就連政府御用的專業人士，都認爲依照機構的檢測精準度不同，ＰＣＲ檢測的結果會產生誤差。另外普遍有專家批評，ＰＣＲ檢測視溫度管理、提煉方式不同，經常出現「方式正確卻無法確實合成ＤＮＡ」、「只擴增了無關的ＤＮＡ」，甚至「合成過程發生突變」。重點來了，御用學者、教科書上使用的詞彙是「經常」。舉個例子，愛知縣於四月十一日發表，ＰＣＲ檢測中有二十八名出現陽性判定，然而在二次檢測中卻只有四名出現陽性判定。這是人爲疏失造成的誤判。

倘若想查詢新型冠狀病毒的基因序列，有一個免費公開資料的開放資源計畫，名爲「Nextstrain」。世界各地的研究機關從患者身上採檢病毒的基因序列之後，可以自由在此資料庫上傳資料。我們不知道這個開放資源計畫可信度爲何，但我們暫且認定它是可信的。總之資料庫依照數據畫出了病毒系譜樹，單看網站資料，「Nextstrain」得到的新型冠狀病毒基因，在三月底的當下已經超過兩千筆，平均每十五天就變種一次。

・學者普遍指出ＰＣＲ檢測的缺點

ＰＣＲ檢測不只用於新冠肺炎篩檢，也用於各種用途。我至今已經揭發過「癌症早期診斷」、「癌前診斷」的謊言，ＰＣＲ檢測也經常用於上述兩類篩檢。ＰＣＲ檢測是因爲能在短時間內複製大量基因，而廣受推崇。不過這種檢測卻有幾個缺點。普遍提到的缺點如下：

- 檢體或檢體的處理方式導致檢出率不同。
- 篩檢結果的陰性、陽性不代表確診與否（感染疾病和陽性判定是兩回事）。
- 核酸擴增會因爲阻礙物質影響產生上限。
- 結凍次數多寡會影響檢測結果。
- 檢測時受到陽性對象汙染（周遭有人感染新冠肺炎、醫檢師本身已確診等）。
- 之前的檢測、實驗汙染檢體（消毒不確實的狀況很常見）。
- 試劑混入錯誤的核酸，導致陽性判定。

甚至像維基百科這類不夠嚴謹的百科，條目都能列出以上錯誤。

・PCR檢測出現多達三成誤判

接著，我們來探討敏感度和特異性。

敏感度是指所有患者接受檢測時，出現陽性反應的比例；特異性則是非患者之中出現陰性的比例。倘若檢測的這兩項數值較低，必須重複檢測，才能測出正確數據。由於之前提到的試劑等問題，可推測政府並沒有進行追加檢測或重複檢測（新聞報導並沒有提到，而我透過人脈詢問，也沒聽到類似消息）。

根據媒體報導，日本國內的ＰＣＲ檢測敏感度大約七〇％（自衛隊醫院報告採取相同主張），特異性爲九〇％左右。而換作是最近一般公司開發的新型篩檢試劑，他們認爲精準度更高。

我們先假設檢測敏感度爲七○％，每檢查一百名確診患者，就會有七十名呈現陽性，三十名呈現陰性反應，那麼這三十名就是「僞陰性」；假設特異性爲九○％，每次檢查一百名未確診者，就會有九十名呈陰性反應，十名爲「僞陽性」。就如我前面提過的，這狀況並非愛知縣那樣的人爲疏失，而是出了其他問題。然而，我甚至認爲連這些數據都不值得相信。

順帶一提，單看二○二○年春季的政府、厚生省、都道府縣相關公告，陽性確診者只佔PCR檢測人數的六％～七％。就如各位所知，政府、醫院這時不太願意做檢測，只要病患沒出現疑似新冠肺炎的病徵，就不會進行篩檢。儘管如此，篩檢報告得出的結果，卻是將近九五％的病患並未感染新冠肺炎。

・認識DNA和RNA的差異，就能明白檢測有多沒意義

接下來，在談到DNA和RNA的差異之前，我們先從認識「核酸」開始。

核酸是DNA和RNA的統稱。鹼基加上醣、磷酸基，稱爲「核苷酸」（Nucleotide），核苷酸聚合之後形成核酸。而DNA和RNA的差異在於，DNA連接醣類的是氫原子，RNA連接醣類的是羥基（OH）。而RNA可以由DNA轉錄，以DNA保存RNA，而RNA則用於展示資訊。而在分子結構，RNA由羥基連接，結構非常不穩定，容易分解。

把RNA看作是一封書信，DNA就是作爲書信基底的資訊來源，由此形容可看

出，DNA比RNA更加穩定。兩者還有鹼基的差異，像是胸腺嘧啶（Thymine）跟婓嘧啶（Uracil），但基於篇幅，請容我省略這部分解說。順帶一提，冠狀病毒不論新型、舊型，都屬於RNA病毒，崘疹病毒則屬於雙股DNA病毒。各位讀者可以這樣理解：RNA病毒之所以容易變種，是由於RNA結構不穩定。理所當然，冠狀病毒很容易變種。而DNA是雙螺旋結構，RNA原則上是單螺旋結構。

就客觀事實探討PCR檢測的真相

現在我們終於湊齊相關基本知識。接下來，我們必須具備想像力，來融合各種資訊。因爲教科書、電視媒體、網路上絕對看不到這些資訊。

現在我們複習一下PCR檢測的步驟：①使用咽頭處體液檢體。②（按照羅氏公司、感染症研究所的解說）從大致設定好的冠狀病毒引子複製病毒片段，擴增數量。

不過，這裡擴增的病毒有可能不是來自感染源。若有讀者讀到這，發覺不太對勁，你們還算是直覺準確。

從某個疑似感冒的病患採取鼻咽檢體，進行PCR檢測時，就算使用羅氏公司、感染症研究所指定的引子來擴增RNA，也會出現各種可能性：

・也許只是鼻腔存在病毒（患者很可能尚未染病）。

・病毒存在於黏液、細菌中，但可能早已死亡（不活化的RNA病毒沒有感染風險，卻會跟著擴增）。

・病毒存在於患者細胞，患者本身卻可能已對病毒免疫（無症狀確診）。

・患者可能已感染其他病毒，檢測卻不慎擴增冠狀病毒的RNA。

・純粹只是鼻腔細菌含有病毒（稱爲「噬菌體」，和感染病症無關）。

順帶一提，各位魯民最喜歡的科學已經證實，細菌中也包含病毒基因。

在作法上就已經出現各種狀況，再加上我們知道，檢測敏感度、特異性會引發其他問題。

然而除此之外，還有別的狀況。已經有許多人知道冠狀病毒是RNA病毒，經過基因體解析，畫出非常寬廣的基因序列系譜樹圖（Nextstrain的系譜樹圖也包含在內）。也就是說，這些系譜樹圖可以顯示RNA不停突變。那我們現在有一個問題，PCR檢測是否能跟上這個突變速度？答案是根本不可能。或者是現今的檢測已經能應付所有突變過後的病毒，只是我不知道？那我反倒希望有人能告訴我怎麼做。

倘若不確認病毒突變狀況，只使用單一目標檢測，會有什麼後果？比方說，根據感染症研究所說明，他們是以S蛋白作爲擴增目標，舊型冠狀病毒也存在S蛋白。另外根據前面的人工病毒分析，新型冠狀病毒有可能混入其他病毒的基因序列，但在病毒混合、人工合成之前，還有別的要素影響。倘若新型冠狀病毒突變十分快速，基因序列、核酸定序和其他病毒有相似之處很正常。引子雖然是挑選該病毒最具特徵性的部位，病毒若是急遽突變，也可能把完全不同的病毒判定成新型冠狀病毒。專業上稱之爲「交叉反應」（Cross-reactivity）。

疫情之前，流感曾在美國大肆流行，據說短短數個月就有超過兩萬人病死。然而當時的人們並沒有特別作自主健康管理，美國政府也沒有發表緊急事態宣言。之後不知不覺間，流感話題銷聲匿跡，輿論通通都在討論新冠肺炎。當然，之後就是一次又一次的隔離政策。

說到底，不只是流感病毒會導致重症，舊型冠狀病毒、腺病毒、微小病毒，都會導致重症。

這些病毒的患者死因多半是肺炎，死亡前的病程類似新冠肺炎。然而只用新冠肺炎現有的篩檢方式，不可能篩出所有病毒，也可能病毒種類不同，卻同樣出現新冠的陽性反應。目前提到的誤診要素以及交叉反應，都有可能產生僞陽性。就算是其他病毒感染導致重症，只要患者的黏膜、體內細菌沾染無關的新型冠狀病毒，經過篩檢釣出病毒片段擴增，就會被列進新冠肺炎引發的重症數字，也就是誤診。

所以確診人數之所以會增加，並不是因爲疾病檢測派不上用場，而是因爲檢測機構都使用PCR檢測當作判定基準。發明PCR檢測的凱利·穆利斯（Kary Mullis）提過，PCR檢測不適合用於診斷疾病，這結果理所當然。遺憾的是，凱利·穆利斯已在新冠肺炎開始流行前三個月過世。這想必是巧合。

緊接著，病毒診斷時也會使用抗體檢測等檢查。不過據我所知，抗體檢查以三明治法爲主流，新型冠狀病毒的近親病毒也會出現陽性反應。說到底，將ＰＣＲ檢測和抗體檢測結果視同確診，本身就是一場騙局。這不是陰謀論，而是非常基本的科學概念，更是明確的醫學。

換句話說，ＰＣＲ檢測表面上是檢測新型冠狀病毒的ＲＮＡ，可惜的是，這種檢查無法單獨測出冠狀病毒。

就科學上的事實而言，ＰＣＲ檢測無法精準驗出新冠病毒

倘若有讀者對此存疑，可以自行查詢相關資料，就會知道其他病毒也會產生陽性反應，這是不爭的事實。新型冠狀病毒的引子是萃取人類體細胞培養，體細胞中有可能早就沾染許多別的病毒，我們不知道培養前能清理得多乾淨。檢測者甚至也不知道自己取得了哪一種ＲＮＡ，ＲＮＡ就算和引子構造相同，檢測過程也可能產生交叉反應。檢測出現陽性反應，也不一定是新型冠狀病毒，不是新型冠狀病毒的可能性甚至更高一些。

順帶一提，ＰＣＲ檢測套組上記載著，檢測過程會受到：

・流感病毒
・腺病毒
・黴漿菌

・披衣菌

以及「Non-specific interference」影響。而直譯上述英文，就是檢測會受到「非特異性干擾」。

抗體檢測也可能檢測出非特異性蛋白質，所以其他病毒照樣會呈現陽性反應。因此，抗體檢測陽性代表未感染新型冠狀病毒，只是瞞天大謊。人體免疫沒這麼單純，病毒又會輕易變種，事實上已經出現二次確診的患者。人會多次染上感冒，一定有其原因。

現在我們可以認爲，是因爲流感、腺病毒、黴漿菌等影響，組成了大多數肺炎確診人數。每年本來就會因爲上述病毒感染，出現一定數量的死者。

患者感染上述病毒引發肺炎，當然也可能出現新冠肺炎後遺症的間質性肺病。甚至會和新冠肺炎一樣出現味覺障礙。所以簡而言之，這究竟是怎麼一回事？既然ＰＣＲ檢測不可靠，我們很可能將別種病毒誤判爲新型冠狀病毒，進而弄錯應對方式。

我們從根本來思考看看，爲什麼現今應對新冠肺炎的措施並不順利？只要各位一天不弄懂「心靈的絕對法則」，就不可能明白，人類總是多做多錯，常常只是白忙一場。

我們只要正視現實，有憑有據觀察事實，試著尋找周遭染上新冠肺炎、因此病死的人，就知道這場傳染病並不需要大驚小怪。歷史已經證明過，人類敗給恐懼，嘗試殺菌，企圖支配病毒或微生物，沒有一次成功。更別提什麼自律警察之類的，根本不可能解決新冠肺炎亂象。人類卻毫不懷疑自身的愚蠢，堅信自己是正確的，被媒體耍得團團轉，彼此對立。

至少關於備受大眾信任的ＰＣＲ檢測，單純就醫學角度檢視，就是誤判機率高，甚至檢測套組上就已經聲明可能誤判，一切都是事實。

ＰＣＲ檢測造假的相關說明

ＰＣＲ檢測還有一些負面內幕。新冠肺炎剛開始流行，輿論開始聚焦在檢測套組時，檢測公司的官方網站上確實標註了Non-specific interference（非特異性干擾）。然而就如前述，問題是大眾是否把這段備註當眞？我之前一直很煩惱，不知該怎麼解讀這段備註。因爲一間想賺錢的檢測公司，實在很難想像他們會特地標註，檢測套組會受其他病毒影響。

但該公司標上去了，我自然相當苦惱怎麼解讀。我左思右想，原以爲這種寫法是用來規避訴訟責任，或是風險管理上的考量，還爲此去詢問精通英文者的意見。

然而到了五月左右，網路上突然流傳一項資訊，說這項備註標錯了。原本中國出產檢測套組，上頭寫著「No non-specific interference」。所以檢測公司的意思變成，檢測套組並不會受到上述病毒之非特異性干擾，在商業宣傳上並沒有問題。雖然我早就寫下更多其他的原因，去解釋ＰＣＲ檢測有多麼不可靠。

不過，假如眞相眞是檢測公司扭曲備註，又會產生另一方面的問題。一套醫療用途的檢測套組，銷售方官方網站的商品備註（上頭確實寫著「Non-specific interference」，現在有些檢測套組的官網也標註相同字樣），和中國的檢測套組備註有出入，事情就很難收拾了，

用印刷字樣複製失誤或標示錯誤推託，可沒辦法了事。今天換作是藥物，那就是「藥物標示不清」。堂堂一間公司，怎麼能犯這種低級錯誤？醫院、國家有可能因此提告。

如前述，我並不是因爲檢測套組標示不清，才不相信PCR檢測。從設定引子開始，一開始釣出的病毒片段是否眞是新型冠狀病毒；檢測標的無法跟上突變速度，造成交叉反應；誤測患者沾染的病毒，實際上患者並未感染；測出噬菌體、存在於黏液內的其他病毒；病毒存在黏液內，患者卻並未發病；檢測失誤、檢測時的汙染；甚至是醫學教科書都會提到的僞陽性、僞陰性問題。PCR檢測不值得信任的因素太多了，但這裡暫且不提。

問題是，爲什麼五月左右突然傳出備註錯誤的消息？而且中國產檢測套組備註的消息，根本像是事後推託，怎麼突然有人把它當作眞相，大肆宣傳？難不成是五月那陣子，有一些新手陰謀論者突然揪著這件事討論，彷彿他們捉到檢測公司的小辮子？

我在疫情之初調查檢測、檢測套組相關問題時，官方網站上的確只標註「Non-specific」。大部分人看到這段標註，知道檢測結果會受其他病毒影響，並不會誤解意思。就算碰上那些主張PCR檢測很正確的騙子，只要搬出這段標註，多少能進行討

論。但他們不是徹底無視檢測套組備註，就是故意誤解英文原意（像是無憑無據，堅持備註有誤標）。而現在上網搜尋PCR檢測套組相關資料，排行前幾名的搜尋結果都提到「中國產檢測套組標註爲……」，資訊很可能刻意經過SEO（搜尋引擎優化）。五月以後才出現和之前不同的狀況，你能夠合情合理解釋，事情爲何會如此演變？

檢測套組本來就明文備註：「檢測套組只用於研究目的，不可用於（病毒感染）疾病診斷」，彷彿在暗示檢測本身不可信。凱利・穆利斯也曾公開表示相同意見。由此可知，當然有更多人認定PCR檢測會對其他病毒產生反應。

真相的背後還有另一層內幕

你可曾質疑PCR檢測的備註，或是其他中途冒出來的資訊很古怪？那你們大可認爲自己已經一定程度了解「心靈的絕對法則」。請容我再三強調，備註是醫療以及檢測套組最重要的部分，絕不容許製造商標註錯誤。倘若眞有製造商標註錯誤，製造商一定得招開道歉記者會，一個不好甚至要上法院（哪怕大多數醫師都不會檢查檢測套組的使用說明）。

接下來的描述是我的妄想，我認爲檢測套組的標示爭議可能是人爲造成。檢測公司爲了銷售商品，商品解說當然不能讓人起疑。但現在幾乎所有相關網站都改了備註，從「Non-specific interfrernce」變成「No non-specific interfrernce」，後者已經成爲「眞實」且「正確」的資訊，扭曲輿論風向，變成找到後者的人才是正確的，人們輕信第一個出現在眼前的資訊，出聲質疑檢測套組的人反成了騙子。若要故意說得更像陰謀論，這言論風向像是有網軍刻意洗資訊，想把反醫學、反體制的人們塑造成愛放謠言的騙子。

爲什麼要這麼做？因爲疫情之初，所有關注ＰＣＲ檢測的人，都讀過檢測套組的原文使用說明。只要上頭標註「Non-specific interfrernce」，自然會認定檢測套組「會對其他病毒產生反應」。這段解釋在網路上廣傳之後，因爲字面是合理的，非醫界專業的YouTuber或陰謀論者也採用這段解釋。然而當消息在網路上擴散到一定程度，又突然冒出相反的消息，主張「中國產檢測套組的備註內容不同」。看了不覺得很詭異？現代人已經被教育成只靠眼前所見的事物判斷一切，只要有人斷章取義，大多數人不會思考一段消息的發展脈絡。漸漸有些人會認爲「只是複製錯誤」、「單純是標錯」，而一開始關注相關消息的人，明明認眞調查檢測套組的原文說明，認定這種檢測不可信，卻全被塑造成造謠者、說謊者。

萬一眞是如此，這不就是陰謀論裡常見的手法？也可以說是有人刻意離間、挑撥民眾。一開始的質疑者只是在檢視實際標示的文字，明明是檢測公司放出前後兩種謠言，檢測公司的御用研究者還推波助瀾，驗證資訊眞僞的人反而被當成騙子。

所以科學一點也不可信。想追本溯源根本毫無意義，論文、研究也不值得參考，就是因爲論文作者、發表媒體都刻意引導讀者往某個結論去，常常發生這類做賊喊抓賊的狀況。

從外行人的角度去正視現實，反而是最不科學，又符合科學精神的方法。

爲什麼媒體上常常出現檢測失誤的報導？聚焦在事實上，是非常重要的事。我已經多次強調，前述的雙重標註，絕非一句「誤註」、「複製錯誤文字」可以了事。而我最害怕愈來愈多人，一看到這些後來掩蓋事實的資訊就上當，誤以爲ＰＣＲ檢測很値得信賴。

愈了解這類資訊的前因後果後，愈能明白，基本道理、實際狀況比新資訊更重要。

福島核電廠問題也是相同狀況。政府遲遲不公布研究過程，我們不知道數據背後藏了什麼內情。不經論證，直接對表面上的資訊囫圇吞棗，非常危險。然而人類時常沉浸在恐懼中，不回顧免疫的基礎概念，也不會聯想到醫源病或複數要素的概念。於是，一群人無法綜觀事情全貌，又不懂法則，只能被可信度極低的資訊牽著鼻子走，找不到自己的重心，漸漸變得焦慮。那些魯民表面上提倡反核能、反強權，沒察覺自己的矛盾與恐懼，才會成爲新冠肺炎亂象的推手。

我再重申一次，把道理套用在這次的新冠肺炎，原則並不會改變。換作是我死期將近，我也是逃不過，不可能出現奇蹟逃過一劫。

誘導大眾的御用學者

現在社會上太多學者成天高喊新冠肺炎多危險，也存在一大票迷信PCR檢測的群眾，甚至出現所謂「御用學者」，出力補足這些資訊弱勢者的論述。我指的不是那一、兩個跟隨體制的假道學，典型「御用學者」的特徵是，他們會倡導「科學素養」，自己卻最沒有科學素養。這些自稱科學家的主張如下：

・PCR檢測十分精準，質疑PCR檢測可信度的消息都不科學。
・自稱科學家很熟悉，也使用過PCR技術。
・他們非常喜歡所謂的科學證據，不停要求質疑者提出證據或根據。
・他們不認爲自己是某些機構的御用學者，覺得這稱呼很沒禮貌。
・他們堅稱自己跟製藥公司無關，卻會讚揚法匹拉韋[31]的效果。

他們多半會有這些論述。

不覺得他們的態度和「毒親」一模一樣？所以我們想詳細調查消息，關鍵在於如何

31 譯註：物質學名Favipiravir，原文爲藥物商品Avigan，台灣使用學名音譯爲常用名稱。

看穿御用學者（騙子）。

御用學者迷信ＰＣＲ檢測，常常一聽到有人質疑，就會激動否定對方，堅稱「自己有科學素養」，同時又常常聲稱自己並非「御用學者」。怎麼定義「御用學者」？意思是指長期迎合高層（政府、掌權者），提倡符合高層需求的言論。各位讀者應該可以想像，那些御用騙子學者會有哪些言論。

舉個例子，御用學者會介紹國立感染症研究所的「病原體檢測手冊2019-nCoV」，開始稱讚這份國內學術權威發行的手冊有多優秀，並解釋日本國內的ＰＣＲ，基本上「應該」都依據這本手冊執行檢測。他們用了「應該」，可以看出這些科學素養優異的御用學者，完全沒脫離我對於該名詞的定義。他們還會引用手冊內容，或是國立感染症研究所、著名大學的論文，檢測公司的文章，認爲這些文章出處都是學術權威，是專業人士，所以「應該」沒有錯。他們不自己思考，只因爲那些出處是權威，就認定其文章有根據。這就是日本人的「科學素養」。

各位讀者可是試著觀察，那些登上主流媒體的學者，他們的言論多半都符合前述模式。

想當然耳，對御用學者而言，政府機關、學術權威必須是「正確」。學術權威在某篇論文裡寫了「ＰＣＲ不會與其他呼吸道病毒產生交叉反應」，他們就認定事實如論文所說，但假如國立研究所眞的發表一篇論文，認定「檢測套組會產生交叉反應」（實際上眞的有此論文），注意了，這些御用學者會徹底無視兩者的矛盾。他們的「科學素養」可眞優秀。例如他們曾這麼寫過：「該檢測套組設計成只對新型冠狀病毒有反應，『應該』不會對其他近親病毒產生反應。」又是「應該」，也就是說這些御用學者只知道堅持自己的正確性，根本無法解釋自己爲什麼正確。

御用學者還經常使用一些常用句形，像是「倘若○○醫師堅持自己的言論正確，何不實際做實驗，寫篇論文出來？」像我這類直視醫療黑暗面的醫界工作者，自己就算眞寫出一篇論文，也沒有地方願意讓我發表，更別說我早就知道學術界會擅自修改論文，不會去浪費力氣。我只需要不停闡述基礎醫學就夠了。

更何況，「素養」（literacy）原本的語意是指讀寫能力，現在引申爲專業領域的自稱，或是正確理解、分析、判別資訊的能力。這些傢伙只會依喜好解讀資訊，只吸收、採用對自己有利的資訊，甚至沒發現自己正在打臉自己以前的論述，根本沒資格使用這個詞彙。讀很多論文、介紹論文內容，跟有沒有科學素養毫無關聯。眞正的科學精神，應該是確實檢視事實、現實，不使用狹隘的科學論文或研究欺騙外行人，確實掌握預防原則（Vorsorgeprinzip）或黑箱原理，看穿受金錢利誘的御用學者謊言，追求大自然原理與本質。

在我的專業領域，也就是醫源病、藥害、東方醫學、物理治療的領域裡，不只是論文體制有問題，我們甚至認爲現代科學的基本思維，像是論文或理論架構，處處都充滿欺瞞。

直接舉出問題點，例如單一物質因素、雙盲試驗、比較試驗，甚至到統計研究本身的謊言，舉都舉不完。以上這些批判現代科學的言論和唯心主義無關，純粹就事論事。

一群假裝反對政府的人煽動新冠病毒可怕之處的愚蠢現狀

我們來重新考察陰謀論者高喊的質疑，檢視那些社會現狀。

爲什麼新型病毒突然掀起討論？爲什麼歐美會突然出口羅氏的檢測套組？爲什麼在像樣的冠狀病毒專用檢測套組問世之前，就斷定病原體是新型冠狀病毒？爲什麼新冠病毒傳染力極高？爲什麼這次傳染病從中國爆發，日本沒特別進行防疫措施，死亡人數在全世界數據中卻特別低？只看主流媒體發布的資料、消息，絕對得不出上述問題的答案。檢測規模受政治左右，究竟有誰能證明新型冠狀病毒就是眞正的病原體？很遺憾，PCR檢測、抗體檢測、電腦斷層都無法證明。一些人從未閱讀檢測套組的注意事項，一見到質疑PCR檢測的文章就大肆批判。這些人和二戰期間批判反戰言論的人一樣，形同被洗腦的奴隸領頭羊。

有人會問，那不然你要大家怎麼應對新冠肺炎？但現實是現階段全世界都充滿欺瞞、謊言，我提供應對方式只是白費功夫。民眾現在相信新冠肺炎和其他病毒不一樣，他們不可能接受我的應對方式。我曾在臉書上表示「當作一般肺炎治療就好」、「戴口罩、洗手、漱口沒有作用」、「不需要過度恐懼，無濟於事」，但外行人根本不懂箇中道理。他們只會情緒上上下下，擔心「國家會變成什麼樣」、「城市會有什麼狀況」。

每年流感大流行，一年至少有一億人確診。把全世界新冠肺炎的確診人數加起來，半年也才數百萬人確診。新冠肺炎死亡人數和流感的死亡人數一比，至少差了兩位數以上，而且新冠肺炎的確診人數包含大量誤差。假如世上存在時光機，我們就可以把新冠肺炎的檢測套組帶回到一年前，幫許多人檢測看看，肯定會因爲誤判流感病毒、舊型冠狀病毒，導致一定機率出現陽性反應，政府一定會把誤判的結果列入新冠肺炎確診，簡直滑天下之大稽。雖然我推測誤判機率相當高，但沒有人願意做相關研究，僅止於我的猜測。

為什麼國外的死亡人數眾多？

不過，原本質疑新冠肺炎亂象的人其實還有更好奇的問題，爲什麼國外的確診人數、死亡人數如此龐大？其中一個因素也許是PCR篩檢人數、抗體檢測人數比日本多，但重點不在篩檢人數。美國、義大利等國的患者人數之所以大量，有別的原因。

首先是死亡證明。相關新聞中較著名的，是史考特．詹森（Scott M. Jensen）醫師的新聞。他揭露美國疾病管制暨預防中心（CDC）對醫療機構下達指示，「若有患者無法判別死因，只要確診可能性高，即可於死亡證明紀錄爲新冠肺炎確診死亡」。

明明死者死因並非新冠肺炎，卻入列確診人數，詹森身兼醫師與參議院議員身分，理當對此提出質疑。而且實際上誤列的狀況一直延續到二〇二〇年七月的現在，美國的醫療機構已經愈來愈傾向這種處理方式，卻沒有人感到疑惑。WHO公開表示「新冠肺炎的存在與診斷方針非常可疑」，歐美卻最遵守這種可疑的診斷方式。再加上死者本身的慢性病問題。醫師判定死因時，假如死者因爲新冠肺炎、流感導致慢性病惡化，不可能將死因歸於傳染病。不論日本、國外的死亡證明，假如有人腎臟狀況較差，感染病毒引發腎臟衰竭，那該死者的死因就是腎衰竭。

但現在卻不是採用這種判定方式。根據彭博（Bloomberg）報導，義大利的新冠肺炎死者，有九九％的眞正死因並非新冠肺炎。依照義大利國家衛生院（ISS）重新驗證的資料中，直接死因爲新冠肺炎的死者約十二％，誤記人數高達八八％。但數據造假可不只義大利，美國的狀況如下：

現在有人謊稱紐約才是原發疫源地，消息傳遍全世界，但防毒軟體公司McAfee創辦人約翰．邁克菲在推特表示：「現在醫院只要出現新冠肺炎病例，就能收到國家補助約四百一十六萬。紐約的確診死亡率太高了，難不成跟補助有關？」引發討論。他還表示：「紐約市確診新冠肺炎死亡的大概一萬一千人，東京的人口密集度明明是世界第一，卻只有九十三人確診死亡。」一個醫學外行人能看到這一點，値得讚賞。

紐約市正在調查，有多少死者的死亡證明，出現「新型冠狀病毒」、「疑似」等字樣。根據調查資料顯示，從三月十一日到四月十三日，有兩千兩百五十八人死於醫療機構，八百二十五人死於自家，六百七十三人死於長照中心或安寧病房，這些死者在檢測中並未診斷爲陽性，卻被判定感染新冠肺炎而死。這些死亡人數當然已經入列新冠肺炎死亡人數，但有極高可能性是感染其他病毒而死。

美國政府向醫院支付的聯邦醫療保險（身心障礙、高齡人士專用的政府醫療保險）補助金，一般肺炎的狀況是五千美元，若用新冠肺炎名義申請就是一萬三千美元，如有病患裝設呼吸器，會增加到三萬九千美元。就算病患送急診時的主要病因不是傳染病，他一旦入院接受醫療處置，必定會接受新冠肺炎篩檢。只要檢查結果顯示陽性，就會判定爲新冠肺炎確診者，死亡證明的死因就能記載爲新冠肺炎。國家建議醫院造假，醫院又能得到補助金，何樂而不爲？

凱瑟家庭基金會（Kaiser Family・Foundation）指出：「疑似新冠肺炎症狀可獲得一萬三千兩百九十七美元，配戴呼吸器可獲得四萬零兩百一十八美元。判定確診新冠肺炎，兩者補助金額會再增加二〇%。」所以實際補助金還可能增加。

於是現階段新冠肺炎的死亡人數就是灌了水，而且是因爲金錢因素造假。而這些補助金，名義上是感謝醫院處理新冠肺炎相關工作，給予醫護人員補償。

美國政府實際意圖並不明確，但很有可能如陰謀論所說，美國政府因爲一些原因必須煽動人民恐慌，欺騙只相信數字的資訊弱勢者。而那動機很可能是爲了建立奴隸社會，方便管理人民。

無症狀患者的人數比表面上的數字多太多了。史丹佛大學的約翰・約安尼迪斯（John P. A. Ioannidis）教授於美國加州聖克拉拉郡進行調查，根據審查前的論文報告指出，研究團隊從聖克拉拉郡採取三千民居民的血液進行檢測，調查居民是否含有針對SARS-Cov-2之抗體，實際確診人數，比已回報的數字多達五十倍以上，確診者致死率不到〇．二%。儘管抗體檢測並不準確，我們先假設結果是準確的，那現行的確診人數和實際確診人數可說相差甚遠。

該調查受測者女性比例偏高，加州又是美國最富有的區域之一，調查結果有偏差。不過，我也可以引用其他調查結果，曼哈頓有兩間醫院的婦產科病房大樓篩檢過所有人員，發現有一五%的人擁有抗體，卻幾乎沒有肺炎症狀（稱爲「無症狀確診」）。

波士頓的遊民收容所篩檢四百零八人，有三五%的篩檢結果呈現陽性。簡而言之，實際確診人數早就超過官方數據，確診死亡率也遠遠低於公開數據。

換句話說，現在全世界公布的致死率也是假數據，不但分母設定錯誤，甚至沒有對照其他病毒的死亡率。醫院爲了金錢灌水確診數字，甚至假造慢性病病患的死因。

為什麼日本的死亡人數較少？

爲什麼日本的死亡人數比歐美少了一大截？

歐美殺菌文化早已入侵日本，但日本的發酵文化仍然十分強韌。比方說醫學研究已經認證，梅干、味噌能有效預防病毒。

我們的環境需要多樣化的伺機菌、益菌、壞菌，病毒也是同理。再怎麼殺菌、殺病毒，也不可能防止病毒生成。當年的西班牙流感已經證實，過度殺菌或是對病毒過度反應，根本本末倒置，人確實常被資訊耍得團團轉。但這也難免，畢竟人類不懂「心靈的絕對法則」，不知道面對逆境，首先需要觀察事實。

說到歐美文化，經常被認爲是侵略文化、殺菌文化。他們利用各式各樣的化學物質，排除所及之處的細菌或病毒，以爲自己控制了環境。這些微生物爲人體帶來重要的變化，也會影響病毒的存在狀態。我們必須認知到，我們的環境越接近無菌室，免疫力反而容易下降，更容易感染病毒。

現在的輿論風向已經改變了，這個國家已經把基於事實的資訊當作超自然現象。我仍要重申，新冠肺炎和豬流感、新型流感一樣，所有數字都是幌子、是假的。

我雖然強調很多數據都造假，仍然存在我覺得稍微可信的數據，那就是大都會的醫院死亡人數。人們變得少去醫院，死亡人數減少，這也代表之前有許多人因爲醫源病喪命。

各位讀者搜尋一下資料就能明白，全日本二〇二〇年一月到六月的死亡人數，已經減少到一萬六千人以上。然而，我再次強調，就算公開宣揚這些數據，仍然無濟於事。這麼做不但與全世界爲敵，觀念也與常識背道而馳，那些自律警察更會氣得跳腳。因爲人類自幼就已經被數據、根據、論文、研究汙染，洗腦成只會遵照惡魔經典（科學）行事。

根據多項事實探討新冠肺炎亂象

WHO、CDC、美國食品藥物管理局（FDA）、御用學者、製藥公司，這些機構總是公然進行前述的病毒騙局。歷史始終不變，以相同的形式不斷輪迴。問題並不在於中國大力投資WHO，就算今天中國不插手，WHO的本質始終如一。正因爲疫情只是設計好的賽局，並非眞正的危機，GAFA[32]等科技龍頭才會支持WHO。YouTube也是同類。

這些科技龍頭率先面對事實的時候，世界經濟已經扭曲到極點，他們順勢將責任推到新冠疫情恐慌。以恐懼束縛人很簡單，這些科技龍頭早在陰謀論云云之前，就已經身在經濟中心，他們絕對需要利用恐懼。

爲了觸發眾人的恐懼，病毒不能是弱毒性。這些經濟大老盤算歸盤算，但新型冠狀病毒若是天然產生，就更符合他們的需求。有一說是：「對人類而言，最可怕的病毒並非致死率高的病毒，RNA病毒低致死率、高傳染力，無症狀、呈現僞陰性的人數眾多，輕症也多，反而更可怕。」事實正是如此。這些經濟龍頭早就準備好各種對策，把新冠肺炎僞裝成重症疾病，煽動恐懼。

今後日本最需要提防的災害，就是地震。人類本性爲惡，不論外在爲何，終將同流合汙。之後他國會利用強制接種疫苗、支配作物種子、支配供水、機械化造成機器人取代勞工，警察軍隊壓制人民，使日本人民喪失思考能力，奪走社會幼苗的教育權利，終將佔領日本。

自詡萬事通卻盤據網路扭曲事實

問題是自稱時事通逐漸蔓延全日本、全世界，尤其是社群網站、臉書的世界，愈來愈常見。這些人自稱消息靈通，擅長上網搜尋，還有大量粉絲把他們當作可信的消息來源。這些時事通多半只是想賺錢，想在網路上撈錢，並沒有到第一線取得消息，沒有相關人脈，不曾正式學習醫學基礎知識、免疫力知識，更對「心靈的絕對法則」一竅不通，無法客觀看待事實。

資訊存在觀點，而人心存在絕對的法則。一個人懂不懂法則，解讀資訊的方式會天差地遠。當然，他們甚至無法養活家人、改善生活，更別提面對死亡，或是反抗形形色色的事物。

有一條謊言說道，瑞典採取佛系自律政策之後，確診死亡率、死亡人數極高。那些御用學者、自稱時事通看到這說法，肯定會咬餌上鉤。從醫源病、藥害專家觀點來看，這謊言漏洞百出，但御用學者、自稱時事通卻會傻呼呼地信以爲眞。

32 譯註：指Google、Apple、Facebook、Amazon。

探討瑞典的佛系自律政策

之前我們已經複習過哪些題目是幌子，但這裡還是稍微解釋一下。關鍵字是篩檢人數、確診人數、能否分辨發病者與確診者、虛假的ＰＣＲ檢測與抗體檢測、外行人不了解群體免疫的意義、醫源病引發的免疫風暴（Cytokine storm）、死亡證明的判定差異、如何看待老年人死亡，以及著名醫師、免疫學者、教授都蠢到極點。

我現在不需要多解釋這些關鍵字的意義，重點是能不能統合這些關鍵字？若是能統合，應該就明白去糾結瑞典的一百萬人死亡人數，簡直比「沒意義」三個字更沒意義。日本新冠肺炎死亡人數約一千人上下，我推測其中約六到七成的死者，確實死於新冠肺炎。但這數字只是我的推測、粗估。畢竟誰也沒有從我的觀點去進行調查，甚至是被禁止調查數據。我們只被允許在國家、ＷＨＯ、感染研究所決定的規則裡，去詮釋一些表面上的資料。政府、東電、大學之於輻射調查，也是相同道理。

那麼歐洲又是什麼狀況？包含瑞典在內，歐洲遭誤診爲新冠肺炎的病患，可不只三、四成。畢竟他們沒有自主健康管理，篩檢人數多，甚至由於確診人數、假ＰＣＲ檢測與假抗體檢測、高齡人口問題（本來就有慢性病的人稍微感染病毒，慢性病就有可能惡化）、日本與歐美的死亡證明執行規定差異等等，一定存在大量誤診，一起列入了新冠肺炎的確診數據。沒有人把凱利・穆利斯的發言當回事。我推測歐美至少有九成確診人數是誤診，但沒有人知道眞正的佔比。

順帶一提，按照瑞典官方的公開資訊，瑞典持有的呼吸器數量約六百台以下，人口比例約爲日本的四分之一以下。瑞典官方公開的死亡人數會依時期變化，但總計約五千人，人數多了日本五倍，人口比例差到十倍之多。我依照這份資料推測，瑞典眞正因新冠肺炎死亡的人數大概五百人，日本則是約六百人到七百人。純看數字，兩國的死者人數相近，但是瑞典的死亡率遠在日本之上。接下來，我們要探討的是「X要素」問題。

「X要素」是指爲什麼較多西方人死於新冠肺炎，亞洲、大洋洲，尤其是日本、韓國等亞洲國家的死亡人數、確診風險都比較低？這個問題有一些推論，但現在暫不說明。「X要素」之外，還需要考量東西方的發酵文化、醫療文化、自律程度、群體免疫等等差異。另外，網路上有些傻子把群體免疫當成抗體獲得比例，只著重在抗體上，根本不懂群體免疫的意義。說實話，人口有多少百分比持有抗體，和群體免疫無關。本書並非探討免疫相關，就不再贅述。

新冠肺炎死亡人數的推移，分爲走向偏高的高山型，以及平坦偏長的高台形。高山型乍看之下死亡人數增加，基本上容易受批判。但要探究瑞典採取的佛系自律政策，必須考量到新冠肺炎的眞面目、新冠肺炎的哪些特點是假象、經濟與死亡的關係、其他疾病與死亡的關聯、當地生活型態與人生走向。瑞典持有的呼吸器較少就是其中一點，他們不像日本，醫學觀點並非只採對抗療法。

另外一個例子，我國經常把義大利麵治療（爲了續命，在病患全身插滿管線），和優生學搞混。

瑞典的醫療觀念與日本相反，歐洲大部分國家也不像日本，不太會採取義大利麵治療。這點也能聯想到日本虛假的平均壽命數據，總之我們必須彙整這些數字來探討。篩檢人數多、國民不太自律、歐美死亡證明的判定標準與日本不同（以WHO組織爲中心，全世界都選擇將疑似病例歸入新冠肺炎數據）、針對慢性病的診斷標準不同、PCR檢測的假數據，以及歐洲人生死觀與福利觀念，綜合以上數據來看，瑞典每一百萬人的新冠肺炎死亡率極低。就算將範圍擴大到歐美全體，確診死亡率肯定只有表面數據的十分之一以下，但儘管實際數字低，歐美的死亡人數依舊比日本多。這部分還得考量到西方醫學的多餘醫療行爲，後續引發免疫風暴、後遺症等狀況。

我不知道瑞典存在哪一種傳統醫學，但由於瑞典的文化、體制（瑞典稅賦高昂，但可免費享受醫療與福利制度），我推測瑞典人比日本人更容易使用西方醫學，也更容易得到醫源病。儘管如此，他們採取佛系自律政策，可能讓疫情搶先全世界一步結束，也比拖拖拉拉的其他國家更早恢復國力。

如各位所知，日本現今一談到新冠肺炎，仍會在社會上遭受歧視。病患到醫療機構看診的機率也因此降低，所以國家才用金錢誘惑國民，想辦法增加東京七月的篩檢人數。

蒂格內爾（Nils Anders Tegnell）於瑞典公共衛生局負責主導防疫政策，他可能也明白我至今提到的道理。新聞報導了蒂格內爾最近的發言：「封城手段是瘋子的行爲。」

就如陰謀論所述，各國主流謀體紛紛否定蒂格內爾的發言，資料來源則是連白政府御用的約翰霍普金斯大學。而我能考察的案例，也只有瑞典這碩果僅存的一例。

探討病毒的本質

引發新冠肺炎的病毒，究竟是什麼？無論病毒是強毒性、弱毒性，人類都不可能防堵病毒。我們人類再怎麼敵視病毒，敵意也無法當作對抗病毒的手段。鎖國也好，自律也罷，結果都一樣，所以才有許多研究顯示，自律是無效手段（其中大阪府發表的研究最有名）。只要一隻病毒入了境，疾病就會逐漸傳播，只要人不是成天關在無菌室裡，根本不可能控管病毒。緊急事態宣言表面上暫時減少的確診人數，之後可能會帶來更嚴重的問題。

這也是文明帶來的誤會。人類隨著文明進步，傲慢帶來錯覺，讓人類誤會自己可以控制傳染病。順帶一提，我搜尋資料時發現了有趣的事，西班牙流感流行時曾經流行一種預防方式，說是只要飲用五十七度到六十度的熱水，就能預防流感。提高體溫不能說沒用，但終究無法預防西班牙流感。然而在臉書上，卻把喝熱水當作中國傳來的肺炎預防手段，四處流傳。我不得不佩服，儘管時代變遷，人類的行爲仍然毫無進步。

言歸正傳，原本就有人指出，全世界定期會發生傳染病大流行。一七二〇年左右，法國曾發生鼠疫大流行；一八二〇年左右則是全球性霍亂大流行。不知道這些大型瘟疫是自然發生還是人爲造成，但有人認爲瘟疫補強了陰謀論。而西班牙流感病毒是由於美軍攪和，掀起大流行，開發了疫苗卻沒效，西醫治療以阿斯匹靈爲代表性藥物，卻因爲打亂免疫能力，引發免疫風暴，病毒突變也逐漸擴大，最後造成大量死者。

人體發熱是生物最強力的生理防禦機制，只有發熱才能抑制病毒入侵，卻因爲使用退燒藥，愚蠢的用藥造成犧牲日漸加劇。

關於西班牙流感的治療，某篇報告顯示採取對抗療法，接受西醫治療使用阿斯匹靈的西班牙流感患者，致死率約三〇％，而採取自然療法的設施內，流感致死率只有一％。西醫治療只想改善症狀，抑制身體反應，急遽降低免疫，肉體卻爲了存活，強行增強免疫，反而更容易引發免疫風暴，造成免疫系統失控。

從多項探討中的發現

現在我們可以看清新冠肺炎的全貌了。高發病率，高傳染力，低重症率，低死亡率（過於相信公開數據的話看不出這點），嚴重影響經濟，政府故意不進行出入境檢疫，人工病毒假說，以及毫無意義的隔離政策。國外傳播速度急遽，封城無法防止病毒擴散。日本也有研究者公開表示自律措施無效。「自律」兩個字說得好聽，四月之前日本人都天天搭乘客滿的電車，確診者、死亡人數卻都極少。七月以後東京確診者人數增加，也是藏有內情。韓國、歐洲隨著疫情擴大，愈來愈多國家選擇鎖國，助長各國的疑心病。

一切全是因爲人類不明白「心靈的絕對法則」。

現在可以預測未來幾個徵兆。

一是病毒今後的突變風險，我最擔心這一點。簡而言之，人類愈去研究病毒，愈可能產生新狀況。我前面已經提到，以藥物阻礙RNA複製，其實極爲危險，抗病毒藥究竟會如何影響身體？

二是擔心民眾自律影響的經濟層面。美中兩國由於病毒傳染，經濟戰爭問題浮上檯面；全世界機械化、藥物濫用的進程；新世界秩序（New World Order），也就是多國企業、財閥對於全世界政府擁有的影響力。我們必須考慮以上要素，只對電視、報紙、網路文章囫圇吞棗，一點意義也沒有。

我推測，比起這隻病毒實質造成的世界經濟破壞，病毒反而凸顯了至今逐漸泡沫化的世界經濟問題，或是有人刻意把早就泡沫破裂的經濟責任歸咎於病毒。

疫情前的世界經濟原本就極端扭曲，只要拿新型病毒當藉口，就能減低民眾對於世界經濟的恐慌。超淨值人士就能一如往常地欺騙大眾。股價下跌，他們也有一些手段賺錢。自古以來，總有些人會刻意引爆隱憂，搧風點火，再建立新的論調。

醫師天天與死亡爲伍，就我來說，日本現在的狀況並不可怕。而現在確診的重症化、死亡風險並非來自病毒，有可能是捏造或出於其他原因，那我們更不需要害怕新冠肺炎。至少不用怕到排隊買沒用的口罩，戴口罩也只是安心罷了。

第三點，爲什麼日本確診病患的重症率、致死率比國外低？連御用學者都認同，青壯年染病機率極低，可能是因爲免疫力或體力較強。而且日本和歐洲一樣流行L亞型病毒，自律政策比國外更慢，緊急事態宣言期間還有不少乘客搭乘電車，照理來說死亡人數應該會增加，推移表卻始終落在低點。有幾個主因影響，但我推測最大的差異是歐美的殺菌文化與日本的發酵文化，這樣也多少說得通韓國的狀況。所有要素統合起來，除非身懷多種慢性病、免疫力極低，不然這隻病毒的殺傷力是中下，根本不需要在意。

周遭不斷煽動不安，我們又該如何應對？

與傳染病息息相關的生物法則中有一項「大原則」，就是人類不論以前，還是未來，都不可能徹底克服細菌或病毒。在性命危急時使用抗生素、抗病毒藥，形同用毒，根本治不好，就算壓下症狀，也會造成其他隱憂。愈來愈少人去思考，爲什麼我們的環境裡存在病毒、細菌？過度介意伺機菌，死亡率也不會歸零，這個時代的政府、世界、人類都不可信，努力攝取益菌自衛，變得更加重要。然而，世界的走向卻背道而馳。

置身煽動恐慌的紛亂消息中，我們應如何自處

愈是身處知識分子階級，愈容易被資訊牽著鼻子走，因爲他們不懂基本道理與生物法則，只能滿懷不安，依賴外界資訊。

不只是新冠肺炎，假如你想掃除自身的不安，就從現在學習基本道理、生物法則，

甚至開始學習「心靈的絕對法則」，就能找出自保手段。

首先要知道，人類愈是玩弄病毒，現在的狀況就愈容易惡化。外傳新冠肺炎的後遺症很可怕，千萬別上當。自古以來，人類只能利用自身免疫力對抗病毒性疾病，別無他法。

而提升免疫方法並非擺弄病毒，而是強化人體原有的生物機制。

假如還有別的方法，那就是國家層級能做到的，例如重整民生基礎建設、採取所謂的「防疫措施」。打從中國傳出病毒感染問題，國家就應該遵照日本人最愛的模仿天性，模仿美國當機立斷，直接封鎖邊境。日本政府之所以沒有模仿，是因爲他們不能做。他們不只貪圖中國人的錢財，更企圖讓民眾陷入恐懼。

人類總以爲自己可以操縱事物。我們最重要的應對方式，就是惦記人類的傲慢，盡力做到一介國民能做的努力。緊急事態宣言造成民眾恐慌，而我選擇站在政府的對立面。你問我做了什麼來防疫，我其實沒特別做什麼。正確來說，我平時就用自己的方式提升免疫力，那就是應對病毒最正確的態度，沒必要追加更多手段。

新冠肺炎對策下，我們應該實踐的事項

不過我實在太常收到這類詢問，以下就來講述一些可以實行的方法，僅供參考。

假如你現在還很在意新冠肺炎，首先最好先改善飲食，別吃那些甜食、果汁、砂

糖，便宜麵包、超商食品或垃圾食物，這些食物都充滿添加物和農藥，營養價值又低。不健康的飲食會降低免疫力，那些魯民害怕新冠肺炎，結果自律期間超商最熱銷的東西，居然是泡麵、零食，全是垃圾食物，眞是無藥可救。我採取的防疫措施如下：

・不要戴口罩，去學習爲什麼戴口罩沒用。
・洗手純用水洗，天天洗澡。
・不穿厚衣。
・不攝取預防用藥（包括漢方、順勢療法）。奧司他韋、瑞樂沙旋達碟（Zanamivir）、法匹拉韋等藥物全都無效，去刺激病毒也可能出現未知變化。
・偶爾吃吃維他命C。維他命C要適量攝取，不然吃多沒意義。
・多吃發酵食品、味噌、火鍋。
・喝不灑農藥的茶品。
・使用液態礦物質、鹽滷、矽代替調味料。
・一天不要吃到三餐。
・使用熟石灰清洗食物，能洗淨農藥又殺菌。
・經常食用香辛料、入菜用的中藥。
・一天用鹽巴刷牙一次。
・改善作息，晚上十一點入睡，六點過後起床。

我不會每天固定服用營養補充品。光吃營養補充品就能提升免疫，想得也太美。吃太多糟糕食物的確容易降低免疫，但重點不是吃那些看似優質的東西，而是避開不良飲食。病毒和以前不一樣，文明之手愈是介入，病毒愈是頻繁突變，無論是人工改造病毒，還是地球環境受汙染之後導致病毒突變，我們必須從多方面探究疾病，把提升免疫當作理所當然的手段。

發酵文化還能有益健康，但按照時下流行的方法，攝取乳酸菌、雙歧桿菌，健康肯定會惡化。

所以在思考新冠肺炎最重要的是，反正不懂的資訊太多，面對任何消息都該保持距離；不要把網路謠傳當眞；別因爲西方醫學很古怪，就過度期待替代療法；回頭認識ＳＡＲＳ的結果，那是新冠肺炎亂象的原型。還有，對疾病抱持彈性思考，確診就確診，會病死就是會病死。我再次重申，人類很渺小，不可能克服傳染病。大部分人類都沒在動腦思考，只是在對大自然耍任性。

人類不明白，既然檢測都能混淆多種病毒，抗流感藥物自然「看似」對新冠肺炎有效，就成爲詐騙的第一步。所以人類會心懷感激，讓人施打那些快廢棄的藥物。

關於口罩，請容我再多說幾句。現在全世界幾乎是以扭曲的態度看待口罩，簡直形同惡魔崇拜。口罩根本無法預防病毒傳染。口罩本身透氣，病毒大小輕易就能穿過口罩，空氣也很容易穿過口罩側面縫隙，只靠口罩防不了病毒。

另外，有些人會維持社交距離，以免傳染疾病，這在科學上也是錯誤行爲，研究顯示，今天有個人沒有發燒、沒有症狀，只夾帶了些許病毒，戴口罩並不會改變他傳染給他人的風險。

再說得更深入一點，一直戴口罩反而更容易繁殖細菌。另外現在已經證實，人體體內氧氣濃度下降，會導致粒線體活性下降的危險，二氧化碳濃度也會更接近中毒標準。

從「心靈的絕對法則」的角度來看，戴口罩使人難以發言、呼吸困難，甚至看不清事物，愈來愈多人像奴隸一樣閉口不言，心智彷彿戴上面具。人類腦袋退化，難以工作，就如同陰謀論的企圖，漸漸製造愚民。

綜合以上缺點，我要送給各位讀者一句話，「口罩如抹布」。

醫學上早就決定好口罩的作用。現在只要有人發燒、咳嗽、生痰，症狀明顯，代表他的病毒量高，所以讓病人戴上口罩，防止飛沫噴散。沒有症狀的人根本不需要戴口罩，炎炎夏日戴上口罩有害無益，只會中暑。

明明戴口罩百害無利，爲什麼所有人都要戴？答案也很簡單明瞭，因爲「大家都戴著」、「不想被排擠」，根本不是出自良心。這不叫奴性的話，到底什麼才算奴性？

若說眞有什麼能有效治療病毒，早就有正是科學論文或研究證實，中藥方、香草都能補強免疫。爲什麼沒有媒體報導、推廣？日本人、甚至全人類都不會用腦袋思考。有些節目可以明目張膽說納豆有效預防新冠肺炎，但只要提到哪些中藥方有效，某些日本人就算沒生病也會蜂擁而至。

新聞報導疫情擴大，但那些數字只是從多變成很多罷了。我前面也提過，還有很多人是無症狀或不就醫，實際確診人數至少是現在的一百倍以上。用眞正的確診人數當分母，分子（死亡人數）除以分母，死亡率會比流感還低。緊急事態宣言期間，民眾減少出門，導致經濟活動停止，學校暫時封閉，自律警察昂首闊步。所有人不懂免疫的基礎知識，不知道大家戴上毫無效用的口罩，無法遏止他人確診。理解「原則」，馬上就知道新冠肺炎是防不了，也不需要防。

以恐懼控制大眾的資訊，不一定只有新冠肺炎相關，還有跟疫苗有關的傳染病、癌症資訊，或是煽動民眾老年恐慌的金錢資訊。美國發生的恐怖行動也一樣，下場就是美國國民被捲入中東那些打不完的戰爭。我們日本人不可能隔岸觀火。

端看這次新冠肺炎亂象的狀況，只要國際上發生刻意引發的問題，日本人一定馬上被洗腦成戰爭腦。

爲了不陷入上述狀況，最重要的是我們不該吸收「資訊」，而是認識何謂「道理」。這才是克服恐懼的唯一手段。

> **內在思考的覺醒【第19章】**
>
> ◉只從客觀事實來看，新冠肺炎並不值得人類犧牲經濟去防堵。
>
> ◉主流媒體、自稱時事通只會在全日本散布煽動恐懼的資訊。
>
> ◉新冠肺炎亂象，只是一場充斥假數據的騙局。

第四部

「你能超越因果嗎？」

第20章 「你能超越因果嗎？」

最後一章的主題是「超越因果」，而「超越因果」究竟是什麼意思？在進入主題之前，我想重新統整我對於心靈的想法，以及我實行的作法。

目前爲止的章節，解釋了人類的話語不可信，陰陽，人類的魯民舉止，從物理法則詮釋古典醫學，單一因素論的問題點。再加上「心靈的絕對法則」內容，心靈創傷與兩難困境，支配與被支配，投射，受害者情結，合理化，從深層心理理解人類蕩然無存的自覺。有些內容重複出現，稍嫌嘮叨，但這些想法不好懂，只解釋一次不夠，我才一再重複解釋。

如同以上內容，「心靈的絕對法則」不止於個人行爲。用量子力學來詮釋，這些法則會集體化，彼此抵銷、逆轉，慢慢形成社會。

我在此重複「陰陽變動的絕對法則」一章的內容，人類必定如同莫比斯環，一生之中不斷顛覆、逆轉自我，換言之，人類的一生被設定成無法順利向前行進。使用宗教詞彙來詮釋，就是人類的靈魂原本就汙穢到極點。你若要脫離輪迴，必須強烈意識到，自己就是一個扭曲的莫比斯環，必須將莫比斯環切開，扭轉一百八十度，再重新接成一個漂亮的圓環。我們克服人生中的不如意，就像上述的過程。

「內海式」根據「心靈的絕對法則」解讀真正的因果關係

就如同我在「心靈的絕對法則」裡的解釋，我認為大部分身體、心靈的疾病，根本原因都在於扭曲的心靈創傷或兩難困境。

那麼，我們該如何使用「心靈的絕對法則」解決人心引起的各種狀況？其中一個解決方法是一種心理結構分析法，我曾傳授這套方法給醫師、牙醫、獸醫、藥劑師等醫療執業人員，或是替代療法治療師，心理諮商師、企業經營者、占卜師等。我將這套特殊的心理結構分析法命名為「內海式」。有個「式」字的意思，比起顧名思義的「內海」類型，意義比較接近「方程式」。「內海式」，也可以說是學習自己設下的難解方程式，一步步抽絲剝繭，找出方程式的解方。

我換另一種解釋方式。所謂的心理結構分析法，是用來認識自己犯下的過錯、說過的謊言，了解自己佩戴了什麼面具、演出何種角色，知道自己如何自欺，理解過往的創傷如何束縛自己。「心靈的絕對法則」就是覺察自我的方法。這套方法不只能套用在所有人類身上，分析過後就知道，這套方程式絕無例外，只差在想不想做。

而了解「心靈的絕對法則」，可以使「內海式」套用在任何問題上。不只是治療疾病，夫妻、家庭、親子關係問題，經營公司、倫理觀念的煩惱，財務、公司、社會公益等問題，一方百用。換句話說，這些煩惱看似類型不同，其實起因都一模一樣。

也因此，我的診所最近別名叫做「毀滅人生診所」（笑）。這別名並非玩笑話，正確來說，我的診所並非只爲了醫治疾病，也可以定義成專門破壞、再重建該病患所有人生價值觀。也許也可以說是剝除心靈面具的診所、讓病人放棄當乖孩子的診所，意思差不多。

「內海式」的結構

「心靈的絕對法則」是全人類共通的法則。只要認識並全盤接納法則，就能解決一定程度的問題。

但無論疾病發生在身體還是心靈，大半病患病況愈嚴重，自己愈沒有病識感，心靈的陰影就愈深刻。「內海式」就是爲了醫治重症病患而構思的療法。具體來說，我是綜合心理學手法、古典醫學思維、量子力學思維，結合「心靈的絕對法則」之後開發出這套方法。心理學手法的原點是人際溝通分析法。而所謂的人際溝通分析法，是以精神分析爲基礎，帶有哲學要素的心理療法。一九五〇年代，精神科醫師艾瑞克·伯恩（Eric Berne）開創了人際溝通分析法，他認爲人的心中存在三種自我、五個家人，並且會按照兒時規劃的人生劇本度過人生。這在溝通分析法中稱爲「腳本分析」。

「內海式」則會連結到溝通分析法中的「敘事治療」（Narrative therapy）。敘事治療又稱敘事諮商，是一種受社會建構主義與後現代主義影響的精神療法。讓個案依照自主性描述自己的故事，從單純的去除症狀到改變人生觀，達到廣泛的改善。不過上述敘事治療的定義已經太過古老，一般治療流程是治療師站在個案之上的立場，帶領患者從錯誤的敘事內容，一路走向正確的內容。

很遺憾，敘事治療其實等同於洗腦，近似於優生學的思維。「內海式」爲了解決這層面的缺陷，結合了溝通分析法、古典醫學思想以及隱喻。將頻率的詮釋方式、古典醫學依照大量統計建立的思想體系結合在一起，讓「內海式」偏離唯物論，刻意使之適用範圍更加廣泛。以「心靈的絕對法則」作爲前提進行治療，刻意忽略個案的煩惱、過往歷程、問題、情緒，以一種冷酷的態度直視問題的原因，治療目的只著重在解決主因。

其實「內海式」治療過程會讓個案非常痛苦。眞正意義上的心理結構分析法，並不會傾聽、療癒、安撫個案，所以才用「冷酷」來形容。認知問題主因，得知經過，正視一切讓自己深陷泥沼的主因，人就不再忍耐自己的現況，羞恥、厭惡、屈辱、本能、最根本的欲求，可以徹底讓人改頭換面。當然，這方法並非絕對。

不過只要體驗一次就知道，對人類而言，徹底面對自己的陰暗面與謊言，絕非易事。

也因此，許多人誤以爲內海式等於洗腦。的確，假如個案的自我太過懦弱，內海式手法有可能近似於洗腦，但這只是面對事實的手法，和洗腦的方法大相逕庭。精神的世界很複雜，人類的精神卻會輕易遭到洗腦。早年讀心師就是利用洗腦手法，導致騙子滿街跑。

不過我希望各位了解很重要的一點，眞正藏有陰暗面的心靈，容不得那些上電視的新手心理學愛好者隨便插手。神經病（我故意用有歧視意義的詞彙）無人能懂的心理世界、性觀念完全瓦解的心理世界、久病數十年或長年服藥的病人、暗自虐待孩子的毒親、心態扭曲卻影響社會的網紅，那些無聊的讀心術、心電感應怎麼可能治療這些人？分析罪犯心理比治療他們輕鬆太多了。

能治療這些底層人士，才是上得了檯面的諮商師或治療師。有些名義上是諮商師、治療師，有些是占卜師、靈性療癒師、宗教導師，他們就是學了幾個法門，馬上走歪跑去洗腦個案，或是轉爲互相依附（Codependency）。

認識了「心靈的絕對法則」，就會知道那些名爲「諮商」的行爲，只是相當幼稚的理論。但是魯民不懂法則，才會被那些不成熟的方法束縛。那些騙子就是擅長利用個案的依附心理和認同感需求，才有辦法在外頭群魔亂舞。

我再次重申，要解決自己的問題、社會問題，沒有捷徑，也沒有舒服改變的方法。疾病、人生困境都一樣，只有讓自己一百八十度大轉變，才有機會改善、解決。

阻礙變化的思考方式

「想要一步一腳印，讓努力積少成多」、「從辦得到的地方開始改變」，人想解決問題時，常常用到上述用詞，其實這都源自嚴重挫折的思考，強烈受反動或兩難困境的法則影響。又或者說是不夠了解「陰陽逆轉」、「陰極生陽」的概念所致。

人類不明白，任何狀況好轉都不是緩慢移動，而是一口氣逆轉。堅持一步步慢慢走，反而證明人根本沒改變，慢慢走的過程也只是想合理化行爲。社會上的改革和人一樣，不就是慢慢變化？有人這麼想，代表他誤會改變的過程。

人的本質就是想假裝自己在變化，這一點也呈現在歷史上。科學的變遷並不包含人類的變化。儘管體制改變，那也只是一小部分黑和一小部分白彼此催生出的變化，大眾終究是白與黑混合，並未形成自我。

每天慢慢做的事不能和「改變」相提並論。那只是持續做著和以往沒兩樣的行爲，完全沒有改變。疾病也是同理，會好轉的人就是會一口氣康復，不會好的人只會遍尋各式療法，假裝自己好起來。

具體說明「內海式」

經常有人問我可不可以多解釋一下「內海式」，但我很難用文章說明，因爲文章再怎麼解釋，也很難傳達我的意象，若不是看過我在演講的示範，或是親自接受療法，很難完全理解。不過，我還是試著解釋，希望能成爲各位人生道路上的參考。

「內海式」的主要用途，是在於認識問題、疾病之中的主因，尋找自己與周遭人們發生的問題、後果，知道一切原因出自己身。我在「頻率的絕對法則」裡提過，這觀念等於直接否定「吸引力的絕對法則」，但也有認同的部分。

不論人類嘴上多會講大道理，仍然會引來深層心理最不想面對的問題、不幸、厭惡。「內海式」就是用來打破負面引力，排除自己製造的原因。

但一名治療師必須清楚知道，人是否能改變，決定權在於個案本人，假如對方無法改變，治療師也絕對不可以投射情緒，或是試圖洗腦、支配個案。

遺憾的是，只要行走江湖就知道，很少人有辦法守住底線。專業醫療人員，如醫師、牙醫、獸醫、藥劑師，或是替代療法治療師、心理諮商師、企業經營者、占卜師，乃至一般民眾，所有治療師或接受諮詢者，都隱隱懷抱支配與洗腦他人的欲望。或是療癒師、治療師在個案身上投射情緒，連帶擾亂自身。諮詢無法徹底解決任何主因，這個世界就是如此。

而「內海式」的目的並非改變世界，或是讓世界、他人走上正道。「內海式」只是純粹去正視現實、事實，不相信說詞或主觀，面對心靈黑暗面，認識陰陽規律，解析自己深陷的創傷與困境，分析自己執著於何種面具（早熟童年的形象），了解自己其實一直在複製，一直在反彈，一直陷在受害者情結，認知到所有原因終將歸於自我。純粹是許多人經過「內海式」調整後狀況好轉，但並非絕對能好轉。

再解釋得具體一點，「內海式」會以普通的問診蒐集資訊，接著會蒐集患者的家庭關係，對於家人的評價或人生中的主要情節，然後針對患者本人對家庭關係、人物評價、選擇、挑選伴侶、生病等狀況，以第三者的角度分析患者的誤解與謊言。我無法說明如何以第三者的角度分析患者，只能說這並非像靈性導師、宗教那樣灌輸既定觀念，也不是內觀，不會在內心反覆思考。治療師和患者必須如同偵探，彼此合作尋得矛盾與共通點，慢慢發現所有狀況本是同根而生。所以才稱爲「心理結構分析法」，而不是諮商或傾聽。

我寫到這裡，也許會有讀者裝懂，認爲我只是在宣傳，學習「內海式」就能超越因果。這話倒也沒說錯。

「內海式」是用來正視個案本人絕對無法察覺的根本原因，而且只是採用修正觀念的手法，看似誇張，手法並不難。只要有人接受過「內海式」的調整，他就能幫任何人調整，就算今天自己不是前述那些專業人士，也可以自己學習、理解，非常簡單。本書讀者讀到這裡，應該也能大致上掌握「內海式」的概念。

也因此，「內海式」的適用範圍非常廣泛，然而若要自己學習、時間，進而超越因果，又是另一個層次的問題。

什麼是超越因果？

以下就讓我說明我的思維與實踐過的方法。

請各位讀者讀完之後，重新思考超越因果的意義何在。

就如同「因果的絕對法則」提過的，所謂因果，就是「原因」和「結果」。原本佛教有一句術語叫做「因果報應」，又可稱作「因果律」或「因果關係」。超越因果，也是讓自己超脫於因果報應的定律。

有因必有果，我們日常生活中處處充滿因果規則，超越規則代表什麼意思？超越因果和任何祈禱、神力無關，而是認識並超越普遍存在的規則。也可以說是超越「心靈的絕對法則」的過程。

在普通學問中，有因必有果。所有現存科學都如此定義，也就是量子力學中，原因與結果一致的狀態，我們稱爲「特徵態」（Eigenstate）。這裡就不需要知道特徵態是什麼意思。

問題在於原因和結果是同時發生。心有所念產生結果，與內心無所想，外在卻有行動，兩者會產生截然不同的結果。單看文字，這種狀態顯然已經超越因果關係，這就是「神的領域」。神話、漫畫中的神明不需要任何準備動作，行動之前就已經出現結果，還有許多類似情境，也就是所謂「奇蹟」。

我們眞能自己達成「奇蹟」？話題拉回到「內海式」，難道我們不需要動用難解的知識分析，只要切換自我的「原因」，一百八十度逆轉，就能改寫結果？「內海式」當然不可能做到，「內海式」只是用來正視自身根源的過程，並非預言或執行神技的預備階段。這個世界不存在超越人類成神的方法。宗教、靈性、科學、超能力等現象，都和超越因果沒有半點關係。

根據自己明確的意志而採取行動的人稱為超人

我們來聊聊尼采。說到有趣的哲學家，我常常拿尼采舉例，尼采提倡虛無主義，而我自己就是代表性的虛無主義者。尼采在代表作《查拉圖斯特拉如是說》中，提到永恆回歸與超人。虛無主義的世界中，一切事物毫無價值，用我的說法，就是一切事物皆爲謊言。尼采生於十九世紀，與基督教社會關係密切，同時也強烈批判基督教世界。尼采的哲學中不存在上帝創世，不相信奉獻就能得救，也不存在最後審判或上帝的裁罰。反言之，按照人們對上帝的定義，上帝的慈愛應該是無限定的。

虛無主義有一句名言，「上帝已死」，該主義提倡這個世界並非始於創造、終於審判，而是呈現圓環狀，相似的世界以碎形概念不停循環，稱之爲「永恆回歸」。我否定輪迴轉生，認爲一切事物皆爲虛無，或同時存有。尼采是古人，他可能深受輪迴轉生的觀念影響。不過永恆回歸的理論已經超脫一般的輪迴轉生。永恆回歸的世界不存在意義與希望，只會不停輪迴，甚至連觀測輪迴的機會都沒有，不停地重複，這就是虛無主義的最極端形式。

然而人類是否能忍耐這種世界觀？恐怕沒有人能忍受。每個人都會探求自己降生於世的意義與目的，尋求生物學本能、未來或轉生後的角色，追尋其中的意涵。希望自己的存在有意義，無法忍受自己不存在，可說是終極的自我中心。不過查拉圖斯特拉建議人要接受自己的無意義，無意義才是人的本質。儘管自身所行之事皆無意義，皆爲虛度，仍要努力超越，以自己建立的意志行動。他稱這種人爲「超人」，認爲人應該成爲超人。

其實在道教、美洲原住民的觀念中，也存有類似永恆回歸的概念。在兩者的哲學中，存有「原生的自我」、「必須與大自然連結」、「我非我，我僅是世界的一部分」、「不追求意義」、「我無所屬」、「不以外在僞裝自我」、「不追求轉生的意義」、「我終歸爲土壤」、「我會成爲來生的肥料」等觀念。現在全世界的宗教觀都始於人文主義（Humanism）或主奴關係，科學論又在微觀或單一事物上追求因果，與道教、美洲原住民的觀念形成強烈對比。這些觀念讓我們正視，萬物皆無價值，人類的行爲毫無價值，就連我們的存在也毫無價值。

我心中的「早熟童年」性質

這裡我想稍微離題，來談談我自己。我也無法逃離「心靈的絕對法則」。

我是個醫師，卻是世界代表性的叛逆醫師，也是日本最受人討厭的醫師。我結婚生子，卻不想要孩子，我的愚蠢與同時期發生的核電廠問題，促使我走上社會運動之路，但我的叛逆並非在社會運動時期形成。我的父親原本就是醫師，家庭狀況也是常見的假面家庭，表面和平，實則破裂。我上大學之前，其實稱得上好孩子。直到我從關西老家逃到關東筑波大學，儘管當時阿宅精神依舊，但逃離老家算是讓我掌握了一部分自由。我的叛逆心理就是從當時漸漸萌芽。

不過，我的人格早在大學之前就已經形成。如我在「全人類早熟童年的絕對法則」中提到，我當然也有過童年，還深受童年影響。我的父方、母方家族都是古老佛寺的血統，雙方都擁有佔地遼闊的寺院，聽說其中一方甚至是本願寺的直系分支。寺院擁有大量檀家[33]支撐，財力豐厚，我的父親和母親都是老么，並未插手寺院經營，父親為了獲得家族認同，全心投入學業，成為家族中唯一的醫師。我作為他的孩子，也當上醫師，雙方在家族中被當成神童奉承。現在我倒成為家族的背叛者。

不過我的個性從兒時就很冷漠。自幼天天目睹佛教的陰暗面，家人在檀家面前滿口慈悲，背地裡卻把檀家當成財源看待。嘴裡談的是佛祖教誨，家族之間卻是看不完的骨肉相爭。父母雙方的家族都一個樣，也許代表了某種意義。

我自幼見識人類如何說謊，表面上仁義道德，背後詆毀貶低，輕易甘於安樂，支配他人，這就是人類與宗教的本質。而我長大後接觸各式各樣的宗教，無論寺院、神社，無論宗教、一般組織，狀況都相差無幾。

我的虛無主義也許就是從這階段開始成形。儘管心冷，我仍對歷史、古典醫學產生

33 譯註：江戶時代幕府為了貫徹基督教禁令，賦予佛教寺院管理民間戶籍的權限，以家族為單位，即為「檀家」，規定每個人從出生、搬遷、嫁娶到死亡，都必須向所屬寺院申報登記，禁止擅自脫離或更換寺院，形成日本特有的檀家制度。檀家會捐款給寺院，並由寺院負責檀家喪葬祭拜事宜。

興趣，好奇原住民高尙的心志，一邊否定宗教，一邊寫下類似佛教教誨的文字。本書最終章會談到因果，也和我的成長歷程有關。

佛教徒、佛寺、神社的醜惡面貌罄竹難書，但佛教的始祖佛陀，我認爲他並未頓悟，只是被旁人擅自神格化，但佛陀的眾多話語，都令我聯想到自己。於是我強烈希望走上與佛陀截然不同的道路。我當然不認爲自己有辦法與佛陀相提並論，但自己若眞要追求什麼，也絕不會選擇與佛陀同道。

與其成爲一個假裝悟道的惡質宗教教主，我更想成爲一個「超人」。用道教的說法，就是想「成仙」。超人、仙人在定義上不同於神明，他們可以成神，卻不願成神。換句話說，他們並不想選擇超越因果。就連神話中的神祇、動漫畫的神明，都心想事成，大手一揮，想要的結果就在眼前。他們不存在順序的概念，和特徵態一樣，可以同時發生因與果。但我一點也不嚮往那種神通廣大。

我如何採取行動找到讓自己脫離魯民行列的線索

偶爾會看見信仰靈性的人「提醒」資訊弱勢者，要「醒悟通往八次元世界的道路」之類的，在網路上寫些文章自我滿足，或是貪圖金錢。不過就算今天天翻地覆，人類也不可能「超越次元」、「揚升」。人類集無知、無能、無緣於一身，當然不能抱持期待。假如神明眞的存在，肯定也會拿出無法反駁的證明，證實人終究只是人。

愈明白社會結構與人類本性，對於人類愚行的質疑就漸漸消失殆盡。我愈來愈明白任何事都不值得做，社會沒有任何改變，而人類總是帶著滿口謊言接近他人。

儘管我身處於絕望之中，我卻採取了行動。動機是為了尋找線索，好讓自己脫離魯民、奴隸的身分。或許連孩子也只是我的動機之一。許多人接近我，想要給我一些建議，但那些人全是魯民，自以為能給我一些線索，某種意義上總是成為我嘲笑的對象，我卻在那冷酷的氛圍中找到對自身的積極。人類的痛苦全是自作自受，而我自己也不例外，這想法可說是終極的自我毀滅，也是僅止於當下的快樂，進而連結到永恆回歸、超人思想。

我所謂的超人思想，是指我之所以行動，是為了嘲笑自己在內的所有人類，卻又為了讓自己積極向上，我內心的矛盾，也代表共存於人心的陰陽兩面。

若採用宗教詮釋，你我都繼承了一半的魔鬼之血。要在這世上認識社會結構，學習陰謀論、認識食品或醫學騙局，一點也不重要。我們必須認知到，陰謀論最根本的起因，其實存在於你我之中，這才是認識社會的第一步。洛克菲勒家族、羅斯柴爾德家族在本質上與貧民無異。不論陰謀論思想有沒有進步，我都能肯定這個世界不會有一絲改變。

也許不需要使用太艱澀的詞彙。我再繼續解釋在永恆回歸之中成為超人、成為虛無主義者的動機，一樣沒什麼意義。所有事物都毫無價值，所以世上萬物平等，都只有那一小部分價值。人類只是垃圾到極點的生物，生在毫無意義的世界，哪有可能超越因果。一個人把超越因果當眞，只顯示他腦袋有問題。所以比起追求桃花源，我只爲追求「像樣的國家」、「像樣的生物」而行動。我們能不能做個「像樣的人」，終究還是取決於我們能不能直視內心的黑色魔鬼。

試圖超越無可超越的因果的愚蠢人們

換句話說，最後一章開頭的疑問，我得出的答案是「否」。人無法超越因果，然而到處都是裝神弄鬼的人類，只想無視因果追求結果。

眞要問一個人能否超越因果，至少那些嚷嚷著次元揚升、宗教、神明、指引世界走向正道、覺醒、正義，滿嘴廢話的人類，絕不可能超越因果。超越因果已經遠遠超越上述境界。「虛無」也不算超越因果，頂多是以人身達到「空」的狀態。

「心靈的絕對法則」是爲了打破那些人妄想成神的幻想。「心靈的絕對法則」是引領人類的法則，並非用來超越「人」。就算人眞有超能力，那也只是擁有超能力的「人」，並非「超越者」。從人的絕對法則絕對無法窺見、認識「超越者的絕對法則」。所以我只會以「超人」爲目標，我是當不成、也絕對不想成爲神明或超越者。

那麼接著，我將爲了讀完本書的你，重新複習一下如何踏出第一步，邁向「超人」之道，成爲一個「像樣的人」。

1自己蒐集最低限度的資訊，認識社會的黑暗面。
2別被旁枝末節的資訊干擾，思考本質與構造的根源。
3思考如何理解比智慧更深層的「原則」。
4訓練自己從歷史觀點思考。
5回歸原點，面對夫妻、家庭。
6深入了解碎形思考、相似形理論。
7先認識「挑撥離間的絕對法則」。
8正視人心存有的「反動的絕對法則」。
9認識早已設定好的依附、受害者情結、合理化的「絕對法則」。
10看透自身的深層心理。
11明白「原則」同時適用個人與社會。
12認識選擇、決定、責任、行動之間的關聯。
13明白過去、未來都取決於自身。
14盡力提升溝通能力。
15建立人生決定性的大目標。
16重新徹頭徹尾地摸透自己的眞面目。
17直視我們內心的黑色魔鬼。

那麼，我就祈禱各位能放棄天眞的幻想，不再追求以肉身超越因果，多少過上「正當」的生活。（笑）

內在思考的覺醒【第20章】

◉人類不可能超越神明，卻遍地可見想成爲神明的人類。

◉唯有竭盡全力，去做一件乍看無用的事，才稱得上眞正的「超人」。

結語

二〇一九年八月，我從夏威夷回到日本。我這五年來一直往來兩地生活，經常有人問我：「你是因爲日本的種種，才特地去夏威夷避難？」假如我眞想避難，我二〇一一年就該過去夏威夷。有人問起，我總是回答，我是爲了孩子的教育回來。這倒也不算說謊，不過寫作本書時，我也曾懷疑，「爲孩子著想」其實只是藉口，我只是眞心想回來日本。我捫心自問，自己認爲日本、日本人、那些自稱時事通全都虛僞無比，爲什麼還想回到虛有其表的日本？

我並不是缺錢才回來。我回國後，確實增加了在日本工作的時間，剛回國的時候工作也變多。我希望讓二〇二〇年多一些空檔，再加上新冠肺炎亂象，實際上工作已經減少。我減少演講，增加時間看診，改變宣揚理念的方式，除了臉書、其他社群網站、電子報，也開始經營YouTube節目。

結果以現階段，二〇二〇年七月的狀況來看，我的工作量並未增加，但影響力、收入都增加了。我並不想成爲有錢人，現在的收入已經足夠我生活。所以我又重新開始思考，究竟是什麼促使我積極向上？

我成爲日本母親聯盟的代表。這裡爲不知道的讀者解釋一下，日本母親聯盟是由人民組成的政治聯盟，於二〇一八年成立的志工團體，目的是讓更多人對政治產生興趣，促進地方政治家與人民的連結，啓發大眾。這個世界（日本國內）非常厭惡政治，但是日本母親聯盟的會員已經超過七千人，正在逐漸壯大。各位讀者若有興趣，歡迎免費加入會員（入會不需任何費用）。

不過關於日本母親聯盟，我也有些疑惑。這個組織不會讓我獲得任何好處，我何必成爲組織代表？

想賺錢的話，我不如建立一個會員制組織，或是拍一些容易拉贊助的節目，何必經營一個貧窮的組織？組織貧窮，自然難以改變日本，爲什麼又把「改變日本」當成標語？

日本母親聯盟並非只有母親的團體，也有許多男性成員。名稱的涵義是「養育下個世代、養育未來的團體」，人人都可以加入。我覺得團體標語也是場面話，但爲什麼這個貧窮的組織可以聚集上千名會員，還有幾百名義工無償爲組織做事？甚至連自尊心強的男人都願意加入？（所以我是覺得最好改個名字。[34]）

我對自己的人緣極差很有自信（笑）。也許是我發言辛辣或態度太強硬，樹敵無數，包括全世界熱愛漂亮話的人、自稱時事通、自稱覺醒者、西醫學者、替代療法療癒師、靈性信仰者、宗教人士、諮商師、占卜師，甚至招惹過政治家、大多數左派人士。爲什麼我這種硬脾氣，居然會想爲組織裡的人盡點心力？在「結語」裡談這話題，感覺有點浪費。

日本母親聯盟裡充滿人類的神秘、模糊、謊言與願望。當然有人加入聯盟只想著撈錢，但那些人已經離開了，觀察組織的狀況後，顯然大多數人的目的並非金錢。

我不只協助日本母親聯盟，也做了各種嘗試，大概也沒有什麼結果。不過，人不知爲何，明知沒有結果，卻不斷嘗試。我仔細一想，也許這行爲就是「超人思想」。

這些會員和我不一樣，嘴裡喊著好聽的理想，卻不是眞的天眞無邪，眞心以爲母親聯盟可以改變日本。他們的舉止和虛無主義者一樣。不過，人就是想在無價值中追尋幾分價值。所以他們的行動必須是毫無價值，正因爲玩政治毫無價值，才有其意義。

「辦一些快樂的活動，並且讓活動成功」，不過是垃圾生物常見的想法，不可能合乎超人思想。無法感受虛無主義的人，無法超越人。我仔細思考後發現，日本母親聯盟的理念，也重視從最糟糕的狀況做選擇，他們不嚮往桃花源，只希望有個「像樣的國家」。我認爲他們的理念與本書有些共通點。說得更直接一點，那些會員自知自己是魔鬼、是垃圾，所以願意在日本母親聯盟奉獻心力。也許是出自贖罪心理，也許是出自修行的理念。

我參與活動中最大的發現，就是知道一些人嘴裡說著「支持內海醫師」，其實絕大部分都是騙子，只知道說場面話。而我也重新學到，比起一百萬、兩百萬如同烏合之眾的觀眾，一萬個能與我想法共鳴的人更加重要。

34 譯註：日本母親聯盟已改名改組，新聯盟「市民がつくる政治の会」。網址爲 https://tsukumin.org/。

換句話說，對我而言，明明我如此輕蔑人類，認爲日本虛僞，我卻參加日本母親聯盟、投入社會運動、經營公司、從夏威夷回日本。這所有行動的動機都源自於超人思想，是修行，是贖罪，更是想找到同伴，建立一個大家庭。

也許有人會說，你怎麼事到如今才發現，這不是人之常情？但這個發現對我很重要。我那血統古老的家族之所以成爲面具家庭，曾掛著面具的我能遇見妻女，進而成爲醫療業界有名的叛逆分子，都和超人思想息息相關。換句話說，我參與政治，我做過的所有事，其實都受到「心靈的絕對法則」引導。

但是受「心靈的絕對法則」引導，並非都是好事。這代表我的心靈創傷、兩難困境、依附心理控制了我的行爲。我寫下這段文字，一邊思考好壞，仍然覺得我心甘情願受控。

超人會在永恆回歸之中，明知無用卻追求自我，並且拚命追尋到死亡爲止。我不希望這段過程多了太明顯的情緒。世上有只想躺著求資訊的傢伙；態度輕佻，自以爲比別人知道更多，想讓日本變好的傢伙（等於自稱覺醒者）；以爲世界受到某群人操控，心態扭曲的陰謀論者；只知道辦自我啓發工作坊或課程，成天宣傳課程折扣的「專業人士」；成天妄想帶領他人一起揚升高次元，低能的蠢性提升者；與其和那些傢伙酒池肉林，我更想和愚笨、遲鈍、貧窮，卻願意追求超人之道的人共舞一場。

我撰寫本書期間，重新感受自己這些想法，也算有收穫。愈仔細觀察新冠肺炎亂象，愈會看透某些人的本性。有人只在臉書找找資料，就心滿意足；有些人想趁機炒炒臉書流量；有些人以爲自己在宣傳眞相。他們絕不會違抗更有權威的人，但是看到受歡迎的人倒楣（內海的下場），這群人就是會暗自竊笑。他們天天在臉書上寫著「想改善社會」、「想幫助有困難的人」，文章裡又是「醫療知識」、又是「飲食知識」，一下探討「營養」、一下「愛」來「愛」去，偏偏這些人內心都懷抱著無聊透頂的陰暗面。

陰謀論其實藏有一部分眞實，但我爲何在本書把陰謀論者打成虛僞？因爲他們的深層心理認爲，自己會蒐集資訊，很棒很偉大。特徵是他們大多拚命隱藏自己下意識的驕傲念頭。這群扭曲的自稱覺醒者，自稱自己是「唯一清醒的百分之一」，實則一群笨蛋；而剩餘九九％的人類卻不懂基礎知識，傻傻地受電視擺佈，日本當然變成奴隸國，始終無法翻身。日本人的性格、思想太過貧瘠，不從根本重建人民的思想，不可能解脫。

一個眞正獨立的人，可以維持自己的重心，同時眼觀八方。他們清楚知道自己毫無價值又無能。我未來的目標與金錢無緣，但金錢肯定是一股達成目標的力量。只是從本質的角度正視目標，能決定一切的從來不是金錢，而是人類的思想。本書正是想向各位證明這一點。執筆至此，我深切希望有更多人理解「心靈的絕對法則」，多一人是一人，但願各位能正視日本的現實、人類的現實，進而打破我的虛無主義。

內海聰官方頻道

https：//www.youtube.com/channel/UC17qqZ8hk0HkHLm3zj5bnyQ

VU00222

內在思考的覺醒：

認識問題、疾病的主因，觀察事實，眼觀八方，成爲能眞正獨立思考的人！

作　　者－內海聰
譯　　者－張奉嘉、林亞碧
主　　編－林潔欣
企劃主任－王綾翊
美術設計－比比司設計工作室
排　　版－游淑萍

第五編輯部總監－梁芳春
董 事 長－趙政岷
出 版 者－時報文化出版企業股份有限公司
108019 臺北市和平西路 3 段 240 號 3 樓
發行專線－（02）2306-6842
讀者服務專線－0800-231-705・（02）2304-7103
讀者服務傳眞－（02）2304-6858
郵撥－19344724　時報文化出版公司
信箱－10899 臺北華江橋郵局第 99 信箱
時報悅讀網－http://www.readingtimes.com.tw
法律顧問－理律法律事務所　陳長文律師、李念祖律師
印　　刷－勁達印刷股份有限公司
一版一刷－2023 年 7 月 21 日
定　　價－新臺幣 480 元
（缺頁或破損的書，請寄回更換）

時報文化出版公司成立於一九七五年，
並於一九九九年股票上櫃公開發行，於二〇〇八年脫離中時集團非屬旺中，
以「尊重智慧與創意的文化事業」爲信念。

內在思考的覺醒：認識問題、疾病的主因，觀察事實，眼觀八方，成爲能眞正獨立思考的人！ / 內海聰著 . -- 一版. -- 臺北市：時報文化出版企業股份有限公司, 2023.07
面； 公分. -
譯自 : 心の絶対法則 : なぜ「思考」が病気をつくり出すのか?
ISBN　978-626-374-019-8（平裝）
1.CST: 心靈學 2.CST: 思考
175.9　　112009667

ISBN　978-626-374-019-8
Printed in Taiwan